Heibonsha Library

文字講話 Ⅳ

平凡社ライブラリー

Heibonsha Library

文字講話 IV

白川静

平凡社

本著作は二〇〇五年四月、平凡社より刊行されたものです。

目次

第十六話　感覚について　9
第十七話　載書字説　71
第十八話　文字の構造法について　125
第十九話　声系について　179
第二十話　漢字の将来　233

懇親会における挨拶　290
あとがき　292
解説――白川先生との六十年　加地伸行　295

索引

万葉・古代歌謡索引　303
漢字字音索引　308
漢字総画索引　313
事項索引　321

凡例

一　原文引用には読者の便をはかって適宜、著者自身による読み下し文を加えた。

一　漢字は、原則として通行の書体を用いたが、中国・日本の古典の原典引用とその読み下し文、そして字形説明の必要な漢字には旧字体を使用した。仮名遣いも古典の読み下しや引用資料によっては旧仮名遣いを使用した。

一　書名・誌名等には『　』を使用したが、そのほか「　」〈　〉（　）の約物の使用はおおむね慣用に従った。

一　各文章を読むに当たっての便のため、必要と思われるところには文字資料を加えた。収録した文字資料には見出字を付し、無印は篆文・籀文・古文、◉印は甲骨文、◎印は金文、〇印はその他の文字であることを示す。

＊本書は文字文化研究所主催『文字講話』（全二十回）のうち、第十六回から第二十回までの講話録をまとめたものです。

第十六話「感覚について」……………二〇〇三年一月十二日　於国立京都国際会館　さくらの間
第十七話「載書字説」…………………二〇〇三年四月二十日　於国立京都国際会館　ルームA
第十八話「文字の構造法について」……………二〇〇三年七月十三日　於国立京都国際会館　アネックスホール
第十九話「声系について」……二〇〇三年十月十二日　於国立京都国際会館　アネックスホール
第二十話「漢字の将来」………二〇〇四年一月十一日　於国立京都国際会館　アネックスホール

第十六話

感覚について

人は外部からの刺激に対応しながら生活するが、その感覚器官は、目・耳・鼻・舌・皮膚などで、視・聴・嗅・味・触などを感受する。これを五官という。これによって喜・怒・哀・楽の情が生まれる。このような感受性は、理性や悟性に対して感性とよばれ、知的なはたらきの上では下位にあるものとされているが、それは、生活意識の根柢にあるものとして、むしろより本源的な、基礎的な体験であるということができる。

感情や美意識は、その生活の場所である自然的・歴史的環境や、また文化の伝統によって、それぞれ異なるものがある。それはまず語としての表現の上に現われるものであるから、その関係の語の字形・字義によって、その原義をみる必要がある。漢字の感覚関係の字は甚だ多いが、一応その字形・字義の考察を試みた。

色彩はその民族文化の特質を顕著に示す分野であり、特にその色相・色相感は、文学や美術の領域にも、大きな関係をもつ。わが国の色彩感覚は、特に宮廷貴族の間で特殊な洗練さを加え、多くの色名を生んだ。漢字の色名に比較して、国語の多様さが注意されるが、特に色の複合によって優美な色を表現する襲《かさね》の色目は、注目に価する。

染色の方法には、古くは草汁などを用いた。あかね・紫などがその材料であった。江戸期には身分的な制限を越えて、色目の使用がかなり自由となって、多くの色目名が生まれた。流行による命名も多くなった。

色目に対する考現学的な説明は、心理学や美術・社会学などの立場から多く試みられており、興味ある解釈をみることができる。ここにはわが国の心理学者の解釈を、その一例として収めた。

文学には特に感覚的な表現が重要であることはいうまでもない。芭蕉の俳句などにもその例が多くみえるが、ここには私が少年の時代に愛誦した和漢の詩各一篇を録しておいた。

皆さん、おめでとうございます。今年は新年早々大変寒い日がございましたけれども、今日は和んだ日和になりまして、またたくさんの皆さんとお会いすることができまして、うれしく存じております。

今日は、始めましてから第十六回の講話でございます。丁度満四年経つわけです。私は八十八歳のときに、一念発起いたしまして、年に四回、五箇年二十回で完成する講話を、始めるということにいたしまして、丁度このたびで満四年を終えることになります。あと一年でございますけれども、何とか摂養につとめまして、二十回を終えたいと考えております。年頭でございますので、私の決意表明をいたしたわけでございます。

今日は「感覚」という大変むずかしい題でございます。我々は五つの感覚器官をもっておる。目で見る視覚・耳で聞く聴覚・鼻でにおう嗅覚・舌で味わう味覚・手などにふれて感知する触覚、この五感をもっておる。それ以外に特殊の人は所謂第六感をもっているのですが、一般的にはこの五つが生理的に感覚の器官であるということになっております。目で見て色・形を知る、耳で聞いて音の高低、清濁を知るというふうにするのですが、実際にこの感覚器官について、いわば知的に反省して整理するという考え方は、古い時代には実はありませんのです。古い時代の人は、我々がいうような意味での感覚というものの、分類・整理はいたしておりませんのですね。

たとえば、我々はいい香りがしますと、「匂う」といいます。あの「匂う」という言葉は、実は赤丹・青丹のあの丹です。あの赤の色がにおやかに「丹《に》ほふ」というその色の美しさをいう言葉です。ところが国語では、「匂う」は今は嗅覚を意味する語になっていいます。昔は色がにおいであったわけです。また赤ちゃんが生まれますと、「みどりご」という。人が緑であるはずはないのに「みどりご」という。これはおそらく若々しい生命力というようなものを、感覚的に緑にたとえていったのだろうと思います。

「匂い」という字、国語で書きますとき「匂」を書きますが、これは中国の字書をお引きになってもありません。実は日本で作られた国字です。この一番もとの字は、韻・韵という字です。この韵という字の音の匀をとりまして、わが国でできたものです。ところが韵は音のひびきでありますから、「匂う」とは関係がないのです。そういうふうにみていきますと、古い時代に感覚を整理して、感覚というものが人間の生活や知性にどう関係をもつか、ということを考えることがなかった。だから適切な漢字が生まれるということもなかった。それで結局、この関係の字は殆んど形声文字になるのです。大体、文字は象形文字が最も古い。次に象形と象形をあわせて会意文字ができます。それから音を主とする形声文字ができる。形声は第三次の文字の構成法です。感覚に関する文字には形声文字が多い。ということは、感覚についての考え方が当時はそれほど区分され、分別されたものではなかった、ということであります。これは西洋においても同様でありまして、感覚論というものは古い時代には出てこないように思います。経験主義的な哲学が生まれた十八世紀あたりから出てきますけれども、古いときにはあまり出てこないように思う。

中国では大体先秦の時代、戦国の時代にはじめてこの感覚論が出てまいります。政治的な問題、論理的な問題、道徳的な問題というようなものが春秋戦国を通じていろいろ研究された。その結果、感覚が我々の知性・理性というものと関係が深いということが、おそらく理解されるようになったのだと思います。それで『資料1』のところには「荘子」の文章と「荀子」の文章をあげておきました。時代的にいいますと荘子の方が少し古いのであります。荘子は大体孟子と殆んど同じ時期の人です。そして両者とも思想的にも大変活躍もしているはずなのですが、不思議なことに、孟子と荘子とは顔をあわせたことがない、議論を交えたことがない、またお互いの学説に論及することもない。これは大変不思議なことです。同じ時代に、儒家と道家を代表する、しかもまことに弁説の雄といわれるこの二人が、もし相会することがあったならば、これはすばらしい議論が生まれたであろうと私は思うのですが、どうもお互いにあい知らぬという状態であったらしい。

荘子の思想そのものは、非常にすぐれた、しかし難解なもので、ここに出しました文章も、ちょっと読んだだけではよく判らんというふうな文章です。それは用いている用語が、今の我々の用いる用語と全然ちがって、しかもその概念規定が明らかでない。そのために充分に意味がとりにくいということもあります。まずはじめの「荘子」天運篇を読んでみましょう。

〔資料1・a〕（「荘子」天運篇）

聖なる者は、情に達して命を遂《と》ぐるなり。天機張らざる（意識が緊張しなくて）も、五官皆備はる。此を之れ天樂と謂《い》ふ。言ふこと無くして、心說《よろこ》ぶ。故に有焱氏《いうへう》、之が頌を爲《つく》りて曰く、「之を聽けども其の聲を聞かず、之を視れども其の形を見ず、天地に充滿して、六極を苞裹《はうくわ》す」と。汝《なんぢ》、之を聽かんと欲するも接する無し。而《なんぢ》、故に惑へるなり。

（郭象注）故に情有り命有る者は、資《と》らざる莫《な》きなり。樂を忘れて樂足る。張りて後備ふるに非ず。心の悅ぶは適に在りて、言に在らざるなり。此れ乃ち無樂の樂は、樂の至りなり。

大変むずかしい文章ですが、要するに我々は感覚器官を通じてものを理解することができる。そのものを理解して一つの知識が組織され、その知識を通じて真の認識に達することができると考えるのが普通ですね。ところが荘子はそうではないのです。我々のそういう感覚というものは、いうならば虚妄である。ただある一面をみているだけであって、全体をみることはできない。感覚を越えたところに本当の認識が成立する。認識は直観的なものである。本当の認識というものは感覚を越えたものである。そういう考え方であります。これは絶対論とでもいうべき考え方であろうかと思うのですが、老荘の思想は、大体このように感覚的なものを拒否するということで一貫しております。

ところが、それよりあとに出ました荀子はどうか。

〖資料1・b〗（「荀子」天論篇）

唯だ聖人のみ、天を知ることを求めずと爲す。天職既に立ち、天功既に成る。形具して神生ず。好惡喜怒哀樂、臧《ざう》す。夫れ是を之れ天情と謂ふ。耳目鼻口形能（態）、各々接する有りて相能くせざるなり。夫れ是を之れ天官と謂ふ。心、中虚に居りて、以て五官を治む。夫れ是を之れ天君と謂ふ。

（楊倞注）心、空虚に中るの地に居り、以て耳目鼻口形（態）の五官を制す。是れ天、形體の君爲らしむるなり。

「形具して神生ず」、形というのは感覚器官によって外界のいろんなことを感知してそれを整理し、経験を整理して知識になる。その知識によってはじめて神を知り、真の認識に到達することができるという。これはあくまでも経験論的な考え方です。こういう考え方は、先に言いましたように十八世紀前後のベーコンとかロックとかヒュームとか、そういう思想家がそのようなことを述べていますが、大変これに似ている。また先の絶対論的な考え方は、もっとのち、私はあまり西洋哲学のことは知りませんけれども、ヘーゲルの考え方なんかに似ているのではないか。そうすると、そういうふうな近世の西洋哲学に、いわば先取りするようなものが、中国の先秦の思想にはあるのです。これをもっと研究して整理をしますならば、中国のすぐれた思想史、哲学史というようなものが組織できるのではないかと思う。

次の正名篇にはもっとくわしくいろんなことが書いてございます。

〖資料1・c〗（「荀子」正名篇）

形體色理は目を以て異なり、聲音の清濁、調竽奇聲は耳を以て異なり、甘苦鹹淡《かんたん》、辛酸奇味は口を以て異なり、香臭、芬鬱《ふんうつ》、腥臊《せいさう》、漏庮《ろういう》（螻蛄と朽木の臭）、奇臭は鼻を以て異なり、疾養《しつやう》（癢）、滄熱、滑鈹《こつひ》（壊乱）、輕重は形體を以て異なり、說故喜怒、哀樂愛惡欲は心を以て異なる。心に徵知する有り。徵知せば、則ち耳に緣《よ》りて聲を知りて可なり。目に緣りて形を知りて可なり。然れども徵知するは、必ず將《まさ》に天官（五官）の、其の類を當簿するを待たんとす。然る後にして可なり。五官之を簿するも知らず、心之を徴して説無くんば、則ち人、之を知らずと謂はざる莫《な》し。此れ緣《よ》る所ありて以て同異するなり。然る後、隨つて之を命ず。同じきは則ち之を同じとし、異なるは則ち之を異なりとす。單以て喩《さと》るに足るときは則ち單、單以て喩るに足らざるときは則ち兼、單と兼と相避くる所無ければ則ち共。共なりと雖も害を爲さず。
（楊倞注）五官、耳目鼻口心なり。五官能く之を主として知る能はざれば、心能く召して之を知る。
（兪樾注）〔上文の楊倞〕注に曰く、天官は耳目鼻口心體なりと。是れ天官は本《もと》此の六者を兼ねて言ふ。此れ何ぞ以て獨《ただ》耳目を言ふのみなるか、疑ふらくは天官は乃ち五官の誤ならん。

それぞれ感覚器官によって、みな感知するものは異なる。耳に聞こえるものもさまざまである。このように五官の働きをみな述べて、「心に徴知する有り」、つまり感覚器官だけではまだ知識にも何にもならない、それを一応心を通じて整理をして、それではじめて知識になる。感性的なものがはじめて知識的なものになる。そういう段階をふんで、次第に認識に到達するという、これはいうなれば経験論といいますかね、経験を通じて知識というものができる。知識というものが成立する、ということです。

このような感覚器官についての考え方というものは、戦国時代になってはじめて整理され、しかもそれは高い水準で整理されていると思います。それまでに、文字の上

見

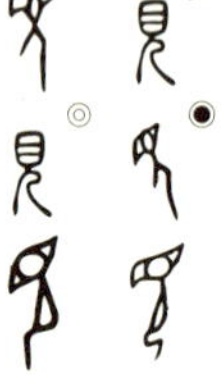

でそういう感覚の器官、あるいはその機能というようなものがどういうふうに表現されているかをみるために、例を出します。何しろとりとめのない、つかみようのないような問題でありますので、文字を大変たくさん出すことになります。感覚字義の第一の項目は「みる」、第二は「きく」、第三は「あじ」というふうに一応分けまして、ここに文字を出しておきます。同訓異字の例は平凡社から出しました［字通］の付録、また［字訓］を参照していただきたいと思います。

一、みる

見　［説文］八下「見、視るなり。目儿《じん》に从《したが》ふ」とするが、会意ではなく、目を強調した人の形。仰ぐ人の形が（望）、祝告する人の形が（兄）となるのと同じ。

見るという字はご覧のように目を上に大きくあげて、その下に人が書いてあります。これはこの時代の字のつくり方において、そういう特徴的なもの、機能的なものを上に大きく出す。たとえば聞では、耳を大きく上に出して、その下に人を書く（二四頁参照）。これがこの時代における文字の構成法であった。見るという行為は目を中心とするものですから、目を出します。

しかしこの目は、単に見えるものを見るというような目ではなく、じっと何かを見据えているような見方ですね。つまり単に感覚器官において眼に映るものを見るというのは、見るという行為ではない。目を特徴的に上に出すことによって、相手を凝視

看

省

する。相手をじっと見入るということは、目を通じて相手との内的交渉の関係に入るということですね。全く感覚的なものとはちがって、古人の「みる」というのは、相手の心の中に入ってゆくという見方です。国語の「みる」という語は、もとは「回《み》る」、「廻《み》る」という語と同じです。見回《めぐ》らす、隅々まで見て、見通したぞという見方をする。それが国語における「みる」なのです。そのような「みる」という動作を、この文字は形の上にあらわしているというわけですね。

看　〔説文〕四上「看、睎《み》るなり。手下に目あるに从ふ（〔段注〕宋玉の所謂袂を揚げ日を障《ささ》へて思ふ所を望むなり。此れ會意なり）」。

看は手をかざしている形です。今でもやりますね。手をかざしていますと焦点がわりにはっきりしまして、レンズと同じようによく見えるのです。

省　〔説文〕四上「省、視るなり。眉の省に从ひ、屮《てつ》に从ふ（〔段注〕屮、木の初めて生ずるや、財《わづか》に見ゆるなり。眉に从ふ者は、未だ目に形《あらは》れざるなり。屮に从ふ者は、之を微に察するなり。凡そ省するは、必ず微に於てす）。古文の省、少囧《けい》に从ふ（〔段注〕少目に从ふ者は、少しく其の目を用ふ。省の用、甚だ微なり）」。

上の方に木の枝のようなものがついています。これは音符の「生」ですね。この字形の金文の二番目の字は、下の方に少しふくらみがつけてありまして、生という字の形によく似ています。

この字から道徳の徳という字なども出てくるのですが、眉飾りのつけ方が少しちが

相

うのです。省は一応形声とみてよかろうと思います。

相　〔説文〕四上「相、省視するなり。目木に从ふ（〔段注〕會意、按ずるに目もて物に接するを相と謂ふ。故に凡そ彼此交接するを皆相と曰ふ。其の交接して扶助する者は、則ち「瞽《こ》を相《たす》くる」の相と爲す）。易に曰く、地の觀るべき者は、木より觀るべきは莫《な》し（〔段注〕此れ易を引いて、目木に从ふの意を説くなり。目の視る所多し。而して木に从ふ者は、地上の觀るべき者は木に如くは莫ければなり）。詩に曰く、鼠を相《み》るに皮有りと（〔段注〕庸風の文なり）」。

これは木のわきに大きな目が書いてあります。この目は先に言いましたように、ただ見る目があるのではなく、木を見ることによって、この木のもつ生成力、生命力というようなものと、心に交渉をもつ。我々でも、森の茂みを見ますと心が安らぐという感じがいたしますが、古人はそういうものを、もっと人間的な交渉の深い対象として見ていたのであろうと思う。木をじっと見ることによって、木のもっている若々しい生命力、みずみずしい生命力というものを、自分の身にうける。また思う人があれば、この気持ちを相手におくるような気持ちで見る。だからこの下に心をつけると「想う」ということになる。想とは、自分が思うのではなく、他のはるかなるものを想う、人を想うときに使うのです。つまり木を見て、木によって象徴される生命力を自分のものとし、その生命力を自分の思う人に届けたいと考えながら見るのです。

それで、中国の〔詩経〕などにも「彼の……を瞻《み》れば」という発想の形式に使います。字は瞻《せん》を使います。「彼の淇《き》奥《いく》を瞻《み》れば　綠竹猗猗《いい》たり」（衛風・淇奥）という。詹《せん》はこまごまとした小さなという意味で、崖の下でこまごまとお祈りなどをすることをいうのです。それであちらこちらを見めぐらすような見方を瞻といいます。

わが国でも「万葉」には「見れど飽かぬかも」とか、「……見ゆ」という歌い方がよく出てきます。これらは殆んどみな呪歌です。見ることによってその対象のもつすぐれた生命力を自分のものにしたい、あるいは人におくりたいというようなときに、そういう表現をするのです。だから単に視覚的に見る、ということで使っているのではなくて、彼らが特に「見る」という言葉を使うときは、そういう内容を含んだ見方をしている。したがって、文字にあらわすときにも、そういう表現をする。「相《み》る」のようにわざわざ木を対象として書いているのは、よく茂ってすぐれた生命力を内蔵するものを見るという意味で、相が書かれているのです。

視（視）◎

視　［説文］八下「視は瞻《み》るなり（［段注］目部に曰く、瞻は臨みて視るなりと。視は必ずしも皆は臨ならず。則ち瞻と視とは小しく別あり。……引伸の義、凡そ我が爲す所、人をして之を見しむるを、亦視《しめ》すと曰ふ）。見に从ひ、示の聲なり」。

［説文］では視を形声と解していますが、示はお祭りをするときの祭壇です。示にいろんなものを載せてお祭りをする。たとえば肉を手で置く、すると祭という字になるというふうに、示はお祭りをするときの祭卓です。

この視の字形の中、三番目の古文と金文の字は、のちの氏という字を含んでいる。

察

氏は把手のある大きなナイフの形です。このナイフでお祭りのお下りの肉を切って、その氏族関係の者にわける。祭肉をわけることによって、祭祀共同体の一員であることを確かめるわけです。だから視を書く。示にかえて氏の方がもっと具体的な氏族関係をあらわすことになります。氏を使う意味は、祭祀共同体であるということを確認する一つの方法です。大きな氏族でありますと、家の数はたくさんあるでしょうからね。ナイフで肉をわけられる範囲の家々が、みなその神を祀るということでありましょう。だから示を書いても氏を書いても、音も近いし意味的にも同様であるというので、こういう異文、ちがった文字が生まれてくるのです。

察 ［説文］七下「察は覆審《ふくしん》するなり。宀《べん》に从ひ、祭の聲なり（［段注］宀に从ふ者は、覆して之を審かにするを取る。祭に从ひて聲を爲すは、亦祭には必ず詳察するの意を取る）」。

［説文］では形声としておりますが、これは廟内の祭りです。祭に廟の形をつけますと察になる。先祖を御廟の中でお祭りし、その御意向を伺う。だから「察する」という意味になるのです。何か重大な決定をしなければならん、しかしどのように決定してよいか決しかねるというときに、先祖に御相談をいたします。それが察です。もし天の神様に相談をするときには、この際の方になります。これはいわゆる天人の際。神と人とが相接する。阝は神様が降りてこられる神梯、ここでお祭りをする。神と人との相接するところが際、国際関係などという場合の際です。国々にはみな「国つみ

監

覧

觀（観）

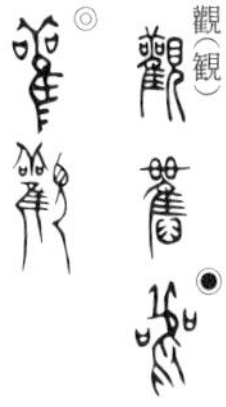

たま」がおられるから、なかなか外交はむずかしいですね。

　監　［説文］八上「下に臨むなり。臥に从ひ、衉《かん》の省聲なり。、古文の監は言に从ふ」。

監という字、上の方が「臥」となっていますが、これは天上から下を見ている形で、下に臨むという字になる。神様が天上からものを御覧になる。かがみという字はこの下に大きな盥《たらい》を置きます。この中に水が入っている。これを字にしますと監となる。これが「かがみ」のもとの字です。のちにさらに金をつけて鑑となる。この監には自分の姿が映るからかがみに用いるが、古くは霊をむかえるというような考え方があったのであろう。だから、上から臥するような形にして、天が何かをお示しになる。それで我々が教えを受け、自分の考えをまとめる。そういうときに「かんがみる」という。教えられるということになるのです。

　覧　［説文］八下「覽、觀るなり。見監に从ふ。監は亦聲なり」。

監の下に「見る」を書いた字です。意味は大体そのままわかります。ところが上が監《かん》という音であるのに、なぜ見をつけるとランになるのか。これはいくつも例があるのですが、たとえば兼は广の中に入りますと廉《れん》という音になる。諫《かん》と練《れん》（練）、各《かく》と絡《らく》など、つまりLとKとの音が、どこかでダブっていて、そのどちらかを使うということがある。こういう関係の字は他にもたくさんございます。

　觀　［説文］八下「觀、諦視するなり」（［段注］宷諦《しんてい》して視るなり。穀梁傳に曰く、常事には視と曰ひ、非常には觀と曰ふと)。見に从ひ、雚《くわん》の聲なり。、古文觀、囧《けい》に从ふ」。

觀（観）はみるという字ですね。雚は耳があってみみずくのような鳥の形が書いてありますね。これは鳥占いをするのですが、最も単純な例では、普通の隹《ふるとり》で占いをします。道で進退をきめるとき、鳥占いによって進む。戸（戸）は神様を祀る神戸棚ですが、ここへ隹をおきますと雇（雇）という字になる。これは鳥の力をかりて神の意向を問うということです。それで「雇《やと》ふ」となる。神様を雇うのですね。頁《けつ》をつけまして、「顧る」という字になる。つまり、神様の仰せに従うこと。他にも鳥占いの字は鳴・雖・應（応）など、たくさんあるのです。

瞻

瞻［説文］四上「瞻、臨みて視るなり（［段注］今人、仰視を謂ひて瞻と曰ふ。此れ古今の義、同じからざるなり）」。

瞻は見めぐらす、ぐるりと周囲をよく見まわすというような意味です。以上はみな視覚に関する字でありますが、それぞれ古い時代の習俗、「みる」という行為が特に意味した重要な意識、そういうことが大体字形に示されているかと思います。

二、きく

聞

聞［説文］十二上「聞、聲を知るなり（［段注］大學に曰く、心、焉《ここ》に在らざれば、聽けども聞こえずと）。耳に从ひ、門の聲なり。䎽、古文は昏に从ふ（［段注］昏は聲なり）」。

聞は今は門の中に耳を書いて門の声としていますが、昔は門を書いた字はないのです。ここにあげました甲骨文のように、みな耳の形、下は人です。また手を上にあげた形、場合によってはここに口の形をつけているものもあります。また口をそえた形もありますね。口を耳の下に書くことはないので、この口はみな祝詞の器です。息をふいているというようなときは（欠《けん》）、このように書いて、口は書かない。欠の字は口を開いている形です。次は息をはいている形で、この下に女がつけば立ちなげく女の姿、祝詞がつけば「咨《はか》る」、何か神様に訴え申すというとき、その前で悲しそうに訴えるわけです。さらに言をつけて「諮《はか》る」という字になります。つまり次、姿、咨、諮はみな一系の字です。

聞の字形の◎印の金文のところに、全く形のちがう字が二つありますね。これは実は爵という青銅器、酒爵の形です。神様にいろんなことをお聞きするときに、神様はやはりお酒がお好きです。お酒をお供えすると、いろいろ教えてくださるというので、爵からお酒をつぐ形が書いてある。そして右旁に耳が書いてある。お酒をお供えして、じっと耳をすまして、神様は何をおっしゃるかというようにして聞く。

聞くという字は、もと今の字形と全くちがいまして、耳を書いて下に人を書くという書き方と、もう一つはこのようにお酒をお供えしておっしゃることを聞きとろうという形とがあるのです。昔はこうして神様に爵を供えて、お酒を供えてお願いをする。また結婚のときも同じようにします。お酒を供えて神様にお許しをうける。下が女の

聽（聴）

嘗

甜

形になるのは婚の字です。

聴　［説文］十二上「聽、聆《き》くなり（［段注］耳の及ぶ所の者を聴と云ふ）。耳悳《とく》に从ふ（［段注］會意、耳悳なる者は、耳、得る所有るなり）。壬《てい》の聲なり」。

聴（聽）、これは耳の上下に祝詞が書いてありますね。耳の上下に祝詞を入れる。二つ祝詞をおいて、神様のおっしゃることを聞くのであります。金文の字にもみな祝詞の形が入っています。

これで「みる・きく」関係の主な字は大体みてきましたが、要するに神との交渉において、あるいは神聖な儀礼的な場合の行為として、字の形が示されております。

三、あじ

嘗　［説文］五上「嘗、口もて之を味はふなり（［段注］引伸して、凡そ經過する者を嘗《しやう》と爲し、未だ經過せざるを未嘗と爲す）。旨に从ひ、尚聲」。

味覚の問題に入ります。嘗の中に旨という字が入っていますね。ちょっとわかりにくい形ですが、旨の上部は匙《さじ》の形です。旨の下の方は曰、器の中にご馳走が入っている。それを掬う形です。だからこれは「旨し」という字になる。そういうおいしいものを、窓下（尚）のようなところにお供えとして、神様に嘗めていただく、味わっていただく。この「嘗める」というのは、神嘗祭とか新嘗祭とか、まことにつつましいお祭りのときに、この字を使う。神に供えるものであるということです。

甜　［説文］五上「甜《てん》、美《うま》きなり。甘舌に从ふ。舌は甘を知る者なり（張衡の［南都

苦（苦） 辛 酸（酸）

の賦」に、酸甜《さんてん》滋味の語がある）」。

甜は甜《な》めるという字。甘は甘い、おいしいものを食べると思われやすいのですが、本当はそうではなくて、甘は棒を箱の耳にさし通した形。扌《てへん》がつきますと拑《かん》、「拑《は》める」という字になる。ものをはめこんだ器物の形でありますから、こんなものがおいしいはずはありません。これは形声の文字です。

苦［説文］一下「苦、大苦なり。苓《にがな》なり。艸に从ひ、古の聲なり（苦労の苦は、劬の仮借義）」。

苦（苦）も形声の字です。ものが古びますと、うまみは消える。潤いがなくなります。水分が消えるということでありましょう。

辛［説文］十四下「辛、秋時萬物成りて孰《じゅく》す。金は剛、味は辛なり。辛くして痛めば、即ち泣《なみだ》出づ。一辛《けん》に从ふ。辛は辠《つみ》なり（［段注］辠《ざい》人の象なり）。辛は庚を承けて、人の股《また》に象る（嵇康［養生論］の李善注に引く［養生要］に「大蒜《さん》は食らふこと勿れ、葷辛《くんしん》は目を害せん」という）」。

酸［説文］十四下「酸、酢なり。酉に从ひ、夋の聲なり。關東にては酢を謂ひて酸と曰ふ。䤹、籀文の酸、畯に从ふ」。

辛、これは「辛い」。字は入墨をするときの針の形ですが、おそらく辛とか酸とかいうのは、その音がそういう意味をもっているのではないかと思います。言葉が文字になる前には、言葉は音だけで用いられておるわけですから、その音に意味がある。

芳（芳）

香

薫（薫）

たとえば拒否するときは不・非・弗などと言う。不（花のうてな）・非（すきぐし）・弗（むりに縛る）はもと否定詞ではなくてプ・ヒ・フツという音が、否定の言葉であった。大体はそういう音感で言葉の意味が生まれ、次第に整理されてゆくので、辛・酸はおそらくその音の意味をとったのだと思います。

次に嗅覚ですね。

四、かぐ

芳　［説文］一下「芳、香艸なり（［段注］香草は當に艸香に作るべし）。艸に从ひ、方の聲なり（芬・苾《ひつ》・蕡《ふん》など、同系の語）」。

香　［説文］七上「香、芳なり。黍《しょ》に从ひ、甘に从ふ。春秋傳僖五年に曰く、黍稷《しょしょく》、馨香《けいかう》ありと（［段注］香の必ず黍に从ふの意を說くなり）」。

香は甘に従うとありますが、本当は曰は黍を入れる器の形。上の方は黍、下に水を入れる。これでお酒を作る。これは一夜酒、すぐにできるので神様にお供えするときや儀礼の際に多く使います。

匂　国字、韵の匀より転化。

匂は先に言いましたように、韵の字の旁《つくり》から転化したものです。

薫　［説文］一下「薫《くん》、香艸なり。艸に从ひ、熏の聲なり（熏は［説文］一下に「熏、火煙上出するなり。屮《てつ》に从ひ、黑に从ふ。屮は黑く熏する象なり」）」。

薫（薫）の下の方は黒（黑）という字形であって、焦げくさいという意味です。上

臭（臭）

嗅（齅）

剛

下を括った袋の中に香料のものを入れまして、下から火でくゆらす。中のものが焦げて香を発する。またその煤《すす》で黒い色をとることができる。

臭　［説文］十上「臭、禽走りて、臭ぎて其の迹を知る者は犬なり。犬自に从ふ」。「におう」、「くさい」などと読みます。大きな鼻を書きまして、その下に犬が書いてあります。今は犬ではなくて大を書きますね。本当は犬でないと、大きな鼻では臭いはかげないのです。

嗅（齅）［説文］四上に「齅《きう》、鼻を以て臭に就くなり。鼻臭に从ふ。臭は亦聲なり。讀みて嘼《きう》牲の嘼の若くす」。

嗅という字の古い形は鼻と臭とをならべる形を書きました。今は口を書きますが、口は臭とは関係がありませんね。

五、さわる

剛　［説文］四下「彊《つよ》く斷《き》るなり。刀に从ひ、岡《かう》の聲なり。、古文剛、此の如し（岡は鋳型、鋳型を割る意。古文は侃。列国期の器に鋳作者を侃師というものあり）」。

次に触覚。触《さわ》るとき、「剛い・柔らかい」という感じがあるわけですが、剛という字はどういう成り立ちかと申しますと、これは鋳型を刀で裂く形です。网は鋳型、その鋳型の下から熱い火をあてる。そうするとこれは岡という字になる。鋳型を火で焼いて固めます。鋳込みが終りますと、これを刀で裂きます。二つに裂いて、枠を外す。そしてできた鋳物をとり出す。鋳造のとき、非常に高い熱で焼きこんでいますので、

柔（䰷）◎

強（彊）◎

弘◎

実に剛い。だから剛、かたいという意味になる。

柔（䰷）［説文］六上「柔、木曲直するなり（［段注］洪範に曰く、木には曲直と曰ふ）。木に从ひ、矛《ぼう》の聲なり（金文に「遠きを䰷《やは》らぐ」と䰷を用いる。卣《ゆう》は酒器。酒を飲んで歌舞する意であろう。［説文］九上「脜《じゅう》、面和するなり。讀みて柔の若くす」もその意）」。

柔、上の方は木を曲げた形です。木を矯《た》めて柔らかくするという意味です。扌《てへん》をつけますと「揉《も》む」という字になる。手でやわらげるという意味です。

強（彊）［説文］十三上「強、蚚《あぶ》なり（次条の蚚字に「強なり」と互訓）。虫に从ひ、弘の聲なり。彊 籒文強、䖵《こん》に从ひ、彊に从ふ（［説文］十二下「弘、弓の聲なり」とするが、弘は弓を張る形、強は強弓の意）」。

強は弓です。弓の上端にちょこっと何かついているのは、弦をはずしている形だと考えてよろしい。ではなぜこんなところに虫がつくのか。私はこの虫はおそらくテグス（天蚕糸）ではなかろうかと思う。天蚕糸は今も釣糸に使ったりしますし、非常に強いものですね。弓に虫がついたら弓はもろくなりますので、弓に虫がつくはずがない。だから弓の弦とする糸を、おそらく天蚕糸で作ったのではないか。その時代に蚕がおったかと思われるかもしれませんが、甲骨文の中には「蚕示《さんじ》」という蚕の神様が出てくるのです。この蚕示をお祭りすることが行なわれていて、おそらく天然の繭は、当時貴重な資料として扱われていたでしょうし、また養蚕も行なっていたのではない

弱（弱）

か。「蚕示」という神様がすでにあるのですから、そういうことも当然行なわれていたと思われます。

周の時代になりますと、王室の后は必ず川べりに機織殿《はたおりどの》を作って、その周辺に桑を育てて蚕を飼います。その習俗は今もわが国の皇室に承け継がれているのです。三千数百年にわたって、そういう親蚕《しんさん》の礼というものが行なわれている。しかもこれは東アジアの特産であって、のちにはシルク・ロードで西方にもたらされた。アジアには古くからあり、ヨーロッパにも送られた特産であった。だから天蚕糸であったかどうかはわかりませんが、虫がついているので、何かその系統のものを使ったのだと思う。

古い時代の科学的技術というものは、その時代に必要とされたものの範囲では、非常にすぐれたものがあるのです。たとえば朱というものでも、大変古くから作られていた。日本でも丹生《にふ》という。丹を生産するところ、その名のつく神社の数は松田寿男さんという方が数えられたのですが、大体七十ぐらいある。地名としては五十いくつあるということですから、わが国でも非常に古くから朱を扱うことはできた。奈良の大仏に金箔をはる。すると金箔だけがみごとにつく。あの大きな大仏に、金箔がみごとにはられていたのは、その時代にすでに黄金アマルガムの技術があったのです。だから特定の技術については、大変古い時代に、今日の科学からみても賞賛すべきものがあった。

弱　［説文］九上「弱、撓《たわ》むなり。上は橈曲《だうきよく》するに象り、彡《さん》は毛氂《まうり》の橈弱《だうじやく》なるに象

寒（寒）◎

るなり。弱物を并《あは》す。故に二彡に从ふ（「左伝」定四年に封父の繁弱という良弓の名がある）」。

弱はよわいという字。わざわざ弱い弓を作ることはありませんので、これは弓に飾りをつけるのです。弓に美しい飾りの彡《さん》がつく。儀式のときにこういうものを使うので、実戦用の弓は強くなくてはいかん。だから強い弓を作ったのでありましょう。しかし儀式のときの、たとえばこういう会場などで何か神聖な儀式が行なわれるという場合には、大体会場の周辺で矢通しをする。別に的《まと》があるわけではなく、要するに軒下に矢を放つのです。これによって、この建物に近づこうとするあらゆる悪霊を祓い清めることができる。室内でも弓矢を作って鳴弦ということをやる。そういうときには彤弓彤矢《とうきゅうとうし》、これは朱塗りの弓矢です。黒塗りのときは玈弓玈矢《ろきゅうろし》といいます。こうした朱塗りや黒塗りの弓矢を使って儀式をする。それには飾りをつけたりする。大体弱という音にも弱々しい意味があるでしょうし、多く飾りをつけるという意味もあるでしょう。繁文縟礼《はんぶんじょくれい》というあの縟、あれも辱の声ですが恥ずかしいという意味ではないのです。弱とよく似ていて、飾りつけをたくさんする、というような字であっただろうと思います。

寒　［説文］七下「寒、凍《こほ》るなり、人の宀《べん》下に在るに从ひ、茻《まう》の上下覆《ふ》を為し、下に仌《ひょう》（氷）有るに从ふ（二横画は敷物の形であろう）」。

寒（寒）には建物の中に草が敷いてあって、その中に人がいるという形になってい

溫（温）

乾

ます。下の線は［説文］では氷であるといっていますが、氷の場合は仌のように屈折した形となる。氷結した形を示すために、少しとがった形にする。この字は二本敷いてあるだけですから、敷物と解釈していいかと思います。

溫　［説文］十一上「溫、溫水は犍爲《けんい》符に出で、南のかた黚《けん》水に入る。水に从ひ、𥁕《をん》の聲なり（水名に解するが、［広雅］釈詁三下に「煗《あたた》かなり」とあり。温暖の意。𥁕は温水器の水が温かくなり、回流を起こす形）」。

溫（温）は、上の方が鍋の中に湯がわきかえりますと、中で水が舞いますね。その舞う形を書いている。下の方はそれをあたためる台ですから、それで温、あたためるという字になる。

乾　［説文］十四下「乾、上に出づるなり。乙に从ふ。乙は物の達するなり。倝《かん》の聲なり（［段注］倝なる者は、日始めて出でて光ること倝倝たるなり。然らば則ち形聲中に會意有るなり）。、籀文の乾なり（倝は旗竿の象、乙け偃游《えんいう》〈吹き流し〉旗のはためく形。易の乾卦《けんか》によって諸義が附加された）」。

乾は［易］などに使いまして、意味が非常にむずかしくなっていますが、本来は高い旗竿に旗じるしをつけた形です。そして、そこに乙を加えているわけですが、これは高い旗じるしを立てて進む。お祭りのとき、あるいは戦争のときなどに、こういう旗を奉じて行動する。それで［易］ではこれを勇健、いさましいというような意味を含めて解釈しています。大体大きな旗などがなびいているというのは、勇ましい姿に

濕（湿）

なりますね。「乾く」は干と通用の義です。

濕　［説文］十一上「濕、濕水は東郡東武陽より出でて海に入る。水に从ひ、㬎《けん》の聲なり（水名を以て解する。㬎は玉に糸飾りを加える形で、神を迎える呪飾。そこに現われる霊を顯という。聖所に施すを隰という。湿はおそらく水辺の聖所の意であろう）」。

濕（湿）の㬎は、上の方の日は丸い玉、これに白香《しらか》のように糸を垂らします。ここに神様が降りてこられるのです。これを拝むのが顯（顕）という字になります。顯《うつ》し神を拝する意。㬎に氵《さんずい》をつけると濕となり、湿原《しつげん》をいう。水の溜まった地帯は、大体神様がお出でになるところです。古い時代には、平地ではなくて、山の中腹とか山の少し上がったようなところに水の溜まるところがあって、地下水などが出てくるのでしょうね。そういうものがのち灌漑用水の源流となるのです。田に水を引く場合、平地では川から水を引くことは容易ではありません。だから稲作の古い姿などをみますと、大体いくらか丘陵がかったところから起こっている。だからある学者は、稲の穂などを食べた鳥が種を落とし、そこにたまたま水があって育つというような形で、米作がもたらされたのではないかというようなことを言っています。灌漑用水が自然に得られる便宜からいいますと、いくらか高地にある湿原地帯は、これは農作にとっては最も望ましい好適な条件である、与えられた条件である。だからそこに神を祀るというふうにして、湿原で神が祀られたという考え方もあるのです。湿はそのように神様がお出でになるところ、川のほとりも、泉の湧くところも、およそ水のあるところは、古い時代には大体聖地であった。

そこで「濕《うるほ》ふ」という字が、玉に糸の飾りをつけて、そしてそれを拝む、神のお出でになるところであるとして拝む。また阝《こざと》を書くと隰《しつ》の字となります。㬎のつくものは、大体神のお出でになるところであると考えてよろしいと思います。

次の資料にまいりまして、色のとり方、扱い方に関する文献をあげておきました。古い文献としましては、「周礼《しゆらい》」という書物があります。これに「考工記」という部分がある。漢代に「周礼」の整理をしましたときに、この部分だけがみつからなかった。ところが民間からそれが出てきた。「周礼」は天・地・春・夏・秋・冬と六官になっておりますが、この第六、冬官の部にこの「考工記」が入れられています。ここには赤の染め方が書いてございます。

〖資料2〗（「周礼」考工記）
畫繢《ぐわくわい》の事　五色を雑《まじ》ふ。東方之《これ》を靑と謂ひ、南方之《これ》を赤と謂ひ、西方之《これ》を白と謂ひ、北方之《これ》を黑と謂ひ、天之《これ》を玄と謂ひ、地之《これ》を黄と謂ふ。靑と白と相次するなり。赤と黑と相次するなり。玄と黄と相次するなり（「鄭注」此れ畫繢、六色の象《かたど》る所、及び布采の第次を言ふ。繢《くわい》は以て衣と爲す）。靑と赤と、之《これ》を文と謂ふ。赤と白と、之《これ》を章と謂ふ。白と黑と、之《これ》を黼《ほ》と謂ふ。黑と靑と、之《これ》を黻《ふつ》と謂ふ。五采備はる、之《これ》を繡《しう》と謂ふ。土は黄を以てす。其の象は方。天は時に變ず。火は圜《ゑん》を以てし、山は章を以てし（「鄭

注」章は讀みて獐《しやう》と爲す。獐は山物なり。衣に在りて、齊人は麋《び》を謂ひて獐と爲す)。水は龍を以てし、鳥獸蛇あり。四時五色の位を雜《まじ》へて以て之《これ》を章とす。之《これ》を巧と謂ふ。凡そ畫續の事は、素の功を後にす。

鍾氏　羽を染むるに朱湛《しゆたん》（湛はひたす）・丹秫《たんじゆつ》（赤粟）を以てし、三月にして之《これ》を熾《や》き、淳《そそ》ぎて之《これ》を漬《ひた》す。三入を纁《くん》（うすあか）と爲し、五入を緅《すう》（あかぐろ）と爲し、七入を緇《し》（くろ）と爲す（［鄭注］凡そ玄色なる者は緅緇の閒に在り。其の六入なる者か）。

「五色を雑ふ」、これは所謂五行思想によって、色の地方分けをしているのですね。こうしていろんなものを五行で組織していくというのが、中国の古い時代の考え方です。戦国時代に成立し、秦漢の時代にかけて行なわれています。

鍾氏の条は、赤を染めますときに、煮た液を作りまして、何回も染めることをいいます。丹秫と書いてありますが、赤粟を煮込んで色をとる。一回漬けたらどういう名前、三回漬けたらどういう名前というように、何回入れたかで色の名前が変わります。それで赤の色が何通りもできるわけですね。このように赤なら赤系統で、いくつもにさらに区分されるということは、この時代になってからのことです。「五入を緅と爲し、七入を緇と爲す」とありますが、緇は殆ど黒に近く、僧侶が使うという色で緇衣《しい》といいますね。何回漬けたかで色がだんだん深くなるというような、色についての知識、いわゆる色相、色の姿というものの考えられるようになるのは、秦漢に入ってからのことです。
それで、たとえば天地玄黄という場合、「天は黒く、地は黄なり」というのは、五行の思想による配当です。本来玄黄はどんな意味であったか。それは草葉などがうらがれるという意味であったのです。全くちがうのですね。その色についての受けとめ方が全くちがう。〔詩経〕の中に二つ「玄黄」を使った例がございます。

〔資料3・a〕周南・巻耳の第二・三章（白川静〔詩経国風〕一九九〇年、平凡社東洋文庫）

陟彼崔嵬　nguai　彼の崔嵬《さいくわい》に陟《のぼ》れば　岩山に　のぼらへば
我馬虺隤　duai　我が馬　虺隤《くわいたい》たり　わが馬は　色あせぬ
我姑酌彼金罍　luai　我姑《われしばら》く彼の金罍《らい》に酌みて　いささかに　酒酌みて
維以不永懐　hoai　ここを以て永く懐《おも》はざらん　いとしばし　思ひ忘れむ

陟彼高岡　kang　彼の高岡に陟れば　高山に　のぼらへば
我馬玄黄　huang　我が馬　玄黄たり　わが馬は　色失《う》せぬ
我姑酌彼兕觥　koang　我姑く彼の兕觥《じくわう》に酌みて　いささかに　酒酌みて
維以不永傷　sjiang　ここを以て永く傷《いた》まざらん　いとしばし　やすらはむ

これは行役のために地方に出ている者が、故郷をかえりみて望郷の思いをよんだものです。険しい山に登ると、もう馬はすっかりくたびれてしまった。「金罍」という青銅器は、周のはじめごろにしかなかった。周の中ごろにはもうなくなっている器種なのです。だからこの歌は、もとの歌があったとすれば、かなり古い歌であったといえると思います。次の章にみえる「兕觥《じくわう》」も、殷周期のころの青銅器です。大変古いものでありますから、この詩が後世に幾分の変改を受けたものであるにしても、この器物がうたいこまれていることからいえば、周のはじめに近いころのものである。その時代に「玄黄」は馬が疲れて、くたびれてつやつやしい毛並《けなみ》がくすんでしまった、いかにも疲れ果ててしまった色として、「玄黄」が使われているのです。

〘資料3・b〙小雅・何草不黄の第一・二章（白川静「詩経雅頌1」一九九八年、平凡社東洋文庫）

何草不黄 huang	何《いづ》れの草か黄《きば》まざらむ	うら枯れぬ草とてもなし
何日不行 heang	何《いづ》れの日にか行かざらむ	旅ゆかぬ時とてもなし
何人不將 tziang	何人《なにびと》か將《ゆ》からざむ	誰人も進まぬはなし
經營四方 piuang	四方を經營《けいえい》す	をちこちの役《えだち》繁くて
何草不玄 hyuen	何《いづ》れの草か玄《くろ》まざらむ	うら枯れぬ草とてもなし
何人不矜 kien	何れの人か矜《くわん》ならざらむ	獨り身の身ならぬはなし

哀我征夫
獨爲匪民 mien

哀《かな》し　我が征夫　　あはれ　わが防人《さきもり》の
獨《ひと》り民《たみ》に匪《あら》ずと爲す　　われのみぞ　人にもあらず

これも行役の歌です。自分だけが格別にこき使われているという役夫の嘆きをうたったものですが、ここでも「玄黄」は、うら枯れた草木の意味に使われている。のちの「天地玄黄」という、あの［千字文］の使い方とは全くちがっていることがわかります。つまり色目に対するその時代の感覚というものは、それぞれの時代によって、大変ちがうものであったということがわかります。

それでは、玄黄とは本来どういうことであるのか。

玄　［説文］四下「玄、幽遠なり。幽（幺）に象《かたど》りて、人は之を覆ふなり。黒くして赤色有る者を玄と爲す（［段注］此れ別の一義なり。……朱と玄とは、周禮・爾雅に明文無し。……緇《し》と玄とは通偁なり。故に禮家、緇布衣を謂ひて玄端と爲す）。、古文」。

茲　［説文］四下「茲、黑なり。二玄に从ふ。春秋傳（左伝哀八年）に曰く、何の故に吾が水をして茲《くろ》ましむると（糸たばを拗《ね》じた形。上部の括《くく》って染め残ったところを素という）」。

玄という字は、もと糸束の形です。糸束を一ひねりした形です。玄は糸束を結んで、ちょっと先が出ています。これがもう少し大きく出ていると、この上の部分が染まら

玄

茲（兹）

ない。それで素という字は、この上の結び目のところが白く残る。そこから下は黒くなる。何度も染めたりしますと茲《し》という。茲はそれを二つ並べた形です。

黄（黄）

黄　[説文]十三下「黄、地の色なり。田に从ひ、炗《くわう》の聲なり。炗は古文の光なり（火矢の形、のち佩玉の形）」。

黄（黄）はちょっと複雑ですけれども、甲骨文字の場合には、これは明らかに矢の形です。下の方には鏑矢《かぶらや》のようなものがついている。これは実は火矢。火を放つために敵陣めがけて放つ。だから古い字は火矢であると考えなければならぬ。

ところが金文になりますと、形が全然ちがうんですね。上の方に吊るす形、次に広げた形、下にのびた形があって、まん中を通した形になる。これはおそらく佩玉、腰のところに玉を帯びます。帯にぶらさげ、左右に糸が垂れ、玉を綴った形、これを「佩玉」といいます。玉には悪霊をはらう力がありますから、なるべく身につけておく。それで両方の腰にさげる。所謂佩玉、歩くと玉のふれあう涼しげな音がする。だから金文の黄はおそらく佩玉であろう。そうしますと、同じ黄という字でありながら、時代によってそれを表現する方法がちがうということになりますね。

青（青）

青　[説文]五下「青、東方の色なり。木は火を生ず。生丹に从ふ。丹青の信、言必ず然り（[段注]俗に言ふ、信なること丹青の若しと。其の相生ずるの理、必ず然る有ることを謂ふなり。此を援《ひ》いて以て生丹に从ふの意を説く）。、古文青なり」。

青（青）は青丹、赤丹というときの青と、考えていただいてよろしい。下の方は井

赤

戸のような形が書いてありますが、これが丹という字です。丹は竪穴に掘った井戸の形。大体丹が出ますのは、水銀が結晶したところ。水銀が結晶するのは、あの地下の火がのぼってきて、地隙に沿いながら上に上がってくるのですね。そういうものが反応しながら水銀ができる、丹ができる。丹は変化に富んだものですから、水銀をとったり、いろんな錬金術の方法として扱われています。下から噴出するものによって結晶するものですから、掘るときには井戸のように竪穴坑にする。わが国では丹生《にふ》という。その跡が随分たくさんあるのです。跡はそのまま廃坑になっています。

赤　〔説文〕十下「赤、南方の色なり（〔段注〕之を引伸して、凡そ洞然として、昭著なるもの、皆赤と曰ふ。赤體の衣せざるを謂ひ、赤地の不毛なるを謂ふが如し）。大火に从ふ。烾、古文、炎土に从ふ（人の形である大の下に、火を加える。火で穢《けが》れを祓う。それによって罪を赦《ゆる》す）」。

赤という字の〔説文〕の説明は殆んどまちがっています。赤の上の方は人の形です。これに下から火を加える。人を焚くのです。人を焚くと人の皮膚は赤くなりますね。これは焼き殺すのではなくて、刑罰として行なうのです。清めのために火を加えるとあらゆる穢《けが》れは祓《はら》われる。水か火かその何れかで祓うんですね。禊《みそぎ》の場合には水で清めます。しかしこうして火で祓う場合もある。これは刑罰のためにやりますので、こうしてお祓いをしたあと、少したたいてゆるすことにします。そうすると赦《しゃ》、ゆるすという字になる。無罪放免、赦免ですね。赦になぜ赤がついているのか。穢れをもったままではいかんので、火を加えて禍を祓いのけてしまう。そして何十回かたたいて、それで赦免にする、罪科は祓われたということにする。赤という字形は、上の方は人、下の方は火です。

白

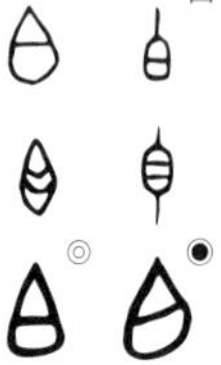

黑（黒）

白　［説文］七下「白、西方の色なり。侌（陰）、事を用ひ、物色白し。入の二を合すに从ふ。二は侌の數なり。、古文白なり（髑髏《どくろ》の形。虜酋《りょしゅう》の首をさらし、これを保存した。伯は覇《は》者、覇者の頭骨の形、その色は白である）」。

白は私の名前でありますが、しゃれこうべの形です。その曝《さら》された色が、野原なんかにありますと、非常に目立つ。だから白いというような字に使われるようになったのでしょう。しかし、これを白という字に用いる前には、もとはやっぱりしゃれこうべで、白とよばれたのであったと思う。たとえば戦争などで、外族の族長などを討ちとったりいたしますと、その首を「しゃれこうべ」にして、そこへこれは「某白の頭である」というようなことを書いて紀念とする。敵の首長の首をとるのは、戦争では非常な手柄です。のち五等の爵の、伯爵の伯になるのです。

黑　［説文］十上「黑、北方の色なり（今本脱す）。火の熏《くゆ》らす所の色なり。炎の上りて囪《まど》より出づるに从ふ（橐《ふくろ》の中のものを熏らして、黒色の粉末をとる法を示す）」。

黑（黒）は先に言いましたように、橐の中にものを詰めこんでおいて、下から火でくゆらす。そうしますと橐の中のものが黒く焦げる。あるいは炭素化する。あるいは煤《すす》が出る。このようにして、黒が得られるわけです。黒をとるときには勿論この方法

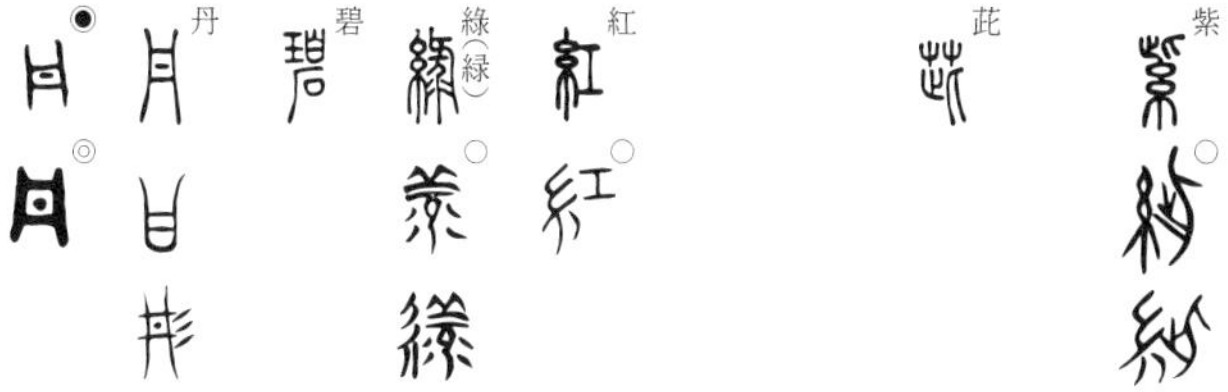

でやりますから、黒の字にそのまま使われます。

紫　［説文］十三上「紫、帛の青赤色なるものなり（［段注］青は當《まさ》に黑に作るべし。……北方の閒色、紫なり）。糸に从ひ、此聲（［論語］陽貨に「紫の朱を奪ふを惡む」とあり、間色と賤しめられたが、のち紫宮、紫微のように最も尊貴な色とされた）」。

茈　［説文］一下「茈、茈草なり（［段注］本草經に云ふ、紫草一名紫丹、……陶隱居云ふ。卽ち此れ今、紫を染むる者なり）」。

紫の此というのは小さいものをいう語であろうと思います。些少《さしょう》の些です。わが国でむらさきといえば、紫陽花《あじさい》のように小さな花が群がって咲く。そのような「群ら咲き」です。紫草の根からは、紫の色をとります。

紅　［説文］十三上「紅、帛の赤白色なるものなり」。

紅は絳《かう》と声が近く、何れも音符だろうと思います。紺《こん》もこの系統の色です。

綠　［説文］十三上「綠、帛の青黃色なるものなり」。

綠（緑）は彔《ろく》声ですが、彔はかりやす、すなわち緑黄色、渌は水の澄んだ色。帛や織物には緑というのです。

碧　［説文］一上「碧、石の青美なる者なり。玉《ぎょく》・石に从ひ、白の聲なり（［段注］碧色青白、金、木に尅《か》つの色なり。故に白に从ふ。白聲と云ふ者は、形聲を以て會意を苞《かね》るなり）」。

丹　［説文］五下「丹、巴《は》越《あつ》の赤石なり。丹井に采《と》るに象る。丶は丹の形に象る。

、古文丹なり。、亦た古文丹なり（［段注］蜀・呉二都賦の注に、皆云ふ、山中に出づ、穴有りと）」。

朱でも青でも、大体は丹井からとることが多かった。奈良の枕詞は「青丹《あをに》よし」といいますが、三山のあたりから丹がたくさんとれるのです。それを舟などに塗って、「赤《あけ》のそほ船」などと［万葉］にも出てまいります。

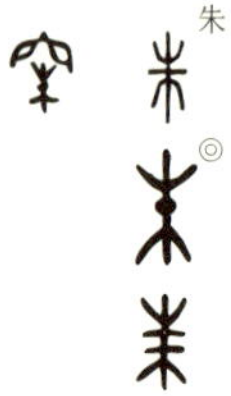

朱　［説文］六上「朱、赤心の木なり。松柏の屬、木に从ふ。一はその中に在り（［段注］赤心は像すべからず。故に一を以て之を識《しる》す）」（金文に⿱穴朱に作る字形があり、これは朱砂を熱して水銀を蒸溜気化させ、そのガスを水中に導いて水銀をとるエア・リダクションという方法を示すものと考えられる。穴は気化したガスの放出穴であろう。［天工開物］にその法が記されている）。

朱というのは木の幹に何かしるしがついていますから、これは切株の様ではないかと思われるかもしれませんが、文字資料の金文の一番下のところに穴かんむりの字が出てくる。この穴かんむりは、普通の穴とはちがっています。これが朱なのです。なぜこんなものがついているのかというと、実は丹から朱をとりますときに、水銀を蒸発させるのです。木の枝のようなものにぬりつけて、固めておきまして、下から熱を加えて蒸発させますと、この空気のぬけたところから水蒸気が出てきて、それを瓶でとりますと水銀になる。水銀をとりますときの一種の蒸留法です。この字があることによって、朱は蒸留法で作られた金属性の朱であることが、はっきりわかると思います。その方法は、松田寿男氏の［古代の朱］（学生社、一九七五年刊）に詳しく記されています。

殷の王様のお墓などに、たくさん埋葬品がありまして、木棺にも飾りの彫《ほ》りがつけてある。それに朱の色をぬります。朱は永遠の色です。木が腐ってそれがみな下の土に移った形になっている。その土が棺にぬった色をそのまま残していて、今も変色をせず、きらめくような光を発している。これを華土といいます。写真で見ましても大変きれいなものであります。

当時、丹井から朱をとる方法があった。日本の古い時代にもすでに朱をとる方法があった。朱は神聖な儀礼に用いる。そういう宗教の儀礼に関するような技術は、古代には非常にすすんでおるんですね。しかし感覚と知性というような問題になると、まだ十分なことはできていない。はじめに申しましたように、戦国時代になりまして、はじめて荘子とか荀子とかが、色の問題、感覚の問題、感覚を通じて知性・認識への過程がどうかというふうなことを論ずる。そういうふうなものは、いくら経験を重ねてもだめなのであって、直観によるべきだというのが荘子の立場。そうではなくて経験を統合して正しい知識が得られ、認識に到達するというのが荀子の考え方です。のちの認識論の主流になる考え方が、このころにすでに出ているのです。

［資料4］に入ります。文字の話が続きましたが、次は色目《いろめ》。色の名前です。色について、わが国では随分洗練された考え方をもっていた。勿論、古い時代のものに出

【資料4・a】襲《かさね》色目《いろめ》（平凡社大百科事典、一九八四年刊）

	[色目の名称]		[表]	[裏]	[中倍]
秋の部	桔梗	ききょう	二藍	青	
	萩	はぎ	蘇芳	萌葱	（紫）
	花薄	はなすすき	白	縹(はなだ)，薄縹	
	紫苑	しおん	濃薄色	青	
	女郎花	おみなえし	黄	萌葱	薄葱
	藤袴	ふじばかま	紫	紫	
	月草	つきくさ	縹	薄縹	
	朝顔	あさがお	縹	縹	
	竜胆	りんどう	薄蘇芳	青	
			蘇芳	萌葱	縹
	紅葉	もみじ	赤色	赤色	
			赤	濃赤色	萌葱
	青紅葉	あおもみじ	萌葱	朽葉	
			萌葱	朽葉	縹
	黄紅葉	きもみじ	黄	蘇芳	（朽葉）
	櫨	はじ	赤色	黄	
	檀	まゆみ	蘇芳	黄	
	菊	きく	白	紫	
			蘇芳	萌葱	白
	黄菊	きぎく	黄	青	
			黄	萌葱	薄萌葱
	朽葉	くちば	朽葉	黄	
	青朽葉	あおくちば	青	黄	
冬の部	枯色	かれいろ	白	薄紫	（朽葉）
	枯野	かれの	黄	薄青，白	
	雪の下	ゆきのした	白	紅	（薄紅）
	椿	つばき	蘇芳	赤	（濃萌葱）
雑の部	松重	まつがさね	萌葱	紫	（香）
	蒲萄	えび	蘇芳	縹	（紫）
	赤色	あかいろ	蘇芳	濃縹	
	鳥子重	とりのこがさね	白瑩	蘇芳	（白瑩）
	薄色	うすいろ	薄色	薄色，白	
	檜皮	ひわだ	檜皮色	檜皮色，縹	
	香	こう	香	香	
			香	紅	薄紅
	海松	みる	萌葱	青	
	玉虫色	たまむしいろ	青	紫	
	麴塵	きくじん	黄	青	
			青(経)，黄(緯)	黄	
	木蘭地	もくらんじ	黄	黒	
	掻練	かいねり	濃紅打	濃紅張	
	白重	しろがさね	白	白	
	唐紙	からかみ	白	黄	

注―(　)内の中倍は必ずしも中倍を用いない.

	［色目の名称］		［表］	［裏］	［中倍］
春の部	梅	うめ	白	蘇芳（すおう）	（紅）
	梅重	うめがさね	濃紅	薄紅	（紅）
	一重梅	ひとえうめ	白	紅	
			白	蘇芳	薄紅
	白梅	しろうめ	白	薄紅	
	紅梅	こうばい	紅	蘇芳	（萌葱）
	薄紅梅	うすこうばい	薄紅	紫	（萌葱）
	柳	やなぎ	白	萌葱	（薄萌葱）
	青柳	あおやなぎ	青	薄青	
	黄柳	きやなぎ	薄葱	薄青	
	桜	さくら	白	二藍，紫	
			白	赤花，萌葱	紫
	紅桜	くれないざくら	紅	紫	
	万津桜	まつざくら	紫	薄紫	
	桜萌葱	さくらもえぎ	萌葱	二藍	白
	若草	わかくさ	薄青	濃青	
	菫	すみれ	紫	濃紫	
	山吹	やまぶき	朽葉	黄	
	花山吹	はなやまぶき	薄朽葉	黄	（白）
	青山吹	あおやまぶき	青	黄	
	裏山吹	うらやまぶき	黄	萌葱	
	花葉色	はなはいろ	黄	青	
	躑躅	つつじ	蘇芳	萌葱	（白）
	餅躑躅	もちつつじ	紫	紅	
	藤	ふじ	薄紫	萌葱	（白）
	桃	もも	薄紅	萌葱	白
	早蕨	さわらび	紫	青	
夏の部	卯花	うのはな	白	萌葱	（萌葱）
	牡丹	ぼたん	薄蘇芳	白，濃蘇芳	
	葵	あおい	薄青	薄紫	
	薔薇	そうび	紅	紫	
	杜若	かきつばた	萌葱，薄萌葱	紅梅	
	菖蒲	あやめ	萌葱	濃紅梅	（薄紫）
	花菖蒲	はなあやめ	白	萌葱	
	苗色	なえいろ	薄萌葱	薄萌葱	
	若苗色	わかなえいろ	薄萌葱	薄萌葱	
	楝	おうち	薄色	青	
	橘	たちばな	白	青	
	櫨橘	はぜたちばな	朽葉	青	（黄）
	蓬	よもぎ	薄萌葱	濃萌葱	
	瞿麦	なでしこ	紅	薄紫	（萌葱）
	花瞿麦	はななでしこ	紫	紅	
	百合	ゆり	赤	朽葉	

てきますのは、先に言いました「赤《あけ》のそほ船」であるとか、「白き……」、「黒き……」「紫は灰さすものぞ」の紫というような、白・黒・赤・紫という単純な色の名しか出てきません。律令制になりまして、中国から色の名前が入ります。律令制の、たとえば官僚のいろいろな衣装、その色の使い方、紫を一番上等にするとか、そういう色によって身分階級をあらわすようなことが制度化され、一度に日本における色の問題が浮上してまいりました。しかし、それがそのままずっと使われているというのではなくて、平安時代になり、貴族社会になりますと、日本独自の色目、色についての考え方が発揮されてまいります。

御承知のように、［源氏物語］［枕草子］、ああいうものの中には、衣装のことが随分たくさん出てきますね。丁度紀元千年前後、今から千年ほど昔のことです。私はあの時代が日本における色彩感、色についての感性が最も豊かな時代であったのではないかと思います。あれから後、禅宗が入りますと寂びたものが喜ばれる、戦国時代になりますと、またばかに派手な婆娑羅《ばさら》などがはやって、新しい流行ができる。江戸時代になりますと、身分社会の中でいろいろ色も制限されるというようなことになって、自由な色の観賞ができないという時代になった。そういう前後の経緯から考えますと、私は平安期における色に対する感覚というものは、日本の固有の姿が、最も発揮された時代であるのではないかと思う。

そういう意味で、ここに色目表（〖資料4・a・b〗）をあげておきました。随分たく

〖資料4・b〗襲色目一女房装束（平凡社大百科事典、一九八四年）

［季節など］	［名称］	［第一衣］	［第二衣］	［第三衣］	［第四衣］	［第五衣］	［単《ひとえ》］
祝いに着る色	松襲	濃蘇芳	薄蘇芳	薄萌葱	萌葱	濃萌葱	赤
	紅の薄様	紅	薄紅	極薄紅	白	白	白
	萌葱の匂	極薄萌葱	薄萌葱	萌葱	やや 濃萌葱	濃萌葱	紅
10月1日より練衣，綿入れ	菊の様々 （裏地は白）	極薄蘇芳	薄蘇芳	蘇芳	やや 濃蘇芳	濃蘇芳	青
	紅紅葉	紅	山吹	黄	青	紅	紅
	青紅葉	青	濃黄	黄	山吹	紅	蘇芳（紅）
五節より春まで着る色	紫の匂	濃紫	やや濃紫	紫	薄紫	極薄紫	紅
	山吹の匂	濃山吹	山吹	薄山吹	黄	黄	青
	梅襲	極薄紅梅	薄紅梅	紅梅	紅	濃蘇芳	濃（青）
4月薄衣に着る色	菖蒲	青	薄青	白	紅梅	薄紅梅	白生織
	藤	薄色	薄薄色	極薄薄色	表白 裏青	表白 裏薄青	白生織 （紅生織）
	躑躅	紅	薄紅	極薄紅	青	薄青	白生織
5月捻り襲	菖蒲	青	薄青	白	紅梅	薄紅梅	白生織
	紫の薄様	紫	薄紫	極薄紫	白	白	白
	杜若	薄色	薄薄色	極薄薄色	青	薄青	紅
6月よりの単襲	蘇芳・朽葉・紅・薄色・薄青・唐紙染付など						
8月1日～15日捻り襲	紫の薄様	紫	薄紫	極薄紫	白	白	白
	薄	濃蘇芳	蘇芳	薄蘇芳	青	薄青	白
	竜胆	薄色	薄薄色	極薄薄色	青	薄青	紅
8月15日～9月8日生織の衣	蘇芳・薄色・白菊・紅葉など練衣に同じ						
9月9日より生織の衣，綿入れ	紅の薄様	紅	薄紅	極薄紅	白	白	白
	紫の薄様	紫	薄紫	極薄紫	白	白	白

注―〈満佐須計装束抄〉による．

さん種類がございます。しかもこれで尽きるのではない。これを表と裏を重ねて、いわゆる襲《かさね》といいますね。これによって、いっそう複雑な陰翳《いんえい》が表現できる。ここに、文献に出てくる名前が一応網羅されていると考えてよろしい。これは［源氏］［枕］というような、平安期中期の文学に出てくるいろんな装束類などの色目を整理したものです。

［源氏物語］を読んでおりまして、色にふ

れる場合に、色が美しいという表現はないのです。「色がにほふ」と書いてある。「にほはしき」とか「にほふ」という言葉で書いてある。「匂う」、匂うという言葉で色の感覚、色の感情が表現されているわけです。非常に古い時代の、丹・朱のもつ色あい、その奥ゆかしさが、そのまま言葉の上では伝承されている。だから色が鮮やかであるくらいのことはあるにしても、美しいといってほめる場合に、「美しい」とは言わない。「うつくし」というのは、もと「いとほしむ」という愛情の表現の言葉です。何かそれとなくぼかしたような色あいでせまってくるという意味では、「匂う」という表現の方が、的確なのであろうかと思います。『源氏』には「桐壺」だけでも「匂ふ」という言葉が随分出てまいりますが、みなそういう衣装の美しさ、また人柄の奥ゆかしいときにも使っている。そういう美的なものを色彩感覚の形で表現することが多いのですが、これがわが国における色彩感覚の一番高揚した時代のものであるという意味で、ここに平凡社の『大百科事典』から、この表をあげておきました。

このような色相の中で、律令制以来、紫が一番高貴な色であるということになっているのです。紫が高貴であるという考え方は、中国の方に古くからあります。天帝のいるところは紫宮とか紫宸《ししん》・紫微というように、紫のつく言葉で表現されている。わが国でも律令制以来、紫が一番尊い色とされて、これはどういう身分のものでなければ使ってはならんというような規定がある。ところで、ローマでもこの紫が大変貴重がられていて、ローマ時代の貴族の夫人たちは、みな紫のものを使ったということです。しかもその紫は六、七世紀以後には絶えて、どんな色であったのか忘れられていた。最近私が知り合った人で、西山和恒さんという方が、この紫を復元したい、これはどうも地中海に棲むある小さな貝の中からとれる色料であるらしいと、文献も調べて、わざわざ地中海まで行って、その貝を採取して日本へ持ち帰り、それで染色を試みておられるということであります。私もその一枚を頂戴しました。私が用いるわけにはいかんから、「これはローマの貴族婦人のものだ」というて家内に贈りました。あまり多くはできないそうです。それは小さな貝で、ほんの少し芥子粒ほど含まれている色料をとって集めるのです。そういう知識は今ではあまり知られていなかったと

〔資料4・c〕むらさき（平凡社大百科事典、一九八四年刊）

むらさき　紫

［象徴としての紫］青と赤とを重ねた色である紫は、青と赤の割合に応じてさまざまに変化する。西洋ではその変化に応じて異なった名称を使い、両者等分のものをラテン語でウィオラ viola（本来〈すみれ〉の意）、赤みの強いものをプルプラ purpura（深紅色の染料がとれる貝 Purpura に由来）、青みの強いものをヒュアキントゥス hyacinthus（青い花を咲かせる植物 Hyacintus に由来）と分けている。そのうちプルプラ（英語の purple、フランス語の pourpre などの語源）は、その色の染料が高価なので、これで染めた絹布はとくに貴重視され、古代ローマ時代には皇室の専用品となった。皇室関係の肖像や石棺にはこの色をしたエジプト産の石材、ポルフュリテス porphyrites が用いられたし、6世紀ごろまでのキリスト像の衣はこの色をしている。また中世末期までの高貴な写本に用いられた羊皮紙も、この色で染められている（《ウィーン創世記》など）。要するにプルプラの紫は高貴の象徴である。他方ウィオラから派生した紫色（英語およびフランス語の violet）は、キリスト教的立場からは青と赤、すなわち神の叡智と慈愛を一つにしたものと解され、人類を救うために身を犠牲にした〈受難のキリスト〉の衣の色となった。さらにこの紫は喪の色と解された。ヒュアキントゥスの紫は、旧約時代には黄金やプルプラと並んで高貴な色とされ、祭司の衣などに用いられたが（《出エジプト記》25:4など）、それはまた異教の偶像崇拝の象徴色ともなり（《エレミヤ記》10:9）、さらに人間を懲らしめる煙の色ともされた（《ヨハネの黙示録》9:17）。一般的にいえば今日の西洋では紫を喪色とする傾向が強い。　柳 宗玄

思っていたのですが、平凡社の［大百科］の「むらさき」の項のところを見ますと、出ているのですね（〖資料4・c〗）。紫はビオラ、これはバイオレット、すみれです。これからとる。またプルプラという貝からとると書いてありますが、この貝を西山さんはとってこられて、日本で染色を試みられた。ちょっと赤みがかった紫ですけれども、非常に高貴なというか、すっきりした色をしています。日本ではあかね（茜）という草の根からとるわけですね。

あかねさす紫野行き標野《しめの》行き野《の》守《もり》は見ずや君が袖振る　［万葉］一・二〇

薬草狩りのときに、大海人皇子《おおあま》（天武）が、さきの妻であった額田王《ぬかたのおおきみ》に袖を振って合図をする。そのとき額田王の詠んだものですが、この「野守」は、現在の夫、天智天皇のことです。「天智がご覧になるではないか、あなた、ちょっと気をつけて」という歌ですね。ところが大海人は、

紫草《むらさき》のにほへる妹《いも》を憎くあらば人妻ゆゑに我れ戀ひめやも　一・二一

という歌を返している。

どうもこの問答は、私はできすぎていると思います。恋敵を目の前にして、こんな歌のやりとりをするというようなことはあるまいと思う。額田王の歌には、歌物語的な要素がかなり多い。それはこの人の歌には異伝が多い。異伝が多いということは、伝聞の結果であるのです。そういう異伝が多く、この歌もできすぎていると私は思います。

また紫草といえば、

紫は灰さすものぞ海石榴市《つばいち》の八十《やそ》の衢《ちまた》に逢へる子や誰れ　十二・三一〇一

という歌があります。紫《むらさき》の根から色をとるときに、灰をさすのですね。これは中国の文献を見ましても、そういうことが書いてあります。この歌は歌垣のときの歌だろうと思うのです。歌垣の時には、誰に声をかけてもいいわけです。ちょっとからかってやろうという調子で、声をかけるわけです。そうするとこの女が、

たらちねの母が呼ぶ名を申《まを》さめど道行く人を誰れと知りてか　十二・三一〇二

といって叱りつける。私を誰と思って、いいかげんに声かけたりするんだ、という調子ですね。これは歌垣ですから、そういう戯れた問答をいろいろやるわけです。その「紫は灰さすものぞ」は海石榴市に続きますが、灰は椿の木を燃やして作ります。だから「紫は灰さす」、「つばいち」と続くのです。

〔資料5〕ですが、これは「手鑑《てかがみ》模様節用」の色譜の一部です。この色譜は「古事類苑」からとりました。江戸期の染色の名前です。染色の名前は随分多くありまして、数えてみましたら一〇一ありました。そしていろんな種類がある。名前のつけ方も、材料になったものを入れたり、何かをなぞらえたものなどもあり、これは江戸期に用いられていた色の名前です。利休茶はありますが、利久鼠はこの当時まだありませんね。利休色は緑色を帯びた灰色（『広辞苑』）ですから、紺色に近いものです。

〔資料5〕［手鑑模様節用］新古染色考説附色譜（［古事類苑］産業部十五、染工）

眞紅　緋　あかね或はすはう染、又まがひ紅ともいふ、　花いろ古名はなだいろ　あさぎ正名うすはなだ　升花いろ三升所好、濃きをしめ花いろと云、　水淺黄俗にのぞき色とも、又かめのぞきともいふ、　そらいろ又中いろと號は、花いろよりうすく、あさぎよりこきゆゑに、開のいろといふ心を唱ふるなり、　こん古名深縹　るりこん一名からすばいろといふ　紫濃染　あやめあゐがちたるをき、やうといふ、赤みがちたるをあやめととなふ、　紅碧《ベニミドリ》俗にべにかけそらいろといふ　紅かけ花いろ古薄ふたあゐ　こん桔梗赤みがちたるをこん藤いろといふ、　ふぢいろあゐふぢ、紅ふぢの二種あり、　うこんそこにあかみなきを黄染といふ　銀すゝ竹一説に宗佐所好といふ、　山ぶき茶古名支子染　志ら茶おりいろ、染いろの差別により、濃薄の二種あり、　黄茶應永年中、蘭茶といふ、世の人蘭と亂の聲あひにたるをいみて、もちゐざるよし、よつて今らん茶の名たえたり、　玉子古名あさぎ　びわ茶俗にかはらけいろといふ、　くろ上品をびんらうじぞめといふ、下ぞめあさぎなるを吉岡染といふ、　黑とび　こげ茶　くろ茶一名けんぼういろ　黑紅梅古名濃二藍、俗にくろべに、　せん茶いろ　かちん俗にこんけしといふ、あるひは□染、又かついろと云は別種也、　とびいろ古名ひはだいろ　すゝ竹　くり梅當時通稱志くわん茶といふは、此いろとゐんしう茶の中間を染たり、　くりかは茶往古の烏皮は、くろかはいろといへる事にて、今いふ八わた黑に同じ、　ひごすゝ竹　百鹽茶　丁子茶香染ともいふ　赤紅梅　もゝいろ本說うすこうばい　ときは色一名しのめいろ　櫻色　あらひ柿又薄かうじといふ　紅かば一名紅かうじ、俗に紅うこんと云、　志やれ柿或はうすがき　かきいろ　かばちや天和のころ、そうてんがらちやの名ありて、一時の流行たり、　紅とび　やまと柿　ときがら茶　照柿丹土染、古名くちばいろ、　遠州茶元おりもの、地いろにして、小堀遠州侯のこのみ給ふところと云、　黄《キ》雀《ガラ》茶古名きはちぞめ　もえぎ古名みどり　松葉色古名とくさいろ、寛政年中、あゐびろうどの名ありて、一時の流行たり、　せいさい茶當世さわらびと號　あゐみる茶　みる色俗にこんびらうと云　鐵おなんど　藍墨《アヰスミ》茶根津權現のさいれいのせつ、淺草にて三右衞門助七なんど爭ろんのをりから、そうはうわだんとゝのひたる志うぎにとて、このいろをあらたにそめさせ著そろへたりしより、あゐすみ茶の名こゝにはじまれり、　ひわもえぎ古名淺みどり　ひわ茶古名をみなへし、鶯茶ともいふ、　とくさいろ一名青茶　ぬれば色或は青竹いろともいふ　柳ねずみ俗に豆がら茶　草柳當世通名梅幸茶　笹の靑一名しら花いろ　うら柳古名青色　利休茶千家に見るところ、當代通用の色目に反す、いづれが是か非歟、　勝軍《カツ》色《イロ》一名ぬるでなんどとも、又ゑぶりいろともいふ、　沈香《トノ》茶《チャ》　あゐとの茶　御召茶　御召おなんど　柳すゝ竹　ねずみ古名にぶいろ、こきつるばみ染といふ、　こい鼠俗にどぶねずみと云　あゐねずみ　紅ねずみ　あゐなまかべ　生壁ねずみ　みなと鼠此ごろ流行して、深川ねずみといふ、　藤ねずみ　はと羽鼠　藤すゝ竹　ぶどう鼠古名えびぞめ、薄葡萄、葡萄の二種あり、　紅けし鼠古名くろがき　おなんど　あゐおなんど　紅みなと　いは井茶　ろかう

茶　こび茶　藍こび茶一名りくわん茶　きみる茶　高麗なんど　威光茶或は柳茶とも云　水がき俗にときあさぎ　桑茶　錫色又當世ぎん鼠といふ　柿兼房《カキケンボウ》色　紅ひわいろ

〔資料6〕に入ります。

これは色をそれぞれ、単なる色の名前として、あるいは色の感じとして使うというのではなく、色から連想される、また色によって象徴される何らかの世界というものがあります。他のものでは表現されないけれども、色をかりて表現されることがある。

石山の石より白し秋の風　芭蕉〔奥の細道〕

秋の風が白いはずはないのですね。しかし秋の風の澄んだ透明なという感じを出すのに、やはり白がいいのかもしれませんね。また「其のにほひ桃より白し水仙花」（〔笈日記〕）、「海くれて鴨のこゑほのかに白し」（〔甲子吟行〕）など、芭蕉は白をかなり使っています。芭蕉に限らず、白などの色を一つの象徴として使う、色を象徴として使うという考え方、これは文学の上では非常に有効な手段として、古くから使われています。漢詩などにも勿論出てまいります。白くなくても「野日、荒荒として白し」（杜甫〔漫成〕）のように、白という言葉で、そのもっている雰囲気を表現するという表現方法が、あるわけです。

〔資料6〕小町谷朝生〔色彩のアルケオロジー〕（勁草書房、一九八七年刊）

まず、白と死との関連は、わが国の例に著しい。先に引いた柳田国男は、白についてなお以下のようにも言っている。「白は本来は忌々しき色であった。日本では神祭の衣か喪の服以外には、以前は之を身に着けることは無かったのである。婚礼と誕生とにも、もとは別置を必要とした故に白を用ゐた（下略）」と。『古事記』には、猪・鹿・白鳥など白い動物のことが特別な意味を与えられて記されているが、それらは呪物という性格のほか、神性がそれに加わっているという指摘もある。白色は、現在も使われる四手《しで》によっても明らかなように、それから〝発気〟される清浄の気が現す感染作用によって非日常化の徴標となる。白色はもっともよくその非日常性を表すことにおいて死と結びつけられた。『古事記』におけるヤマトタケルの死を巡る説話は、その間の事情を端的に示していよう。

黒色も、ごく自然に死と結びつけられてきた。しかし、いまのように白色と死とが結びつくのであれば、黒色と結びつく死とはどのような点にその違いが問われるのだろう。その点については、次のように考えてよいだろう。すなわち、死には具体を通して認められる死と想念のうちに考えられる死の別があるだろう。前者では例えば諸動物の屍体の腐敗を通じて朽ち果てゆく現実の死の姿を見つめることになるだろう。しかし、後者では死は美化され、純化されうる。それは、滅びゆく、ないしは地獄へ落ちゆく死と、天上の神のもとへと昇る祝福されるべき死、あるいは再生を約束される死との相違ともなろう。その相違によって、前者は黒色に、後者は白色にとそれぞれ分けて結びつけられよう。黒死病とはまさに前者以外のものではないであろうし、また「黄泉戸喫《よもつへぐい》」したイザナミの姿に黒との結びつきを認めることができるだろう。後者の白色についても、

ヤマトタケルの白鳥伝説などそれに当たる例は多い。

これは私がちょっと読みました「色彩のアルケオロジー」というむずかしい書名のものですが、その書物に書いてありました、色のいわば感覚的な扱い方というものの一つの例として、ひいてみました。

西洋人はこういうことが好きかと思いまして、アランの「芸術論集」なんかも見てみましたけれど、出てきませんでした。やはり感覚というものは文化によってちがうのかなという感じがします。漢詩にはかなりそういう表現が多い。たとえば雲でも、白雲もあるし、青雲もある。黄雲・玄雲・碧雲・寒雲などもある。いろんな色あいで雲の感じをいっているので、必ずしもその色の描写ではないと思う。色相の世界は、色あいの幅が非常に広く、はっきりした規定というものがむずかしいところがあるのです。

右の色彩に関する文章には、白と死との関連について書いてございます。要するに白というのは非日常的なものである。我々になれ親しむ色ではなく、むしろ我々の日常を拒否するような、非日常性のものである。だからたとえば「祝詞」などに「白き鶏《かけ》」（白いにわとり）が出てくる。非日常的な、神に捧げる神々しいという性格をもっているというので、白き鶏を用いる。大体、神事には白を多く使います。中国の古代にも神事には多く白を用いる。これはおそらく中国からきた習俗ではないかと思います。

大体において東洋人の色相感はあんまりちがわないのですが、白と黒と、ここに二つあげてあって、黒は現実の死を意味する。白は純化され美化された死に結びつくものだという議論です。古い歌には白・黒がかなり出てくるのです。だからそれが目立つ。神聖な非日常的なものとして、意識されることがあったのだろうと思うのです。こういう色相感は、また時代によってちがいますし、必ずしも決定的なという議論のできる性質のものではありませんが、こういう色あいの問題、形の問題などは、文字とか芸術とか、そういうものには基礎的な要件として、重要であるわけです。だから芸術論として取り扱われることがあります。

わが国の美意識の歴史を一応たどってみますと、非常に古い時代には『万葉集』の「清く明らかな」という「さやか」「さやけし」、「清《さや》」という字を書きますが、そういうものが神々しい、神に近い感覚ということで、喜ばれたのではないか。だから神を称える祭などで、楽を奏するときのはやし言葉は「あなをかし　あなさやけ　をけ」のあの「さやけ」が中心になる。「さやけし」「清らか」ですね。『古語拾遺』には「あはれ　あな面白　あな樂し　あなさやけ　をけ」、また『万葉』には、たとえば吉野に遊ぶ歌の中に、「清き」という語が随分たくさん出てまいります。『万葉』における神聖観念につながるような言葉があるとすれば、「清し」、「さやけし」ではないかと思う。

平安期になりますと、いうまでもなく「あはれ」です。それから「をかし」。「源氏」には「あはれ」が多い。「枕」には「をかし」が多い。平安末・鎌倉・室町のあたりになりますと、今度は「わび・さび」が出てまいります。これはおそらく禅宗が日本に入ってきて、意識の上に影響を与えている。たとえば牧谿《もっけい》の絵なんかも、普通の感覚で見ると、黒い団子のようなものが五つぽとぽとぽとと並べてあって、これが「柿」の絵だといっても、色は黒いし、形は歪《いびつ》だし、これが柿かと思うけれども、あれは牧谿の最高の作品である。その牧谿の絵は、記録によると大体一三四幅百数十点が日本にきています。中国にはおそらくほとんどないと思います。牧谿の絵は中国では「粗悪にして古法無く、誠に雅玩に非ず」(『図絵宝鑑』)とされ、その真価を理解したのは日本人だけであったと思います。観音さんと猿・鶴を描いたものが、大徳寺の広間の床に何時も掛けてありました。私が京都に来た時分には、自由に入って、その前に坐って、眺めていたものであります。戦前はそういう状態であった。それでわび・さびというようなものが、美意識の一つの中心となっていた。また江戸期には「軽み」のある、そういう俳句がはやりましたね。軽みとかおかしみというようなものが、町人の趣味として、主題であったのではないかと思います。明治以降は洋風が伝統を一洗して、これが日本だというものがなくなってしまいました。日本の美意識の歴史というものをたどりますと、今日の我々の美意識が、どのようなものでなければならないかというようなことも、考えるべきではないかと思います。

大体日本人は、非常に繊細な感覚をもっておるように思います。たとえば、花を生ける、生花にしましても、瓶花《へいか》は明の時代に中国からきたのです。鉢植・盆栽、それも中国からきました。しかし日本人ほど生花や盆栽にこる民族は、世界中になかろうと思う。どこの路地に入っても、必ず恭しく盆栽の一鉢、二鉢が鎮座ましましておる。こんなところはおそらく他にないのではないか。私は他国に旅行したことは殆んどありません。まあ中国に旅行したぐらいの印象では、日本は格別の国であるというふうに思います。玄関に花を飾り、部屋部屋に花を生けるというふうな、そんな民族は多分どこにもないだろうと思う。

アメリカが日本と戦うとき、日本人の性格を研究するというので、日本のいろんな芸術作品とか文学、生活状態というものをしらべあげたあげく、出された結論があの「菊と刀」です。あの菊の盆栽の面においては、日本は抜群の精緻なる情緒をもっている。しかし刀による威張った傲慢な姿というものは、これと全く対象的な二極相反の文化である、というような結論が書かれていたかと思います。菊を愛するのはたしかに彼女（ルース・ベネディクト）がおっしゃる通り、まちがいありません。しかし刀がそんなに権威主義的に威張ったのは、日本が西洋かぶれして、外へ兵を出して、戦争を始めたときからであって、それまではそんなものではない。うっかり鞘《さや》を抜いたら、自分が死なねばならんほどの、重大なものであった。だからそれほど傲岸に、それほど無遠慮に、今のアメリカのごとく、むやみに振りまわして使ったものではない。

日本人は本来、大変つつましい民族であったのです。

そういう民族の芸術論として、私は能の世阿弥の芸術論が、大変すぐれていると思いまして、ここに『至花道』の「皮肉骨の事」の一部分、そして私が項目化したものと幽玄を比喩した成句だけを出しました。

この藝態に皮・肉・骨あり。この三《みつ》、揃《そろ》ふことなし。しかれば手跡《しゆせき》にも、大師《だいし》の御手《おんて》ならでは、この三揃《みつぞろ》ひたるはなしと申し傳へたり。

そもそもこの藝態に、皮・肉・骨の在所《ざいしよ》を指《さ》さば、まづ下地の生得のありて、をのづから上手《じやうず》に出生したる瑞力《ずいりき》の見所《けんじよ》を骨とや申すべき。舞歌の習力の満風、見《けん》に現《あらは》るるところ、肉とや申すべき。この品々《しなじな》を長じて、安く美しく究《きは》まる風姿《ふうし》を、皮とや申すべき。また見《けん》・聞《もん》・心《しん》の三にとらば、見は皮、聞は肉、心は骨なるべきやらん。

見——皮——表現——聲——姿

聞——肉——經驗——曲——手

心——骨——素質——息——心

白鳥花ヲ啣《ふく》ム、是レ幽玄ノ風姿ナル歟《か》

「この三《みつ》、揃ふことなし」といっておりますが、これはこの三つを兼ね備えている人がいないということであって、この三つが兼ね備わることがないということではなかろうと思います。彼の芸術論として、まず「見る」、これはいうなれば皮肉の皮である。表現である。外にあらわれる姿である。「聞く」は肉にあたる。さらに「心」というふうに、それぞれ感覚的な経験から悟性的な知識、それから理性的なものというように、深められてゆく。しかし能においては、この三つが段階的に表現されるものではないのです。一つの表現の中にこの三つがなければ、能にはならない。だから世阿弥の考え方は、おそらくはこの三つを兼ね備えるのは非常にむずかしいといいつつ、能の演技においては、この三つが兼ね備わらねばならんというているのだと私は思う。つまり三つを分節的に分けて考えるのではなくて、この三つをまとめた一つのものとし、舞台に演出するのでなくては、演技であり得ないというわけです。

この考え方は、先に荘子が感覚というようなものを一つ一つ重ねても、それは何の認識にも到達しないといって、個別的な感覚を拒否した。そういう感覚をもすべて含めて直観として、真理というものがあるという考え方と通ずると思います。そしてこれはおそらく東洋的な考え方の、基本的な一つの型ではないか。分子に分解し化学実験でもやるように組み立てるのは西洋のやり方であって、やはり日本人の考え方、東洋の考え方というものは、直観的に本質に直入するという、それがいわゆる悟りであろうと思うのです。

そういうことから考えまして、私は文学においては抒情ということが中心でなければならんと思う。今申しましたような感覚的なことが、みな一つの情緒的なものとして表現されるということで、はじめてそれは文学化される、形象化されるわけです。その一例として、私がまだ少年であった時代に愛誦しました、白秋の「落葉松《からまつ》」の詩をあげておきました。御存知の方は勿論多いと思いますが、白秋が三十九歳のときに作ったものです。白秋はそれまで随分南蛮風のものを作っていましたが、丁度そのころ東洋的なものに復帰して、「老子」などという詩も作っております。「落葉松」もそのころの作であろうかと思うのですが、これは八章あります。実は最初は七章しか作らなかった。「水墨集」に収めるとき、結びの一章を加えたのです。いわば全体をまとめるという意味あいを含めている。それまでは畳詠で繰り返し。これは「万葉」に出てきた、長歌に短歌をそえる形式です。それは古代歌謡の形式がそのまま近代的に生かされた形でもある。古代的な形式もなお現代化し得るものであるという意味で、私は大変好きであった詩です。

落葉松《からまつ》

一

からまつの林を過ぎて、
からまつをしみじみと見き。
からまつはさびしかりけり。
たびゆくはさびしかりけり。

二

からまつの林を出でて、
からまつの林に入りぬ。
からまつの林に入りて、
また細く道はつづけり。

三

からまつの林の奥も、
わが通る道はありけり。
霧雨のかかる道なり。
山風のかよふ道なり。

四

からまつの林の道は、
われのみか、ひともかよひぬ。
ほそぼそと通ふ道なり。
さびさびといそぐ道なり。

五

からまつの林を過ぎて、
ゆゑしらず歩みひそめつ、
からまつはさびしかりけり、
からまつとささやきにけり。

六

からまつの林を出でて、
淺間嶺《あさまね》にけぶり立つ見つ。
淺間嶺《あさまね》にけぶり立つ見つ。
からまつのまたそのうへに。

七

からまつの林の雨は
さびしけどいよよしづけし。
かんこ鳥鳴けるのみなる。
からまつの濡《ぬ》るるのみなる。

八

世の中よ、あはれなりけり。
常なけどうれしかりけり。
山川に山がはの音、
からまつにからまつのかぜ。

白秋自身の自ら注するところによると、これは声を出して朗々と読んではいかん、ということであります。白秋の注文にそむいて声を出して読みましたけれども、なるべく声をひそめて読みました。これは声をひそめて読むべき詩であると私も思うのです。

中国の詩は大体積み重ねるような詩です。助詞も助動詞も使わずにゴシック建築のように、語のかたまりを積み重ねてゆくような詩で、なだらかさが少ない。ただ日本語で訓み下すと、いくらか日本の新体詩に近くなって、我々にも鑑賞にたえるというような詩になる。次にあげましたのは、「唐詩選」にある「春江花月夜」という詩です。張若虚は、杜甫の「飲中八仙歌」に出てくる賀知章という大酒飲みの詩人と友人でありました。ただ張若虚は、この詩のほかあと一篇しか詩を残していない。彼の名前は「春江花月夜」の一篇によって、伝えられたといってよろしいのです。

春江花月夜

春江潮水連海平　春江の潮水、海に連つて平かなり
海上明月共潮生　海上の明月、潮《うしほ》と共に生ず
灔灔随波千萬里　灔灔《えんえん》として波に随ふこと千萬里
何處春江無月明　何《いづ》れの處にか春江、月明無からん
江流宛轉遶芳甸　江流宛轉《ゑんてん》として芳甸《はうでん》を遶《めぐ》り
月照花林皆似霰　月は花林を照らして、皆霰《あられ》に似たり
空裏流霜不覺飛　空裏の流霜《りうさう》、飛ぶを覺えず
汀上白沙看不見　汀上の白沙、看れども見えず
江天一色無纖塵　江天一色、纖塵《せんぢん》無し

皎皎空中孤月輪
江畔何人初見月
江月何年初照人
人生代代無窮已
江月年年望相似
不知江月照何人
但見長江送流水
白雲一片去悠悠
青楓浦上不堪愁
誰家今夜扁舟子
何處相思明月樓
可憐樓上月徘徊
應照離人粧鏡臺
玉戸簾中卷不去
擣衣砧上拂還來
此時相望不相聞
願逐月華流照君
鴻雁長飛光不度

皎皎《かうかう》たり、空中の孤月輪
江畔何人《なんぴと》か、初めて月を見し
江月何れの年か、初めて人を照せし
人生代代、窮《きはま》り已《や》むこと無し
江月年年、望み相ひ似たり
知らず、江月　何人《なんぴと》をか照す
但《ただ》見る、長江の流水を送るを
白雲一片、去つて悠悠
青楓浦上、愁ひに堪へず
誰《た》が家ぞ、今夜扁舟の子《し》
何れの處か、相ひ思ふ明月の樓
憐れむ可し、樓上月徘徊す
應《まさ》に照すべし、離人の粧鏡臺
玉戸簾中《れんちゆう》、巻けども去らず
擣衣《たうい》砧上《ちんじやう》、拂《はら》へども還《また》來る
此の時相ひ望めども、相ひ聞かず
願《ねがは》くは月華を逐うて、流れて君を照さん
鴻雁長く飛んで、光度《わた》らず

魚龍潛躍水成文　魚龍潛躍して、水、文を成す
昨夜閒潭夢落花　昨夜閒潭に、落花を夢む
可憐春半不還家　憐む可し、春半《しゆんぱん》家に還らざるを
江水流春去欲盡　江水春を流して、去つて盡きんと欲す
江潭落月復西斜　江潭の落月、復《また》西に斜なり
斜月沈沈藏海霧　斜月沈沈《ちんちん》として、海霧に藏《かく》る
碣石瀟湘無限路　碣石瀟湘《けつせきせうしやう》、限り無きの路
不知乘月幾人歸　知らず、月に乘じて幾人か歸る
落月搖情滿江樹　落月情を搖《うごか》して、江樹に滿つ

この詩、四句一章で韻をかえています。全部で九章ありますから、三十六句あるわけですね。その各章に「春江花月夜」という題の字が、必ず一つ入っている。あるいはその情景が入っている。そして調子をつけて読みますと、宛転として玉を転ずるようであるといわれるように、非常に声調のよろしい詩であります。

しかしこのような詩は、唐詩の中には他に殆んどありません。これに匹敵するような詩はおそらくなかろうと思う。しかもその作者がこの詩のほかにはただ一篇しか残しておらんというところに、私はまた深い興味を感じる。こういう詩を作ることは容易でなかった。おそらくはこの作者も、偶然にしてこの詩を得たのであろう。作ろうと思って得られるものではなく、天衣無縫、自らにしてこの作をなしたのであろうと

いうふうに思うのです。

わが国の詩には、誦すべく、吟ずべき詩は非常に多い。大体日本人は、情操の豊かな民族であると思うのです。これは私が思うだけでなく。科学的に実証するといたしますと、こうなるのです。大体、人の耳は普通の耳ですと言葉をきく言語脳と、他の音声をきく脳と、その脳の区域がちがう。別々なんだそうです。ところが日本人は左の耳で言葉をきき、また自然の声をきく（『日本の耳』小倉朗、岩波新書、一九七七年）。蟬の声など、ヨーロッパの人などには、ただやかましいばかりでなんの情緒も感じないというのですね。


閑《しづ》かさや岩にしみ入る蟬の聲　芭蕉『奥の細道』

このようなものは、彼らにはどうにも理解のしようもない世界です。蟬の声は騒々しい音という受け止め方しかできない。しかしこれは、西洋人の耳がそういう機能となっているのです。我々は左の耳で言葉をきき、音楽をきき、自然の声をきくことができる。ある人はこれを、日本人はロゴスとパトスとをあわせきくことができる耳をもっているという言い方をしていますが、私はまことに言い得て妙であると思います。

こういう自然観照の仕方は、西洋人にはできないのです。西洋には叙景詩は殆んど出てこなかった。ワーズワースが十八世紀になってやっと出てくる。それまで自然文学はないのです。ところがわが国では『万葉』の時代に、すでにすぐれた自然文学をもっている。中国はおそかったけれども、六朝期の謝霊運などに山水の文学が出てきている。どこがちがうのか、これは人間の脳の構造がちがう。日本人は左の耳でロゴスとパトスを受け入れることのできる、他に類例のない民族だからということであります。

皆さん、大いに自信をもって、短歌をつくり、俳句をつくり、文学をたのしまれたらよろしいかと思う。また事実、文学をこれほど日常化している民族は、他になかろうと思います。多くの人が万葉調の歌をつくる。千三百年も昔の万葉調の歌をつくってたのしむ。千年前の「源氏物語」を読む会も多い。六百年前の謡曲・能を、土曜日や日曜日には能楽堂につめかけて鑑賞する。多くの人が短歌や俳句、また川柳をつくり、詩吟をやるというふうに、これほど文学的な民族が他にあろうかと思うほど、情操の豊かな民族です。

さて私は、今までそれぞれの分野で、各論を三回ずつまとめてやりました。あとの三回はまた別の論になります。文字の構造に関して「載書字説」、「文字の構造法について」、「声系について」というふうに続けます。このシリーズでは、感覚を一番最後におきました。そして日本人の耳がいかにすぐれているか、日本人が文学的にいかに恵まれているか、日本の国土がまた他に類例のない、四季折り折りの、しかも均等に区分された四季をもっている、こんな条件をもつ民族は、他にありません。これだけのいわば天与の条件が与えられている。こういうことを皆さんとともに祝福したい。

これをもって、正月のお話といたします。

第十七話

載書字説

載書とは盟誓の書である。〔左伝〕にその文数例を伝えている。神に誓う形式のもので、のちの詛楚《そそ》文などもその系列のものであろう。盟書には牲血を塗り、犠牲とともに埋めた。載は単なる記載の意味ではなく、載行の意を含み、神かけて誓うという意味があった。甲骨文にみえる「由王事（王事を由《おこな》はんか）」の意を含むものであろう。その盟誓に用いる祝詞が𠙵《さい》である。

古代の文字構造のうちに、この載書を収めた器と思われる𠙵を含むものが極めて多い。その系列に属するものに口・吅《けん》・品・曰・言・音などを含む字をも系列に加えると、その字数は数百字にも達するであろう。しかしそれらの字は、〔説文〕にこれを口耳の口と解し、その後千九百年の間、これを疑うものがなく、別解を試みるものもなかった。

しかしこれらの字を統観すると、その字が口耳の口ではありえないことは明らかである。たとえば告（吿）を「牛が口ふれる」と解するが、文字はそのようなことのために作られるものではない。会意的に作られた字においては、それはすべて祝告の器、すなわち神に祈り、神に誓うものであり、すなわち載書であった。しかもそれは、古代の生活の最も重要な、宗教的儀礼の実修の中で生まれた。そこでこれらの文字の正しい理解がなくては、当時の文化の状況を知ることはできない。

従来の字説がすべて誤りであることは、その関係の字を全体的に考察するときは、容易に知りうることである。ただそれは古代人の生活に、いわば宗教民族学的な分析を加えることによって、はじめて体系化することができる。新しい文字学には、新しい方法論的な用意が必要である。古代文字学は、新しい方法によって、さらに新しい展開を期待することができると考えられる。

皆さん、しばらくでございました。今日はあいにく、ちょっと雨が降っておりまして、北山の桜もこれで終りかと思います。しかしやがて青葉若葉の、明るい季節を迎えるということになろうかと思います。この一箇月ほどの間は、誠に鬱陶しい戦争が続きまして、どうも気の晴れないことが多かったのでありますが、五月になれば、また世の中は変わるのであろうというふうに思うわけであります。

今日は「載書字説」という、大変むずかしい題でお話をするわけでありますが、載書といいますのは、いうならば「誓い」の文書ですね。お互いに何かむずかしい状態にあるというようなときに、神様を前にして誓いをする。これによって事を収めるというのが載書というものです。これは非常に古く、春秋時代にこういうことが盛んに行なわれていたのですが、今日においても、もしこの載書による盟誓ということが行なわれましたならば、このたびのような悲惨な戦争はせずに終わったのではないか。神に誓うということを忘れた現代の文明というものが、今度のような非常に不思議な戦争を生んだのではないかと思うのであります。載書というのは、古代における戦争を回避するための、一つの方法であった。古人はこういう良識をもっていた。そういうことを含めてお話をいたしたいと思います。

載書というのは、大変耳なれない言葉でありまして、聞いただけではちょっと意味がよくわからんと思います。これは実際にいろんなものを調べてもわからないのですが、要するに国語としては「誓う」という言葉で表現される内容のものである、というふうにお考えいただいてよろしいと思います。国語で「誓う」といいますのは、語原的にはいろいろな説があるのです。手を交《まじ》える、つまり握手をするという意味であるという説もあります。また、「ち」は「おろち」の「ち」、霊魂という意味で、魂を通いあわせるという意味であるという説もあります。しかし私はどうも「誓う」は、血を飲みあうということであったのではないか。非常に古い時代には、お互いの血を交換して、お互いに啜《すす》りあうということが「ちかう」という言葉であったのではないかというふうに思います。

ただしかし、わが国の場合に「誓う」という例は、あまり古い時代にはありませんのです。神話には出てきますけれども、これはちょっと信用できません。ただ天武・天智期あたりに、あの壬申の乱を境といたしましてね、お互いに陣容を固めるというようなこともありまして、天智期に大友皇子、後の弘文天皇ですね、大友皇子が蘇我氏などを介して誓いをした。そのときには仏教の儀式によっていますから、古い時代の方式はわかっておりません。後には、天武天皇の皇子たちが吉野で会盟をなさった。誓う会をなさったことがあるのですが、そのときも特別に儀礼的な方法というものは記されておりません。だから誓うということの古い実体は明らかではない。しかし私は誓うという言葉の解釈から、お互いに血を交換するというような、血というものがその生命の根源のものでありますから、これを交換するということは最も厳粛なる儀礼を意味したはずであります。それで、そういうことが行なわれたのではないかと思う。

中国の場合には、いわゆる「牛耳《ぎゅうじ》を執《と》る」という言葉がありますね。牛の耳をもって誓いの会をやる。その牛の耳を持つ者が司会者です。つまりその場を取りしきる者であるというので、「牛耳を執る」とはその会を主催する、今は「牛耳る」と直接それを動詞にしておりますね。あの牛の耳をもって、犠牲として供えた牛の血を啜《すす》るということなのであります。だからこれは犠牲の血を啜っているわけですね。共通の犠牲として神に供えたものを、その会に参加した者が全てわかちあって飲むという形です。だから誓うということの根源には、私は血を交換する、血を飲むというようなことが、最も原初的な形態としてあったのではないかというふうに思うのです。しかし、後にはだんだんそういうことをやめて、他の形式でそれに替えるというふうなことが行なわれるようになります。

それで誓うという読み方をする字には、いくつかの字があるのですが、まず一番古

い形では「矢」という字ですね。、これは矢の形です。この矢が遠いところまで飛んでいって、ある地点に到達しますと、これは至るという字になる。矢を反対にした字ですね。矢を誓うという読み方をするのは、矢そのものを誓うという儀式に用いたにちがいないのですね。だからたとえば誓うという字、上に折という字を書きます。下に言を書く。斤が入っていますが、古い字形で見ますと、これは木を折った形に書いてある。上欄の折字の甲骨・金文のような形に書いてあるのです。斤を手に持つ形。その下に言が入る。これが誓という字です。後には矢を用いた。それで矢を「矢《ちか》ふ」と読む。言は誓いをするという意味です。誓う方法として、矢を折るというやり方をしているのです。

　また「盟」という字があります。上の方は明らかという字ですが、これは窓の形です。これは窓と月です。「日月を明となす」などといいますけれども、そうではない。窓から月明かりが入ってくるところが、神の降臨するところであり、ここで誓いをするのです。下の方の皿の上には、実はもう一つ点がある。それは血です。つまり血盟をする。窓から光が入ってくるところが神明の臨むところであり、そこで誓いをする、これが盟という字であります。

　他に約束をするという意味で「契《ちぎ》る」がありますが、これはいくらかちがうのです。ものに切れ目を入れる。丯《かい》、こういうふうに切れ目を入れて、二つに分ける。そして契約をするわけですね。その契約を確かめるときに、両方の線が合うかどうか、切り

契（契）

目をあわせるわけですね。それが契（契）であります。それで刀をつけます。場合によってはそれを額につけて、奴隷なんかの場合は、その印を体につけてしまう場合があります。これが契約の契という字です。この大は人の形ですね。人の額にそういうものをつけて約束をする。だから契る、契約をするというのは、単に文書で契約書を作って印を押す、というようなことではなくて、本来は神を迎えてその前で誓う、あるいは神に犠牲として供えたものを啜《すす》りあって誓う。あるいは最も神聖な矢を使う。矢というのは単に獣を獲《と》るというようなものではなくて、大変重要な呪力をもったものであるというので、矢はいろんなものに使います。矢は神を呼び、神意を確かめるというものでありますから、そういうもので約束をする。だから誓うというのは、単に相互の間で契約関係を結ぶというようなことではなくて、その間に神を媒介とするというのが契約の本旨であります。だから今の国連なんかでもね、単に表決するというようなことでなしに、神様を参加させると効果があるのではないか。どの神様を参加させるかで、また国連はもめて分裂するというようなことになるかもしれませんけれども、昔は特定の神でなくてもよかったのです。神は遍在する。あらゆるところに居る。山にも川にも神は居られる。だからこうして作りましたいわゆる「載書」は、たとえば「載書は河に在り」（『左伝』定公十三年）というふうに、河の神様にこれを献ずる。勿論、副本は残しておきます。契約内容がわからなくなりますからね。しかし、本物は河の神に捧げます。これがいわゆる「載書」というものであります。

由◉

史（史）◉　◎

私はこの口の形をしたもの（𠙵）を、私の書きました文章には、わざわざ「𠙵《さい》」という読み仮名をつけていますが、実はこれは辞書をひかれてもこんな字はありませんのです。ただ、口とまぎれると困りますから、口とはちがうという意味で𠙵《さい》という音をつけ加えております。これは非常に古い時代の甲骨文の文章で「由王事（王事を由《おこな》はんか）」と読むのです。由を行なうと読む。由はその𠙵を木の枝につけた形ですが、載行の載と同じ意味をもつ字であると考えてよろしいかと思います。「〇〇は王の事を載《おこな》はんか」という文章が、甲骨文の中に多く出てくるのです。それで𠙵《さい》・由《さい》と読む。もっと長い枝につけますと、歴史の史になる。お祭りのときに、これを持ちまして捧げて祭りますから、史という字がお祭りの意味になる。𠙵からへと転化する。載書と申しておりますものは、今申しましたような意味における、神に対して誓うという、そういう意味の文書であるとご理解いただきたいと思います。

それで次に載書の文例をあげてみましょう。これは「春秋左氏伝」、略して「左伝」と申しますが、この中に六、七回こういう例が出てくるのです。ここには二、三その例をあげておきました。これによって載書というものがどういうものであるか、また載書はどのように扱われていたかというようなことが、大体理解できるかと思います。その文例をあげておきました。

襄九年　十一月己亥（晉・鄭）同じく戲（地名）に盟ふ。鄭《てい》、服すればなり。将《まさ》に盟はんとす。鄭の六卿……及び其の大夫門子、皆鄭伯に従ふ。晉の士莊子、載書を為《つく》る。曰く、「今日既に盟《ちか》ふよりの後、鄭國にして唯だ晉の命を是れ聴《き》かずして、或《ある》いは異志有る者は、此の盟の如くなる有らん」と。

「盟ふ」、盟約を結ぶわけです。同盟関係を結ぶ。丁度日本とアメリカとが結ぶという場合ですね。この場合には「鄭、服すればなり」と書いてありますが、もしこの調子で書くならば「日本、服すればなり」というふうに書かれるところです。同盟という言葉は対等という感じを与えて、あれはよろしくありません。日・米の間では、ああいう言葉を使うべきではありません。この盟約の文書を作るわけです。「曰く」以下が載書の内容であります。今日の状態に例えていうならば、「若しアメリカの命を是れ聴かずして、或いは異志有る者は……」というふうになるわけですね。天罰を受けるというふうにいう。この天罰の受け方が、ここには書いてありませんけれども、後のものになりますと、神様の名前やら、先祖の名前がずらっと出てくるんです。どういう神様に誓いをたてたかというふうなことが、出てまいります。「左伝」の場合には出てきませんが、丁度春秋の終りになりますころに「楚を詛《のろ》ふの文」という文書があります。「詛楚文《そそぶん》」というふうにいいますが、これは山西省の晋《しん》が、楚《そ》との友好関係が破れて、楚から攻撃を受けたときの、楚に対する詛いの文書です。これは欧陽脩の「集古録」という書の中に、その文書が記載されて残っておるのです。三百字ほどもある、かなり長い文章です。その中に、いろんな神様の名前がたくさん出てまいります。たとえば巫咸《ふかん》というような神様の名前が出てくる。この巫咸は太陽の御者であって、太陽の出入りを支配する十人の神巫の筆頭である。これは歴代その名で出てきますから、世襲であった家筋ではないかと思いますが、「楚辞」の離騒《りそう》の中にも「巫咸将《まさ》に夕に降らんとす」というふうに、地上へ降りてくるような描写がある。それ以外の神様の名前もたくさん「詛楚文」にみえている。最近では玉に書いたもの、これは春秋の終りごろのものですけれども、随分たくさん、何百片も玉に朱でそういう誓いの文書が書いてある、「侯馬盟書《こうばめいしょ》」というのがあるのです。「左伝」に出てくる載書というのは、載書という名で他に出てきませんが、「侯馬盟書」と同じです。山西省の侯馬というところから出てきました、玉に書かれたものです。晋が分裂して趙《ちょう》・魏《ぎ》・韓《かん》に分かれますね。そのとき趙の家筋の相続者たちが、決して一族の方針に違背しないという誓いのしるしを、本家に提出したものです。だからこの載書という方法は、「左伝」に出てくるだけでなくして、たしかに中国の古代に事実として行なわれていた。そしてそういう文書を書き、これに対する儀礼も行なわれているのです。

次に「箋に曰く」という文を引きます。これは「左伝」の注釈書です。「左氏会箋」は、竹添井井（進一郎、一八四一〜一九一七）という天津領事になって中国に行っておりました人ですけれども、漢文で書いた「左伝」の注釈書であります。大変立派な注釈書です。これを読み下しにして、その文章をあげます。

箋に曰く、周禮司《しゅらいし》盟《めい》は乃ち秋官（司寇《しこう》）の屬なり。春秋の時、士は是れ獄官《ごくくわん》なり。荘子、士爲《た》り。故に載書を爲《つく》る。盟書、之を載書と謂《い》ふ者は、事を載《の》するの義なり。載辭は卽ち載書の辭なり。鄭玄曰く、辭を策に書す、之を載辭と謂ふ。書を牲の上に加ふ、之を載書と謂ふは誤れり。盟法は牲を殺して血を取り、其の牲を坎《あなう》めにし、書を上に加へ、以て之を埋《うつ》む。故に二十六年、伊戾《いれい》、大子痤《ざ》、客と盟ふと誣《し》ひ、坎めして牲を用ひ書を加ふと謂へるは、是なり。蓋《けだ》し載書に牲を用ふる者有り、牲を用ひざる者有り。此の傳に、「士莊子、載書を爲る。」荀偃《じゅんえん》曰く、載書を改めよ」と。此れ牲を用ふる者なり。……然らば則ち牲を用ふるを載と曰ひ、牲を用ひざるをも亦た載と曰ふ。

司寇というのは法官、法律を司る。獄官は刑事の裁判官です。司法官でもありますから、載書を作る。ここに載書の説明があるのですが「事を載するの義なり」と書いてあります。実はこれは、これでは尽《つ》くし難いものであると私は思います。単に事を載《の》せるというようなものではなかろうと思うのです。「書を牲の上に加ふ」というので、犠牲を使っておりますね。つまりこの載書というのは、単に両者が契約関係を結ぶというのではなくて、それに犠牲を加えて、これを神に捧げるという、そういう形式をとるのです。だからこれは神に対して誓うという意味があるわけです。次の襄公十年の文を読みます。

襄十年　(鄭《てい》の)子孔、國に當る。載書を爲《つく》り、位序を以て政辟《せいへき》を聽《き》かしむ。大夫諸司門子、順《したが》はず。將《まさ》に之を誅せんとす。子產之を止《とど》め、之が爲に書(載書)を焚《や》かんと請ふ。……曰く、衆の怒りは犯し難し。專欲は成り難し、……書を焚《や》きて以て衆を安んずるに如《し》かずと。
「政辟」の辟というのは、法律の法というぐらいの意味です。「書を焚く」ということが出てきますが、これは大変重要な記事であると思うのです。この鄭の子産は、孔子が「古の遺愛なり」（『左伝』昭公二十年）といって褒《ほ》めたほどの政治家であった。そのときに法律を作ったところが、みんなこの法律は不便であるというので、異議を唱えて従わない。それで法律を制定した者が、それでは法の威厳が行なわれないというので、これに刑罰を加えようとした。そのときに子産がこれをとどめて、この載書そのものを焼き捨てる、神に対して誓ったものは、単にこれを廃するというだけでは済みませんので、おそらく焼いて神に何か報告をするというような儀礼があったのだろうと思います。子産は名政治家として聞こえた人でありますが、民衆に適合しないような法律は焼いてしまえという、民意を尊重する主張をしているわけですね。

　襄十一年　（晋《しん》と諸侯）鄭《てい》を圍み、兵を南門に觀《しめ》す。……鄭人《ていひと》懼《おそ》れ、乃ち成《せい》（媾和）を行ふ。秋七月、同じく亳《はく》に盟ふ。……乃ち盟ふ。載書に曰く、凡そ我が同盟、年（収穫）を蘊《つつ》むこと毋《な》く、利を壅《ふさ》ぐこと毋く、姦《かん》（人《じん》）を保つこと毋く、慝《とく》（亡命者など）を留むること毋れ、……好惡《かうを》を同じうし、王室を奬《たす》けん。茲《こ》の命を閒《たが》ふ或《あ》らば、司愼《ししん》司盟《しめい》、名山名川、群神群祀、先王先公、七姓十二國の祖、明神之を殛《ころ》し、其の民を失ひ、命《めい》を隊《おと》し氏を亡《ほろ》ぼし、其の國家を踣《たふ》さしめんと。

ここでは誓いをたてたときの、神様の名前が出てまいります。「成を行ふ」は降伏の儀礼を行なうわけです。「年を蘊《つつ》むこと毋《な》く」というのは、ある地域が豊作で、ある地域が凶作であったという場合に、その豊作の地域の者が、穀物を独占しないで、凶作の方へも分かちなさいという意味であります。今の国連がやっているようなことですね。そういうことはすでに紀元前五六〇年ぐらいでしょうか、こんな時代にもうすでにそういう国際的な取りきめがあったのです。「利を壅《ふさ》ぐこと毋く」とありますが、石油の利権を独占しようなどという考えで戦争をやるなど、以ての外ですね。そういうことがちゃんと「左伝」に書いてある。また、亡命者をかくまってはいけない。これも今の時代にありそうなことです。「好悪《かうを》を同じうし、王室を奨《たす》けん」。この王室が今の国連に相当する。王室は周ですけれども、実権は何もないのです。ただしかし、議論をまとめるという役はやっておった。ちょうど国連の役割です。今の時勢は、私はこの「春秋左氏伝」に書いてある国際関係と非常によく似ていると思うのです。そしてこれを比べてみますと、今の時代の方が劣っていると私は思います。礼節において欠けるところがあるように思う。次にある「司慎司盟」は、盟約を司る神様の名前。それに山の神、川の神、これが皆参加する。つまり「八《や》百《ほ》萬《よろづ》の神々」が参加するわけです。そしてもしこの盟約にたがう場合には、国家・民族すべてがその災いを受けるぞと、こういう盟約をする。春秋時代の盟約の仕方は、このように神様にも参加していただいて、私は大変整うた形式であるというふうに思っております。

定四年　晉《しん》の文公、踐土《せんど》の盟を爲す。……其の載書に云《いは》く、「王、若《かくのごと》く曰く、晉の重（重耳《ちょうじ》）、魯の申（僖《き》公）、衞の武（叔武）、蔡《さい》の甲午（荘侯）、鄭《てい》の捷《せふ》（文公）、齊《せい》の潘《はん》（昭公）、宋の王臣（成公）、莒《きよ》の期（茲丕公）と。藏《をさ》めて周の府に在り。覆《ふく》視《し》すべきなり。

定公四年は、もう春秋の終りに近いころですが、ここに同盟に参加している諸族の名前が皆出てまいります。重・申・武……、これは皆諸侯の名前です。周の王様の司会ですから、こうして諸侯の名前をあげるのです。そしてこの盟約の文書は、周の官庁に保存する。「覆視すべきなり」というのは、その契約の内容を調べ直すことができるという。これによると、載書というものは、その原本をおそらく周の府に収めて、関係者がそれを閲覧する、調べて見直すことができるというふうになっていたのであろうと思いますね。

定十年　（齊・魯）将《まさ》に盟はんとす。齊人《せいひと》、載書に加へて曰く、齊の師、境を出でて、甲車三百乘を以て我に從はざる者有らば、此の盟の如き有らんと。孔丘、茲無還《じむくわん》をして揖《いふ》して對《こた》へしむ。曰く、而して我に汶陽《ぶんやう》の田を反さず、吾以て命に共せし者も、亦た之《かく》の如くせむと。

これは最後に孔子が出てくるのであげておきました。「載書に加へて」ですから、すでに正式の会合で決定した内容以外に、斉の側から付け足しを注文して入れるわけです。斉の軍隊がもし出征するならば、そのときには魯の国でも三百乗の軍隊を率いて必ず参加をしなければならぬということですね。このときに孔子が走り出て、この契約内容は不当なものを付け加えて不平等であるというので、代償を要求するわけです。前に斉に取られた汶陽の田を返さない場合には、やはりこの盟約による罰則を加えようと。これは孔子が走り出てこの条文を加えさせたというのですけれども、私はこの話はいささか疑問であると思います。孔子のこんな話が出てくるのは、この『左伝』だけなのです。それで孔子のことを『左伝』(昭公七年)では、「聖人の後なり」といって、孔子の祖は弗父何《ふつほか》という宋の王室出自の人であったというふうなことを、書いておるんですけれども、孔子はそんなに名のある人の子孫ではあったはずはありません。孔子は父叔梁《しゆくりよう》紇《こつ》の墓のあり場所も知らなかった。後で人に教えてもらって、自分の実の母の墓だけ知っておりましたから、それを合葬しようとして墓を築いたところが、大雨で土が流されてしまったというようなことが『礼記』(檀弓上)に書いてありますます。だからこの話は、私は信じ難いというふうに思います。これは偉大な孔子に、大いに国際的な舞台で名を成さしめようとして、こんな話を付け加えたんであろうと思います。『左伝』の載書の中には、信用し難いものもあるという例を、一つここでお話をしておるわけです。ただ先に言いました『詛楚文《そそぶん》』などというものは、欧陽脩が『集古録』に録しておりますし、『侯馬盟書』なども出ておりますし、まあ間違いのない形式のものであろうと思います。

これで大体載書というものの内容は、理解していただけたかというふうに思うので

告（告）

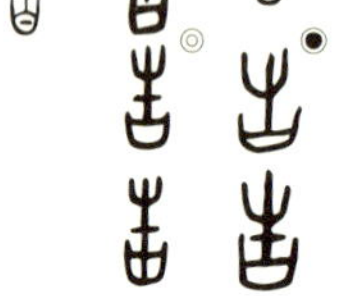

あります。それで、このㅂ《さい》の形のものが載書である。それが神に誓うことを祝詞《のりと》の形式で奏上する文書であるということが、大体理解できるかと思うのです。このㅂを要素としてもっております文字は、たくさんあります。〔説文〕にその解説が書いてございます。〔説文〕の例はこれからたくさんあげていきます。しかしこれは、どれも信ずべからざるものであるということを説明してまいります。一つとしてとるべきものがないということを、お話しようと思う。

告　〔説文〕二上「牛、人に觸《ふ》る。角に横木を箸《つ》くるは、人に告ぐる所以なり。口に从ひ、牛に从ふ。易に曰く、僮牛の告《こく》（牿）すると」。

告（告）という字。〔説文〕には牛の角のところに横木をつけて、牛は口でものを言えませんので、角の横木をつけてきて、人に触れて訴えようとする、という説明ですね。その証拠として「易に曰く、僮牛の告（牿）する」という文を引く。「僮牛の告（牿）する」というのは、子牛の角に横木をつける。物に触れて角を傷めてはいかんというので、幼牛のときにつけるのです。ところが告げるという字の古い字は、こういう形、告で書いてある。これはどう見ても牛に見えませんね。木の枝にしか見えない。ㅂ《さい》は先に言いました祝詞《のりと》ですね。これを木の枝につける。そして申し文のようにして神様の前に捧げる。わが国で申し文と申しますね。笹なんかの先につけましてそれを神に捧げる。こうした木につけて差し出すので、枝の短いものならば、この形になります。屮、これを手に持ちますと、先に言いましたお祭りの史とか、さら

口

舌

名

に旗をつけますと事、これもお祭りという字です。

口 〔説文〕二上「人の言食する所以なり。象形」。

𠙵。口。人の口をこの形で書くということはないのです。それではどうして口を示すかといいますとね、これは人間の体をつけたまま示す。(欠《けん》)、こういう形。これは口を開いている形。だから何かため息をついているような場合ね、これは次という字になります。、これにもう一つ祝詞をつけます。これは咨、なげくという字になりますね。神様に咨《なげ》き申す。そうして神様にご相談をする。これに言をつけて諮《はか》るという字にもなる。息を吐いておる場合にはこういう形になる。この舌の形は蛇の舌に格好が似ていますが、これが舌であります。だから、人の口を𠙵、この形で書くことはない。口を単独でこういう形に書くことはないのです。

名 〔説文〕二上「自ら命《なづく》るなり。口に从ひ、夕に从ふ。夕なる者は冥《くら》きなり。冥くして相見ず、故に口を以て自ら名いふ」。

名の上の夕を夕べであるというのですが、これは実は肉の形です。大きな肉片ですね。肉を捧げて神様にお告げをする。

これは名前をつけますときにね、先祖の御廟の前で肉を捧げ祝詞を奏して、この子は一人前になりましたから名前をつけますという儀式をする。小さいときには字《あざな》です。、これは先祖の廟屋の形。ここへ子供を連れてきまして、この子供をこれから養いますという。だから字は「養ふ」とも読む。このとき、仮の名前をつけます。これが幼名で字《あざな》、いわゆる小字です。そしてある年齢に達しますと、氏族の一員として登録する。そのときはじめて名前をつける。先祖にお告げをして、お祀りをして、名前をつけます。だから名は、［説文］のいうように夕方暗いから口をあけて名前を名のるのではない。何もそんな時分に人の家を訪ねんでもよろしいのですね。だからこの［説文］の解はこじつけの説明でありまして、本来は肉を捧げて祖先の霊に告げて、名前をそのときに決めるのです。名前ははじめに小字がある。そして適齢になってから名前をつけるのです。

吾　［説文］二上「我自ら稱《い》ふなり。口に从ひ、五聲」。

吾の上の五は蓋《ふた》の形です。下は祝詞ですね。お祈りをするときはなるべく人に知られんように、こっそりお祈りをするのです。願いごとが漏れると効《き》き目がありませんのでね。ひそかに祈る。そのお祈りの𠙵を傷められんように二重の重ね蓋をして敔《まも》るのです。攴《ぼく》（攵）をつけますとね、敔という字になり、「敔《まも》る」と読みます。

哲　［説文］二上「知るなり。口に从ひ、折聲。悊、哲、或いは心に从ふ。嚞、古文哲、三吉に从ふ」。

哲の字には、先に言いました矢がついている。智と同じように、もとは矢の形です。矢を折って神の前で誓いをする。その心を哲という。

君　［説文］二上「尊なり、尹《いん》に从ひ、號を發す。故に口に从ふ。〓、古文、君の坐する形に象る」。

命

咨

君という字。尹《いん》は神杖を持つ形。この杖を持ちますとね、この杖に神が降りてくるのです。それでここに神を呼ぶ。それに対して祝詞を加える形は君。大体神祇関係の官にこの尹がつきます。わが国でならば中臣《なかとみ》とか斎部《いむべ》とかいうような、ああいう神祇関係の人ですね。のちには諸侯の婦人を君氏《くんし》という。それは古くは女が君であり酋長であった。女酋長の時代があったのです。古い時代にはそういう君、わが国の卑弥呼のようなものが、たくさんおった。それがのちに王朝の時代になって、それに隷属するようになりますと、地方化して郡になる。地方の行政単位として王朝の支配圏に取り入れられてゆくわけです。

命 ［説文］二上「使ふなり。口に从ひ、令に从ふ」。

命は令に従うとありますが、令というのは人が神様の命を聞くときに、礼帽をつけた形です。非常に深い帽で、四周を遮断した形で、神様の命をきくときの姿です。前に祝詞を入れますと、命令の命になります。はじめは令の字を令とも使い、命とも使っておりました。

咨 ［説文］二上「事を謀るを咨と曰ふ。口に从ひ、次聲」。

咨《し》は先に書きましたね。口をあけて咨《なげ》き申しているわけです。口から出るものを水にすると、これは次《えん》になります。その下に皿を書くと「盜（盗）」、「盜」は点を三つ書かんといかんのですよ。次《よだれ》を垂らしている形。盜は本当は次と血との会意字です。先にお話しましたあの血盟の血。血を啜《すす》りあって誓う、盟約をするというときに、そ

召

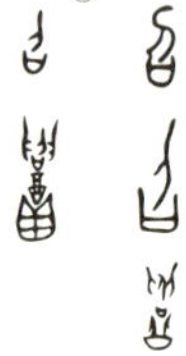

問

の血に次（涎）を垂れて、故意に血液を汚してしまう。だから盗というのは、そこらの物盗《ものと》り・泥棒をいうのではないのです。今では戸締りをぶっ壊してお金を盗んでいく泥棒を盗といいますが、昔の盗は、あの血盟に対する違反者、血盟を破って外国へ亡命をするような者が盗であります。〔左伝〕の中に盗という言葉がよく出てまいります。孔子も一時は盗であった。孔子と対立した陽虎も、魯の宝器を携えて亡命したときに、盗と書かれております。陽虎が魯を逃げ出したときに〔春秋〕の定公八年に「盗、寶玉大弓を盗む」とありますが、それは陽虎のことをいう。そういう亡命者のことを盗という。

召　〔説文〕二上「評《よ》ぶなり。口に从ひ、刀聲」。

甲骨文や金文の召の上は刀ではなく、これは誰がみても人の形ですね。天上にいる人を呼び降ろす。先祖の霊などを呼び降ろす、それが召。手扁をつけると招になります。こうして招いた人が、たくさん降りてくるという場合がありますね。それに祝詞を加えると皆という字になります。特に足先が降りてきますと各、。一人ずつ降りてくる場合は「各」、揃って降りてきた場合は皆、。何れも神降ろしをする、霊をよびよせるというような意味です。

問　〔説文〕二上「訊《と》ふなり。口に从ひ、門聲」。

この字は門の中に口が書いてあって、〔説文〕は門声であるとしています。もちろん門声の意味もあるのですけれども、それは観音開きになっている廟屋の扉。そこで

唯

唱

和

お祈りをして、どのようにしたらよろしいでしょうかと神様にご意向を尋ねる、それが問うであります。

唯　〔説文〕二上「諾するなり。口に从ひ、隹《い》聲」。

唯には隹《ふるとり》が書いてあります。これは鳥占いをやりますときに、この隹を使う。神様にお伺いをするときに、たとえば道の途中でどうしましょうか、進みましょうか、退きましょうかと尋ねる。これは進という字です。鳥占いをして、進んでもよろしいというような意味ですね。あるいはこの戸の下に隹を書きます。雇《やと》うという字ですね。雇《こ》はそこらの人夫を雇うのではなく、実は神様を雇うのです。神様の知恵をお借りしてね、そうしてどうしましょうかというふうに、鳥占いをしてお尋ねをする。その神意を承ることを「顧《かへりみ》る」という。

唱　〔説文〕二上「導くなり。口に从ひ、昌聲」。

唱歌の唱という字は、文字の成立の上からは後からできました字で、いわゆる形声文字です。昌は星の光、その音だけを使っておる字であると考えてよろしい。

和　〔説文〕二上「相譍《こた》ふるなり。口に从ひ、禾《くわ》聲」。

昭和の和。和という字は禾扁であって、農穀の形をしておりますけれども、実は農穀ではない。農穀ではこの枝先が枝垂れてずーっとこう垂れる、。ところが和は柱に袖木が出ているような形で、いわば鳥居の半分の形であるとお考えいただいてよろしい。は軍の陣営の前に、両方に立てた柱です。「兩禾軍門《りやうくわ》」といって、左右に

台

嗂

向きあって立てるのです。その前で媾和《こうわ》条約を結ぶのが和。昭和の大御代ではありましたけれども、実は和という字には媾和の意味もあった。和は本来は軍礼に関する字であった。「相膺《こた》ふるなり」などと書いてありますけれども、相和するという意味ではなくてね、争うた後に和するという字になるわけですね。

台　［説文］二上「説《よろこ》ぶなり。口に从ひ、㠯《い》聲」。

台という字の上は、実は㠯《い》（以）、すきの形です。、先のまるい鍬のような鋤《すき》の形です。この鋤に祝詞を添えて、お祈りをします。農耕のときにももちろん使いますし、出産のときにも使うのです。子供を授かりますようにとね。そうすると、これは始となる。扁として肉を加えると胎《たい》という字になる。出産に関係のある字にこの形が入ってくるというのは、鋤が単に農耕に使う農具としての意味以外に、象徴的な意味でものを生産するという、そういう力を秘めたものであるという考えがあった。だからこの台が、いろいろの意味に使われます。心をつけると怡、よろこぶという字になりますし、言扁をつけると詒《い》、何か悪い災いを詒《おく》るという意味になる。だから、よろこび、哀しみ、呪い、そういうものが皆、台の形で示されるということになります。

嗂　［説文］二上「喜ぶなり。口に从ひ、䍃《えう》聲」。

嗂《よう》は歌を歌うという字ですけれども、単に歌うだけでは、神様もなかなか言うことを聞いていただけませんので、やっぱりちゃんとしたお肉などをお供えしなければならん。䍃《よう》は肉の形です。下の方は肉を入れる器の缶《ほとぎ》。こうしてお供えをした上で、歌を歌って神様にお願いをする。これが嗂です。「喜ぶなり」と書いてありますが、謠（謡）と同じく祈り歌うという意味であります。

启 ［說文］二上「開くなり。戸に从ひ、口に从ふ」。

启《けい》、扉の前に𠙵を書きます。この扉を開くときには、手を添えます。攴《ぼく》（攵）ですね。そしてここへ筆を書きますと肇《ちょう》（肇）という字。攵をつけますと啓（啓）、拝啓の啓で、はじめて開くというような意味になります。みな同じ系列の文字であります。

咸 ［說文］二上「皆なり。悉くなり。口に从ひ、戌《じゅつ》に从ふ。戌は悉なり」。

咸は𠙵を戉《まさかり》で蓋をする意。完全に緘《と》じこめて、その呪霊を守ることをいう。それで事が終ること、すべて終ることをいう。

呈 ［說文］二上「平なり。口に从ひ、壬聲《てい》」。

呈（呈）は祝詞を頭の上に捧げている形。頭上に捧げて神様になるべく見ていただけるように、神様に呈するという意味であります。路上などでみだりに祈ることを「逞《たくま》しうす」という。

右 ［說文］二上「助くるなり。口に从ひ、又に从ふ」。

右はこれまでに何度も出てきておりましたが、手に祝詞を持ってお祈りをする。左の場合は、ここに呪具を持って、それでお祈りをする。これは巫女がみな持っているので、工へ両手を入れますと巫という字になる。左右両方にこれを持って、神様は何処ですかというふうに尋ねますから、左右を上下に合わせますと尋という字になる。

启

咸

呈（呈）

右

啻

啇

古
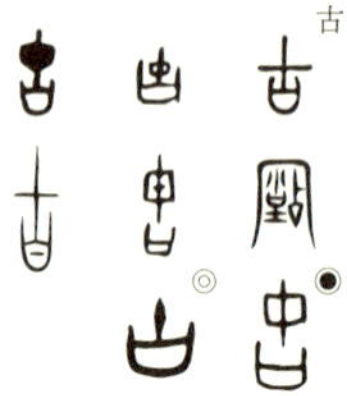

その手を左右にひろげた広さが一尋《ひとひろ》、それもこの字であらわす。大変合理的にできていますね。

啻　［説文］二上「語時、啻《ただ》ならざるなり。口に从ひ、帝聲。一に曰く、啻《し》は諟《し》なり。讀みて鞮《てい》の若くす」。

啻は祭壇を示す示の脚部に、かすがいの棒を斜めに渡して絞《し》めた形です。だから示よりも大きな祭卓の形。お祭りのときに使う、お供えを載《の》せる大きなテーブルですね。それにやはり祝詞を添える。これがこの啻という字になるのですが、本当はこの啻になる以前に啇《てき》という字になる。嫡《てき》（嫡）は帝の直系の子孫をいいます。嫡男《ちゃくなん》という場合のね、あれを嫡という。

古　［説文］三上「故なり。十口に从ふ。前言を識《しる》す者なり」。

古は［説文］には「十口に从ふ」、口々に言い伝えた話、「故なり。十口に从ふ。前言を識す者なり」と、十人が言い伝えたことという意味に解している。ところが上の方は十ではなく、古い字形の上部は、実は中、こんな形が書いてある。これは戦争をするときの干《たて》の形です。その下に𠙵が書いてある。干《たて》には方形のもの、楕円形のもの、瓢簞形のものなどいろいろありますね。その祝詞の効果を保つために、先にあげた吾と同じように、呪能を守るための神聖な武器を、その上にドシッと置いて、これを守っているのです。そのようにして久しくそのお祈りの効果が保たれるので、古・固という意味が出てくるのです。

吉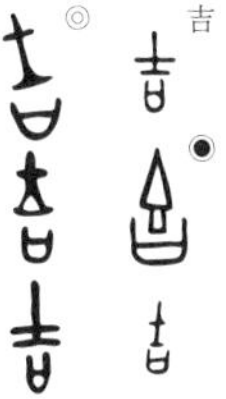

周（周）

唐（唐）

吉　〔説文〕二上「善なり。士口に从ふ」。

吉の場合は上の方がこういう鉞《まさかり》の形です。鉞で𠙵を押さえておきます。そうしますと悪い霊が近づくことができない。器中の呪能を害することができない。だからこの鉞の刃部の形を上に書くのです。

周　〔説文〕二上「密なり。用口に从ふ。、古文の周字、古文の及に从ふ」。

周（周）はもとこんな形、が書いてある。これは方形の盾《たて》です。盾は部族の象徴になりますから、楕円形のものもあるし、四角いのもあるし、丸いのもあるし、瓢《ひさご》形もあるし、いろんな形のものを使います。方形の盾をこのように四等分して、それぞれきちんと文様を入れる。これが周という字であった。その下に祝詞の𠙵を添える。出陣するときに、盾を祀るのです。戦争が終ればわが国では、楯伏《たてふ》しの舞というのをやる。この盾が戦争の開始や終結のときに、その儀礼に使われるのです。

唐　〔説文〕二上「大言するなり。口に从ひ、庚聲《かう》、、古文の唐、口昜《やう》に从ふ」。

唐（唐）というのは大きいというくらいの意味ですけれども、本当は上に午（杵《きね》）がありますね。この午を両手で持つ形は庚。そしてこれで稲を杵《つ》くわけです。粉が左右に散りますと、健康の康になる。康はもと糠《ぬか》という字です。また下の方に𠙵、祝詞を書く。つまり祝詞の上に、大きな午《きね》の形の呪器を両手で持って、お祈りをする。これは大事なお祈りのときに、こういう儀礼をします。午（杵）はお祈りのとき使いますが、この右に拝む人の形をつけると、卸《しや》という字になる。道で行なうから彳《てき》をつけ

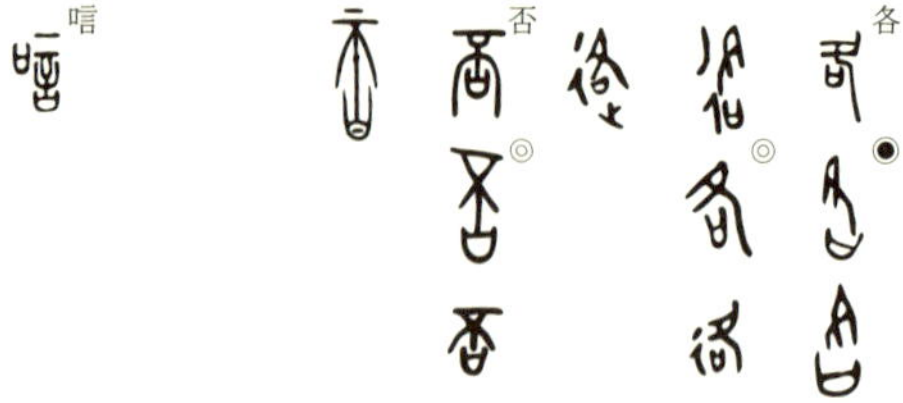

て御、禦《ふせ》ぐという意味になる。

各［説文］二上「異辭なり。口夊《すい》に从ふ。夊なる者は、行かんとして之を止むる有り、相ひ聽《ゆる》さざるなり」。

各はすでに言いましたように、先祖の霊や神様をお呼びするときに、この祝詞を捧げてお迎えをする。そうすると上から、足から先に降りてくる。これがもし廟内ですと、ここに来るものは客である。まろうど、客神であるということになります。

否［説文］二上「不なり。口に从ひ。不に从ふ」。

否の不の部分は実は花の蕊《しべ》がちょっと残っていて、花びらはもう落ちてしまって、蕊だけが残る。するとそのまん中が膨《ふく》らみをもってくる。口は載書とは関係がない字なのです。もっと大きくなりますと、果実になります。［説文］にあげていますからここに出しましたが、載書ではなく、もと丕大《ひだい》を意味する字です。実が入ると咅《ほう》、熟して裂けると剖《ほう》となる。

唁［説文］二上「生を弔《とむら》ふなり。口に从ひ、言聲。詩に曰く、歸りて衛侯を唁《とむら》はんと」。

言の上の方は辛です。この辛を祝詞の器の上に立てるわけですが、それは祝詞でお誓いをしたことに、もし違うようなことがある場合には、私自身がその咎を受けますという、これを「自己詛盟《そめい》」といいます。神様に約束をして、もし私が嘘いつわりを言うていた場合には、どうぞ私に天罰を与えてくださいという、この自己詛盟のやり方を言という。それで人の災阨《さいやく》のときに、これを弔問することを唁《げん》という。

哀

哀 [說文] 二上「閔《あはれ》むなり。口に从ひ、衣聲」。

哀は衣の中に𠙵を書く。人が亡くなりますと、その衣の襟もとのところに祝詞を置きまして、穢《けが》れたものが入ってこないように、もしよこしまな霊がその肉体に入ってきますと大変ですからね。それで浄めるために、祝詞を置いて死者を守るのです。これが哀、哀しむという字です。

嘑

嘑 [說文] 二上「號《さけ》ぶなり。口に从ひ、虒《てい》聲」。

これは形声の字、虒《てい》は虎の皮を剝《は》ぐ形。のちにできました字ですから、本来の祝詞の意を持っている字ではありません。

咼

咼 [說文] 二上「口戾《もと》りて正しからざるなり。口に从ひ、冎《くわ》聲」。

咼《か》というのは死者の骨の形です。死んだ人の骨を甲骨文ではこういう形で書いてあります。胸から上の骨だけが残っている。こういうものはいろんな禍をおこす力がありますので、これに𠙵を添えて、相手に呪詛《じゆそ》を加えるときに使う。示扁をつけると禍(禍)という字になります。

昏

昏 [說文] 二上「口を塞《ふさ》ぐなり。口に从ひ、氒《けつ》の省聲、、古文。甘に从ふ」。

口舌の舌は、先にも言いましたように、蛇の口のようなこんな形、が書いてある(八七頁)。決して氒《けつ》という形ではありません。氒は大きな把手のある曲がった刃物の形です。これを刺して、祝詞を収めた器、𠙵を壊すのです。それで祈りの呪能は失

凵

吅

𢿱

われる。これに言偏がつきますと話《かい》。話はでたらめな、いい加減な話ということですね。舌の形は𠯑という刃物で穴をあけて刮《けず》り、祝詞の効果をなくするのです。

凵 ［說文］二上「口を張るなり。象形」。

凵《かん》は「口を張るなり」とありますが、実際は獣をとる陥《お》とし穴の形です。この中に獣などを書いた字が、たくさんあるのです。昔から陥とし穴を作って獣を獲《と》った。荒々しい獣はね、陥とし穴に落とすのが一番よろしい。そういうやり方をしたのでありましょう。

吅 ［說文］二上「驚きて嘑《よ》ぶなり。二口に从ふ。……讀みて讙《くわん》の若くす」。

これは口二つ書いて喧《やかま》しいという字ですが、祝詞をたくさん並べますとね。喧しいという字になるのです。二つだけでも喧しいのですが、四つ書くと一層喧しい。たとえば囂《ごう》（かまびすし）という字。祝詞をこれだけ並べて、そこで踊り狂っていたら、それはもう喧しいに違いありませんね。だから囂は喧しいということになります。

𢿱 ［說文］二上「亂るるなり。爻工交吅《けん》に从ふ。一に曰く、窒𢿱《ちつじやう》なりと。讀みて禳《じやう》の若くす。𤕦、籀文の𢿱」。

𢿱《じよう》は、人が亡くなった場合の、あの襄《じよう》という死喪の礼（禳《はら》い）と同じで、ここに祝詞を二つ並べる。それから工という呪具ですね。これを襟もとに詰めます。それがこれで悪霊を寄せつけないというような意味になります。また辺塞の国境の要地で、こんなふうに呪具を詰めますと塞《さい》。辺塞の塞です。ここへ悪い霊を封じ込めてしまう。

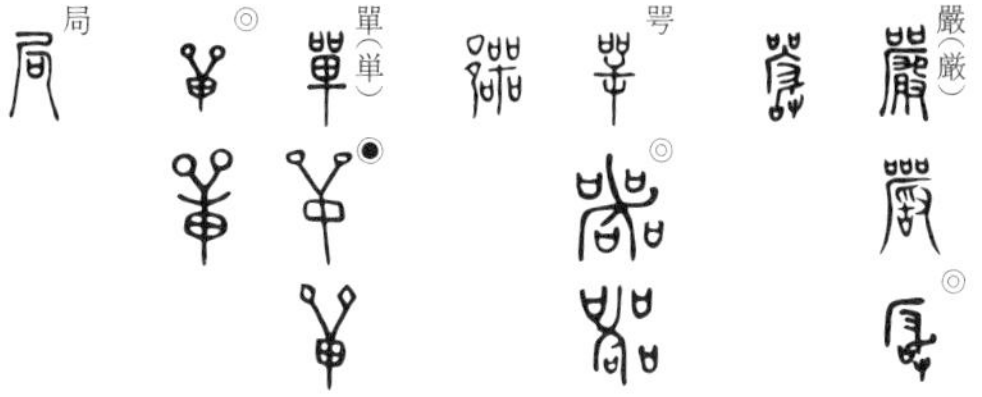

「塞《さい》」とか「塞《そく》」とかいう読み方をします。つまりこういう呪具を建物の中に置いて、そこに悪い霊を封じ込めてしまう。また悪い霊が入ってこないようにする。そのために呪具をたくさん使うのです。

嚴　［説文］二上「教命すること急なるなり。吅《けん》に从ひ、厰《げん》聲、、古文の嚴」。

嚴（厳）は要害の厂《かん》の上に祝詞を並べ、その下で神酒を酌んで（敢の形）清める。厳重に神に仕え、護る意味です。［説文］に「教命」の意とするが、命令とは関係のない字です。

咢　［説文］二上「譁《かまびす》しく訟《うった》ふるなり。吅《けん》に从ひ、屰聲」。

咢《がく》は二つ口がついておりますが、お祈りを並べる形で、やはり喧しいという意味です。

單　［説文］二上「大なり。吅《けん》甲に从ふ。吅の亦聲《えきせい》なり。闕」。

［説文］の説明の「吅甲」の、このような下の字は実はないのです。この［説文］の解釈は全然間違いであって、單は盾《たて》。上はその羽飾り。これを手に持ち、犬をつれて狩りに出かけます。獸（獣）は古い時代の狩という字です。それが成功しますようにと、祝詞の𠙵をつける。これが獸という字になります。

局　［説文］二上「促《ちぢま》るなり。口、尺下に在りて、復《ま》た之を局するに从ふ。一に曰く、博《はく》なり。棊《き》を行ふ所以なり。象形」。

局の上の方は人の骨の形です。人を葬っている形、これを冎という。屈肢葬で、人が手足を屈めて葬られていますね。そしてそこにお祈りの𠙵を添える。それを局といいます。手足を伸ばしている場合は伸展葬、屈めている場合は屈肢葬といいます。局《かが》むと読み、局曲のように用いる。

哭

喪

哭　〔説文〕二上「哀しむ聲なり。吅《けん》に从ひ、獄の省聲」。

哭は二つ祝詞を並べて、下に犬を書いていますが、この犬は浄めるために犠牲としてお供えをする。先の載書のときに、犠牲を一緒に供えるということがありましたね。単に祝詞だけでは神様にうまく祈りが届きませんので、さらに犠牲を供えます。甲骨文の場合も、もう用事のすんだものでも地下に埋めまして、その上に犠牲が置いてあるのです。犠牲を添えて葬るというやり方をする。人が亡くなったときにもそういうことをいたします。

喪　〔説文〕二上「亡《ほろ》ぶるなり。哭に从ひ、亡に从ふ。會意、亡の亦聲なり」。

喪は哭に亡を加えた形、亡は屈肢葬の形です。以上の𠙵を含む字は、みな祝詞を添えた形です。

このように、私はこの𠙵の形はいわゆる載書である、祝詞を収める器の形であると主張しているのですけれども、こういう解釈をした人は今まで誰もないのです。この𠙵系統の字は、その系列字を含めると、文字の総数のほとんど一割にも近いほど多いんですね。だからこれを一つ誤りますと、その系列の字は全部正しい解釈ができないということになります。その誤りの一番のもとになったものは、〔説文〕の「告」という字の解釈ですね。そこからすべて間違うてきておるんです。［説文］が奏上されましたのが丁度紀元一〇〇年、それから千九百年経っている。その千九百年の間、どうして一人としてこれを疑う者がなかったのか。それで［説文］研究の代表的な方々の告字説を、少し紹介しておきましょう。

すでに［説文］の解釈はあげましたが、ここでもう一度、あげてみます。

牛、人に觸《ふ》る。角に横木を箸《つ》くるは、人に告ぐる所以なり。口に从ひ、牛に从ふ。易に曰く、僮牛の告（牿《こく》）すると。

告の字の解釈。［説文］ではさきに言いましたように、牛が口を人に触れるのであるという解釈です。［説文］の解釈の一番の研究書とされる段玉裁の注をみましょう。

［段注］（段玉裁）

許（愼）の説の如くんば、則ち告は卽ち楅衡《ふくかう》（角よけ）なり。牛の角に、人の口を寓《よ》せて會意と爲す。然れども牛と人の口と、一體に非ず。牛口を文と爲すも、未だ告の義を見ず。且つ字形中に木無し。則ち告の意未だ縣《あら》はれず。且つ云ふ所の如しとするも、是れ未だ嘗て口を用ひず。是れ告ぐるに、口を用ひざる可きなり。何を以て一切告字の爲に義を見《あらは》さんや。愚謂《おも》へらく、此れ許（愼）、「童牛の告」に因りて、曲《ま》げて之が說を爲すのみ。字の意に非ざるなり。……此の字、當《まさ》に口部に入るべし。口に从ひ、牛聲なり。牛は入聲にして玉《ぎょく》と讀むべきなり。

この楅衡とは、角に横木を括《くく》りつけるあの木です。「童牛の告（牿、角木）」は［易］

の「大畜」の文です。「字の意に非ざるなり」とあって、一応「説文」の解釈はだめだと段玉裁は言うとるわけですね。それでは段玉裁の説はどうか。この字は形声で、牛が音符であるというのです。しかし告という字の牛が音符であるというのは、どうにも理解できませんね。音が合いません。牛を入声に読み、玉という音で告という字と連絡がつくという説明です。しかしこんな調子でやりますとね、多くの字の音は、皆相似た系列に帰することになる。音韻の操作によって全部似たような仲間になってしまいます。だからこれは、説明にはならんのです。

「段注匡謬」(徐承慶)

許の説は乃ち字の本義なり。凡そ言語を以て相告ぐる、及び請告の類は皆引伸・假借の用なり。全書に此に類する者多し。……許の此の訓、必ず之を受くる所有らん。斷じて臆説に非ざらん。角に横木を箸《つ》くるは、牛自ら之を箸くるに非ず。人之を爲すなり。其の人に觸るるを以て、故に横木を箸けて以て人に告ぐ。牛は言ふこと能はず。牛の告ぐると謂ふに非ざるなり。

「段注匡謬」は「段注」を訂正した書物です。ところがこの説はあまり訂正しとらんように思いますね。「許の此の訓、必ず之を受くる所有らん」、古くから言い伝えてきておるのだろう。いわゆる匡謬、誤りを正すという議論にはなっておらんように思います。

「証疑」(陳詩庭)

按ずるに、告は牛に从ひ、口に从ふ。一牛を以て神に告ぐるを謂ふなり。

〔証疑〕では、牛を犠牲にしてお祈りをするという解釈をしているのです。これもやはり、上を牛の形とする解釈からは、離れておらんのです。

〔段注箋〕(徐灝)

戴《たい》氏侗《どう》曰く、告もて牛口を籠《とざ》し、稼《か》を犯さしむること勿《な》しと。是なり。童牛の口を籠《ろう》するは、今に至るまで農家猶ほ然り。此れ當に牛に从ひて類を建つべし。口に从ふは指事なり。借りて告語するの告と爲す。後、借義の専らとする所と爲り、又木を加へて梏と作《な》し、或いは牿と作すも、實は一字なり。告語するの告は、古、亦た讀むこと梏《こく》と同じ。

〔段注箋〕は清末の徐灝《じょこう》という人の、これは大変立派な書物です。なかなか力作なのですが、口に横木をつけるのはそこらの作物を食べられてはいかんから、口封じに横木をつけてあるのだという。農家では子牛の口に横木を挟んでつけているといい、やはり牛であるという解釈は改めていません。

〔文源〕(林義光)

按ずるに牛口を文と爲すも、未だ告の義を見ず。古、告に作る、口之に从ふ。口の之《ゆ》く所を告と爲すなり。告の中畫、稍《すこ》し長し。譌《あやま》りて牛に从ふ。

〔文源〕を書いた林義光は民国に入ってからの人で、随分甲骨文も見ている人です。それで上の方は牛ではなくて、之という字であろうという。之という解釈をしている。

【資料1】告の卜文
（『甲骨文編』中華書局、一九六五年第一版）

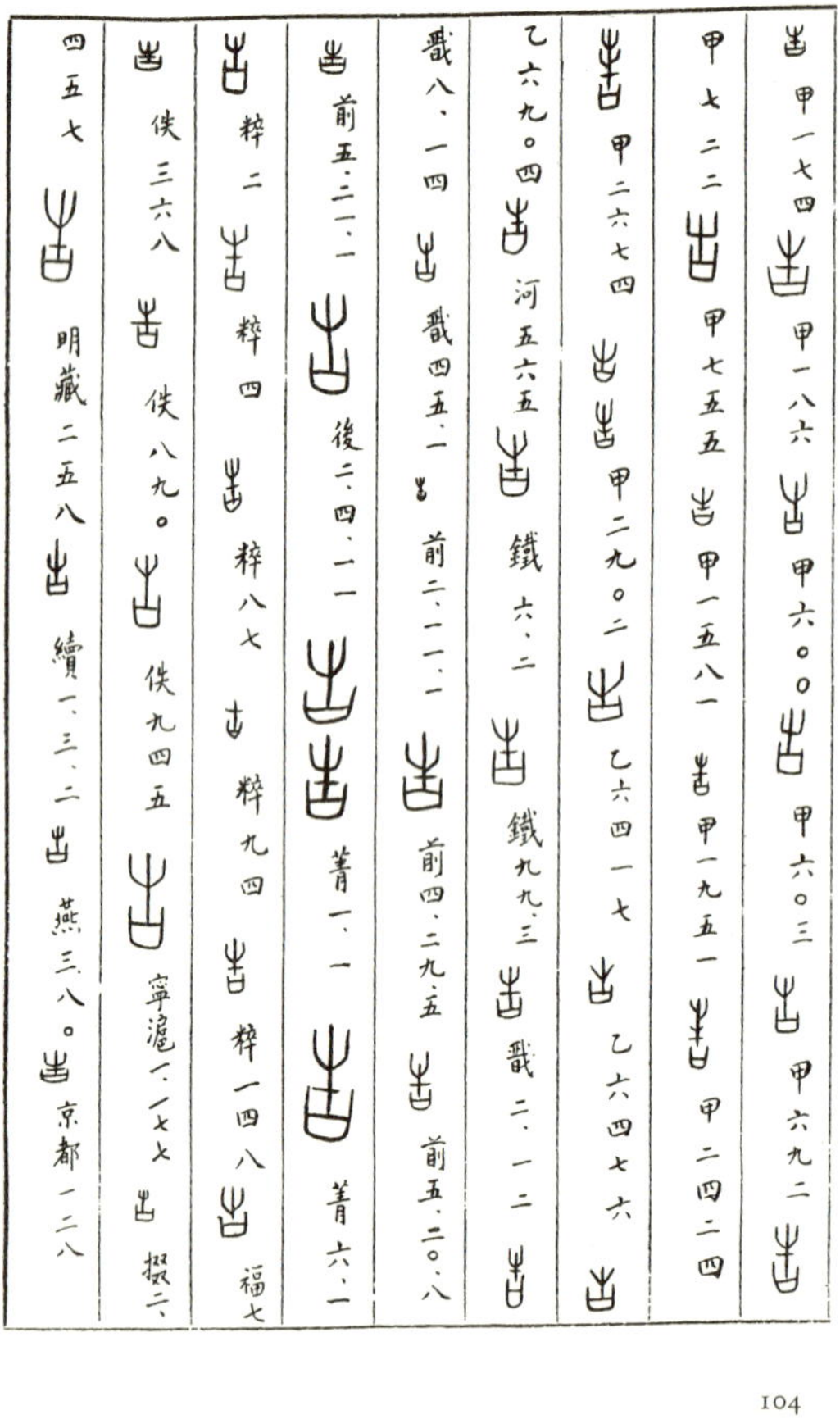

しかし之は足の形ですからね。これを牛と誤ることはちょっとあり得ないと思いますね。

いずれにしましても、これらはみんな『説文』の解釈に幾らかの疑問はもっている

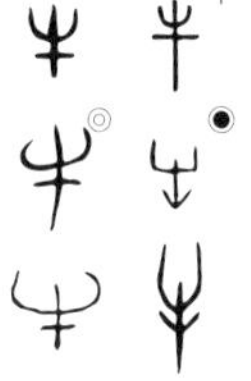
牛

のですね。ただしかし、どうも確かな解釈はできないということで、ついに今日に至るまで、その結論を得ていないということであります。それで告という字の甲骨文の文字の例を〔資料1〕としてあげておきました。

ご覧いただきましたら分かりますように、上の部分は決して牛ではない。牛の場合には⺦、必ずこの下に肩の骨の形がつく。これは牛の上半身を書いているのだろうと思います。ところがこの告の字を見ますと、その一本はご覧のように横になっておる。これはもう決定的に違うという点であります。告の字は実はたくさん出てまいりますけれども、一として牛に従うものはない。場合によっては上の枝が幾つもあるという場合がある。牛に四本も角があるというようなことはありえませんね。こういうことから考えて、これは牛ではない。またこの告の一字に限らず、この𠙵に従うところの字形、数百におよぶその字形の解釈において、下の方を口耳の口として解釈の成り立つものは、一つもないのであります。

次の〔資料2〕の「載書関係字形」と「載書関係字表」には、私が今までにお話しなかった文字も幾つかあげてありますが、類を以て考えていただけたらと思います。𠙵《さい》のあり場所によって字形の分類をいたしますと、人の形に従うもの、人が𠙵を持つ形。器物の上、あるいは下に𠙵をつけているもの、建物の下にあるもの。建物の下に𠙵があるというのは、これは人の口では絶対に解釈がつきませんね。

〔資料2・a〕載書関係字形

召
命
各
呈
兄
聖
如
若
君
告
可
史
事
司
哀
古
咸
昏
商
高
嘼
問
名
台
吾
加
向
同
尚
舍
否
割
吉
品
喿
咢
器
喪
嚚
嚴
噩
書
某
曹
者
旨
善
戈
哉

〔資料2・b〕載書関係字表

一、人の形に従うもの　召・命・各・呈・莫・句・局・兄・兌・呉・聖・咼・苟・咎・如・若・君

二、人が𠙵を持つ形　右・史・事」后・司」哀・襄

三、器物の上下に𠙵があるもの　裔・矞・周・唐・加（嘉）・詈・台・奇・昏（舌）」占・古・可・舎・害・吾・咸・哉

四、建物の下に𠙵があるもの　向・尚・堂・高・容・問

五、多数の𠙵を列ねるもの　哥（歌）・哭・喪・嚴・品・喿・區・歐・臨・器・囂・噩

六、甘に従うもの　某・書・曷・沓・曹・朁・旨（詣）・曆・習・曶（曰）・普」皆・魯・者・智

七、言に従うもの　誩・競・罰

八、音に従うもの　闇・諳

たとえば高いというような字でも、楼のある城門の形が書いてある。、これは城門の形です。その中に祝詞を置く。両方がアーチになっておれば、これは京都の京になるのです。城門は外と中とを通ずるいわば要のところでありますから、ここをいつも浄めておかなければならんので、そのための儀式をやる。それが高という字です。この城門でいろんな儀礼をする。たとえば敵に対して勢いを示すというときに、こ

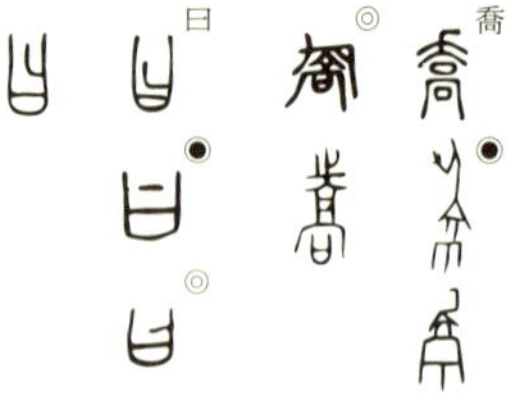

の上で踊ってみせる。これは喬という字になる。相手をおどすという意味もありますから、嬌という字になります。この喬という字は、こういう城門における一種の呪儀です。このように関連の字をいろいろ集めますと、𠙵関係の字は［説文］のほぼ一割に達するほどの字数があるのです。

それから多数の𠙵を列ねるもの、また曰に従うもの、曰は𠙵の中に祝詞が入っております場合に、曰という字になります。たとえばこの祝詞の曰に対して、その効力をなくしてやろうとか、もっと効力を高めたいときに双方の手を加えると[illegible]《ゆう》、皆で助けるの意。羽根で摺《す》ったりすると習（習）、軽んじ翫《もてあそ》ぶ意となる。羽根は一種の呪力のあるものですから、これで祝詞の上を摺ったりするとね、翫ぶというような意味となる。手をつけると摺、すりこむという意味になる。習はやはりこういう載書に関する古い呪儀を示す字であった。こういう系列の字を考えてゆきますと、随分たくさんの字がある。そしてまた同時に、この載書を中心としたいろんな儀礼のやり方、あるいは呪儀のやり方、呪詛の方法、またはそれの防禦の方法など、古代的なそういう宗教儀礼的な、呪術に関するいろいろな事柄が解明できる。このようなことが、古代の文字を解釈する、いわば一つの鍵になるところであります。

私はこの載書関係の文字をかなり早くから取り上げておるんでありますが、しかしそれまでにわが国の研究者にもそういうことに注意なさった方があって、〔資料３〕に［書契淵源］のその一部分を出しておきました。［書契淵源］は中島竦《しょう》という人の書かれた書物で、竦は中島敦の三番目の叔父さんに当たります。二番目の叔父さんの斗南先生は、なかなか豪傑の士であった。この三番目の叔父さんは非常に謹直な研究者であって、〔書契淵源〕五帙十数冊の大部な書物を書いておられます。これがその手書き原稿の一部です。全編この調子で漢文で書いてあります。これは自筆の稿本を郭沫若《かくまつじゃく》氏の推薦もあって、文求堂から出版された。

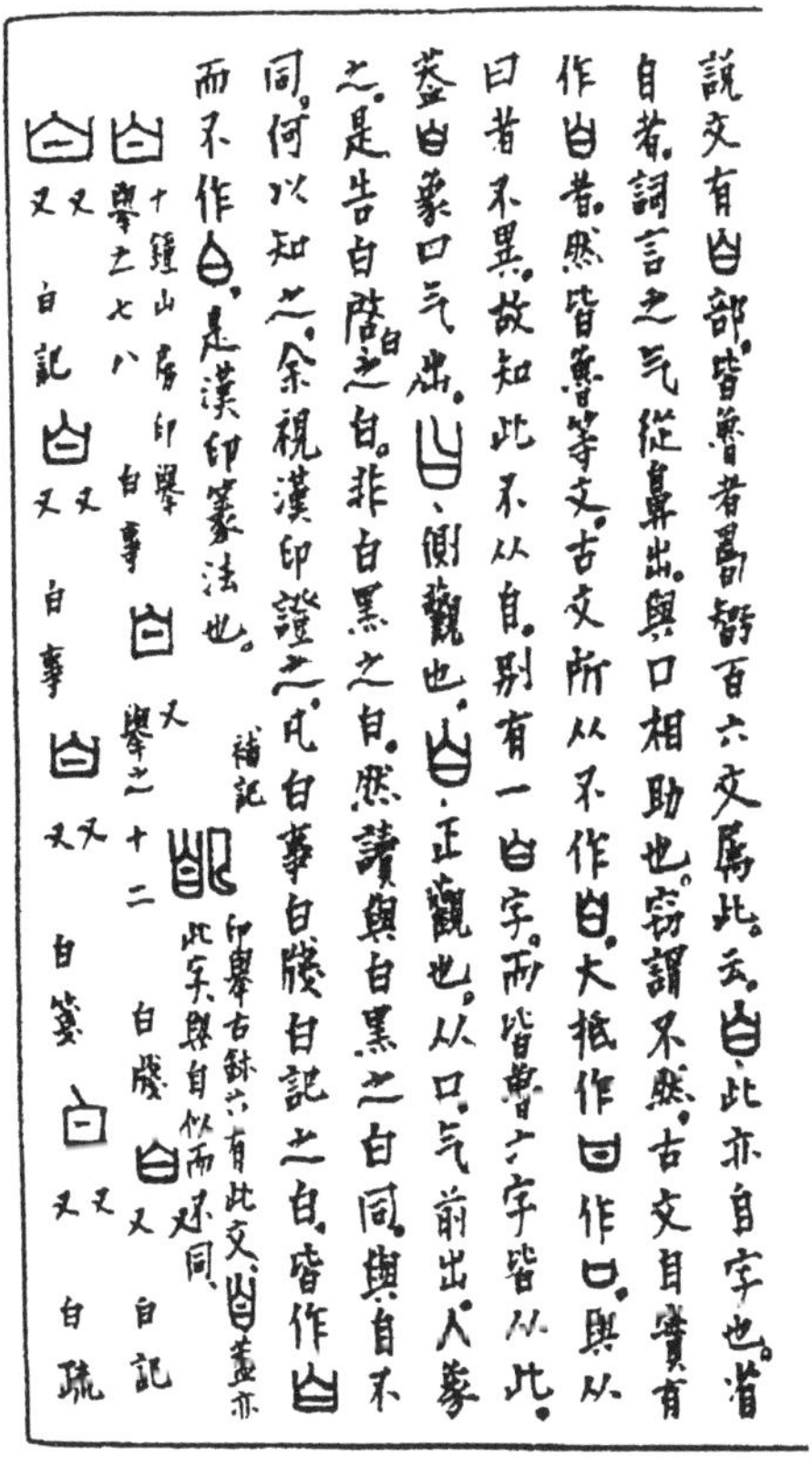
說文有白部。皆魯者嶹智百六文屬此。云白。此亦自字也。省
自者。詞言之气從鼻出。與口相助也。所謂不然。古文自賞有
作白者。然皆魯等文。古文所从不作白。大抵作白作口。與从
曰者不異。故知此不从自。別有一白字。而皆魯六字皆从此。
蓋白象口气出。白、側觀也。白、正觀也。从口。气前出。人象
之。是告白階白之白。非白黑之白。然讀與白黑之白同。與自不
同。何以知之。余視漢印證之。凡白事白牋白記之白。皆作白
而不作白。是漢印篆法也。

〔資料3〕中島竦〔書契淵源〕

者（者）◎

この中の白のような字、、これは白ではないのですがね、先に書きましたように習とか皆という字。皆はたくさんの神が揃って天から降りてくる字。下の方は祝詞の器ですね。一人だけ降りてくるのは各です。それから者（者）という字。者はこんなふうに上に柴なんかを組み合わせましてね、それを土で埋めこんで、その下に曰、祝詞が埋められている。これはたとえば京都ですと、いわゆる「お土居」というのがありますね。この洛北の地にはお土居が多く残されている。そのお土居の中に魔除けの、いわばお札をあちこちに埋めておく、というような形式のものであると考えてよろしい。古い時代には、大体馬蹄《ばてい》形に村落を作りまして、そこに数十人、あるいは数百人が共同の生活をする。この周辺にお土居を築きます。それを堵《と》といいます。者に土扁をつけると堵、城壁の一丈四方を一堵という。お城の大きさは、百堵あるいは三百堵というふうにいいますが、堵は一丈四方、いわゆる方丈ですね。それでずっと堤を作ります。それが堵です。その中にお札を入れる。お札は筆であらわす。聿、、これは筆ですね。これを者に加えますと、書という字になる。この者という字には点が入ってくる方がよい。点は土をあらわす。呪符をお土居に埋める。それが書です。書は堵に埋めた呪符という意味です。本来はこういうお土居あたりに、お札として埋めこんである。そうすれば外から悪霊は入ってこられない。そこで遮断される。古い時代には皆こういうふうに、一種の象徴的な方法で、自分たちの邑落を衛ることをしておりました。だから「左伝」などには書社、社という字をつけまして、それが村落

の単位の名前になっています。それはおそらくお土居で囲った集落を意味した字ではないか。京都のお土居のような形式が非常に古い時代からあったのではないか。考古学的な調査で非常に古い時代の村落を調べてみますと、大体そのような防禦的な方法

【資料4】白川静「載書関係字説」(『甲骨金文学論叢』四集所収、一九五六年刊)

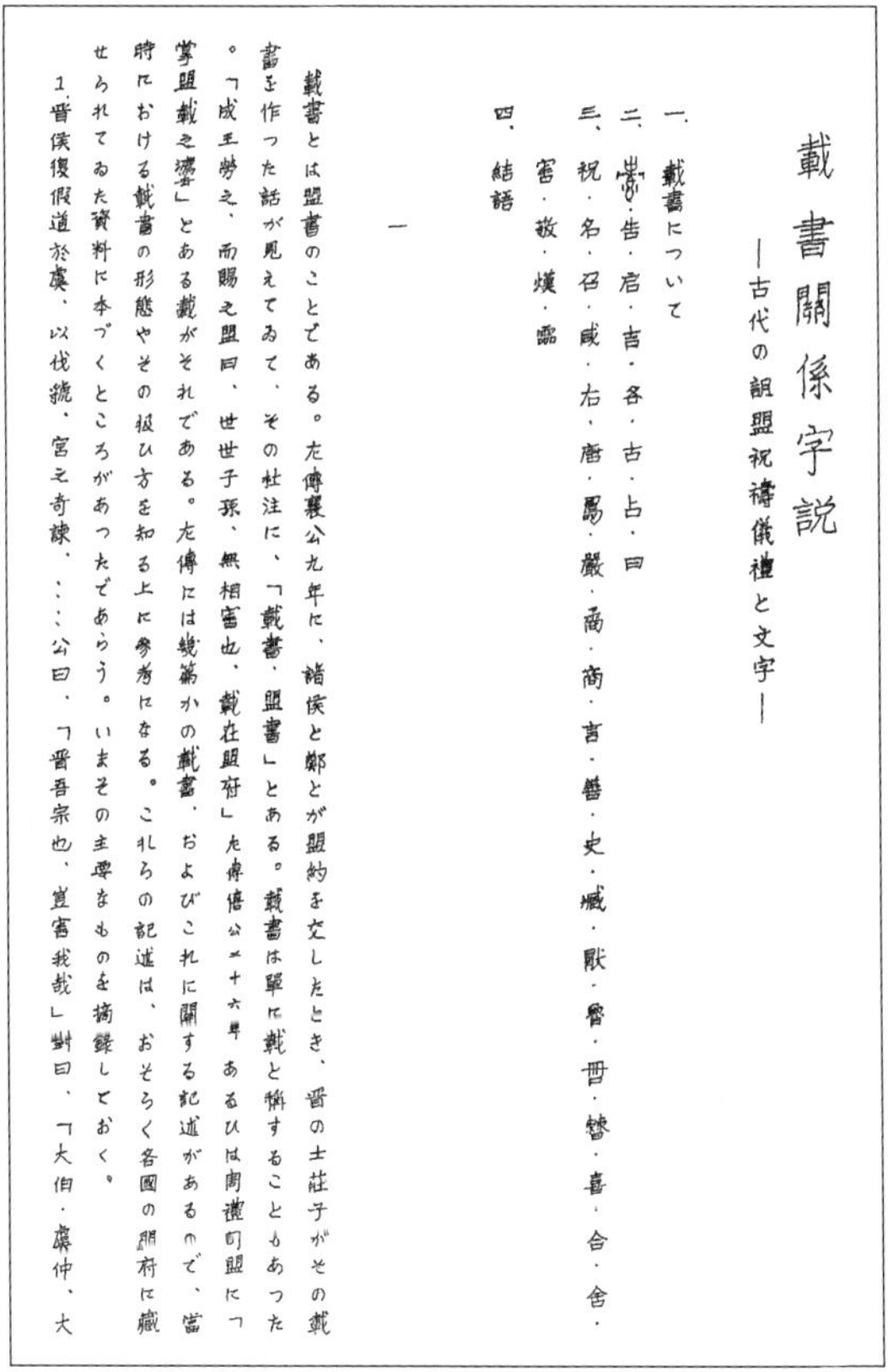

載書關係字説

—古代の詛盟祝禱儀禮と文字—

一、載書について

二、𠙵・告・君・吉・各・古・占・曰

三、祝・名・召・咸・右・啓・曷・嚴・商・啇・吉・善・史・臧・猒・魯・冊・朁・喜・合・舍・害・敬・嘆・器

四、結語

一

載書とは盟書のことである。左傳襄公九年に、諸侯と鄭とが盟約を交したとき、晉の士莊子がその載書を作った話が見えてゐて、その杜注に、「載書、盟書」とある。載書は單に載と稱することもあった。「成王勞之、而賜之盟曰、世世子孫、無相害也、載在盟府」左傳僖公二十六年 あるひは周禮司盟に「掌盟載之灋」とある載がそれである。左傳には幾篇かの載書、およびこれに關する記述があるので、當時における載書の形態やその扱ひ方を知る上に參考になる。これらの記述は、おそらく各國の盟府に藏せられてゐた資料に本づくところがあったであらう。いまその主要なものを摘錄しておく。

1. 晉侯復假道於虞、以伐虢。宮之奇諫、……公曰、「晉吾宗也、豈害我哉」對曰、「大伯・虞仲、大

が講ぜられておるのです。

次の『資料4』、これは実は私の［載書関係字説］という論文の第一ページです。この当時はとてもこういう印刷はできませんので、全部手書きで謄写版にする。大体百ページぐらいのものを、十回出しました。［甲骨金文学論叢］と題して十冊出したんであります。これは第四集。昭和三十一年でありますから、今から四十八年前に書きました。載書のことを論文の形式でまとめましたのは、これが初めてであります。それ以前にも書いたものはあるんですけれども、論文形式で学界に問うたのは、これが初めてです。大変長いものですが、はじめの項目だけをあげておきました。どういう字をこの中で扱ったかということは、理解していただけるだろうと思います。

それで今まで載書という言葉を用いてきたけれども、「載」というのは何か、単に記載するというぐらいの意味では、どうもその語の意味を把握することはできないようです。［左氏会箋］では、竹添井々が載は記載するという意味であるという。それは勿論古い注釈に基づいてそういう解釈をしておるんですけれども、大体載とは一体何であろうか。大変不思議な言葉のように思うのですね。それでこの載の一番根源の意味を辿ってみますと、「天地人三才」というような場合において、あの才というのは、才能という意味ではない。材料という意味でもない。何かもっと深い意味があるのではないか、ということが考えられるわけです。

才の一番古い形は、最初に書きました「由王事」というこの形、由であります。こ

在

れは𠙵の上に一本棒をひいておりますが、それは一定の木に刺して場所に定着するという意味で、本義はこの𠙵であるというふうに考えてよろしいかと思います。それで木をつける。それが存在の在という字の一番古い形で、甲骨文にこの形、〓であらわれてまいります。ところが金文になりますと、少し膨らみをもたせた、こういう字、〓になります。甲骨文の場合には線彫りでありますから、こういう形はないわけですね。それでこれを三角にして、このように彫ったのであろう。金文の場合には、粘土に形をつけますのでね、こういうように塗りつぶすことができる。そうしますと、甲骨文では〓、このように書きますが、本来は〓、この形のものであったということになる。これは単に物が存在するというようなものではなく、もっと何か重大な意味をもつはずである。

　これを後の字になおすと才になる。そしてそれは、たとえば「四月に才《あ》り」というような使い方をしますから、才は在の本来の字であったことがわかります。在はまた〓と書きます。この下についているのは鉞の刃部の形です。神聖な器をここに置く。神を呼ぶための、わが国でいう「柴刺《しばさ》し」という、木の枝などを地に刺します。小さな木の枝などを刺す。そしてお祈りをすれば、そこに神は降りてこられるという、そのことについてのいわば共通の了解があった。古代の人には、そういう共通の了解があった。これはアジアだけでなくて、東南アジアにおいても、ヨーロッパにおいてもね、神様を呼ぶときには、大体木の枝を地に刺すのです。そうするとそこに神がおいでになるという約束なんですね。

それはたとえば、イベリア半島の、あの古い洞窟画の中にも出てくるんです。狩人が一人倒れている。その横に木の枝のような、細いものをね、ちょっと土に立ててある。その上に小さな鳥の形をしたものをとまらせている。これは鳥形霊です。人が死んでのち鳥になって、自在に自分たちの棲家を求めて飛行する。時に応じて自分の故郷に帰ってくる。大体鳥形霊という考え方は、私は非常に古い、おそらく旧石器の時代にすでにあったであろうと思うのです。その霊を呼ぶというしぐさですね、それがこの在であった。それを「あり」と呼ぶ。在とはある霊的なものが、そこに立ちあらわれることを意味する字であった。だから存在の在という字には「在は明らかなり」という訓もある。在の訓は随分たくさんあるんです。これは神霊がここにあらわれるというほどの意味です。

それでそういうことが、中国だけでなしに、わが国にもあるのではないかということが、一応考えられるわけですね。それで「あり」という言葉、国語の「あり」という言葉は一体何であろうか。「あり」は「なし」に対する「あり」で、そこにある、存在するというような意味というように、一応そういう解釈ができるであろうと思う。ところが「ある」という言葉をいろいろ考えてみますと、「生《あ》まれる」ときにも「生る」という。見えないものがあらわれるときにも「ある、顯《あらは》る」という。これは「ある」の再活用した言葉ですね。新しい生命が顯われる、隠れたものが顯われる、見えざるものが顕われる。新しい生命があらわれるときには、はげしい息吹をもって、勢いをもってあらわれるということですね。だから「荒《あ》れる」という意味もある。また一つの根源的なものが、いろいろのものに分化して分散する、散らかるというときにも、やっぱり「散る」と書いて「ある」と読む。そうすると国語の「ある」という言葉は、新しく生まれ出るものである。新しく生まれ出るものが、一つの勢いをもって、「あれる」という言葉であらわされるような勢いをもって、現実のものになるということであり、そうしてそういう根源的なものが分化し分散して、万有となってはたらくという、そういうものが「ある」ではないか。

そうすると国語の「ある」という言葉は、いうならばものが発生し生産され、派生するというような、そのような意味をもったものが、「ある」という言葉ではないか。それで新しい息吹をあげるというようなときの、極めて充実した力、形の見えなかったものが形として立ちあらわれるというような意味がある。また、その根源的なものが四方に分散し、あらゆる存在として顕在化するという、そういう意味を、この「ある」という言葉はもっているのではないかと思うのです。そうしますと、国語の「ある」という言葉は、いわば発生論的な展開の認識を示すものである。そういうことになるのです。これは、国語を通じて、わが国の思想のあり方、言葉を思想として組織する以前に、民族がその出発以来用いている言葉の中に潜在せしめた、その言葉の中に意味として封じこめたものが、現在の我々の国語生活の中にあるわけですね。だか

才部二〇九

才

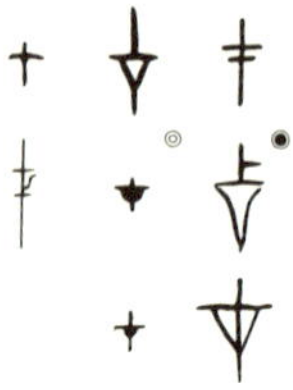

「艸木之初也、从丨、上貫一、將生枝葉、一地也」とあり、五經文字に「艸木之初生也、从丨、上貫二、丨象將生枝葉、一象地」に作る。繫傳袪妄に李陽冰の說を引いて、「才木之幹也、木體枝上曲、今去其枝」と才幹の義とし、また六書故に「李陽冰說、在地爲木、伐倒爲才、象其枝根斬伐之餘、凡木陰陽柔剛、長短小大曲直、其才不同、而用各有宜、謂之才、其不中用者、謂之不才、引之則凡人物之才質、皆謂之才」と材質の義とし、徐箋に「灝按、陽冰解字多穿鑿、此說獨優、才材古今字、因才爲才能所專、故又加木作材也」とその說を是としているが、これは說解の旨と異なるものである。爾雅釋詁に「初哉、始也」とあつて哉は才、段注に說解の文によつていう。

一謂上畫也、將生枝葉、謂下畫、才有莖出地、而枝葉未出、故曰將、艸木之初、而枝葉畢寓焉、生人之初、而萬善畢具焉、故人之能曰才、言人之所蘊也、凡艸木之字、才者、初生而枝葉未見也、屮者、生而有莖有枝也、㞢者、枝莖益大也、出者、益茲上進也、此四字之先後次第

說文はこれらの字をすべて一系のものと解しているが、このうち艸に屬するものは屮の一字に過ぎず、㞢・出はいずれも趾の形で之往の義、才もまた枝葉初生の象を示すものではない。從來の注家の說は概ねこの說解の範圍を出ないものであり、句讀のごときも金文の字形についてなお「●附於一、祇是根荄之狀耳、不用解之」とし、また釋例においても「省在之土、而存才聲也」という。文源は●を同じく種子と解し、古籀篇には𠙴形を「以象在于地中、而未上見之意、即指

事也」という。古籀補に「古文以爲在字」とし、𢦏がこの形に従うことに注意しながらも、才・𢦏系統の聲義の關係に論及するところがない。李敬齋の文字源流一七七に字を五の交點に肥點を加えて「在此」の意を示したものとし、指事にして會意とするが、その立意が明らかでない。卜文は字を「才某」、「才某月」のように在の義に用い、金文も用法は同じ。字は卜文において空筆を用い金文は實筆とする。空筆を用いるのは契刻の便宜から出たもので、金文の字形が本來のものである。字を艸木の象とすることは、その十字形が根葉を示す意象でないことからも知られ、十は十字形の標識の象。その十字形の交叉する下部に𠙵を著けており、𠙵は祝告の器の形象である。𠙵が祝告の器であるとすれば、才とはその祝告を加えて標占とする意を示す字であろう。在とはその占有を表示する標識の象であると思われる。

大盂鼎にはまた在の字形に作るものがあり、その形は才と士とに従う。士は兵器の象。才を兵器につけて祝祓する意であり、その意象は𢦏と同じ。𢦏は戈上に才、すなわち祝告を加えて修祓する意。史は祝告を奉じて祀る祭儀を意味し、遠くその祭祀を行うときには使者はこれを大きな神桿に著けて使したが、兵器に著けるときは呪符として、羽綏の類と同じく呪器とされたのであろう。これを戈につけたものが𢦏、おそらく兵器の作られたとき、あるいは軍行に當つての儀禮として行なわれたものと思われる。ゆえに𢦏には「始也」の訓がある。𢦏は哉の初文。のちまた祝告の𠙵を下に加えたもので、𢦏の繁文とみてよい。裁・載などこの形に従う字には、神衣を裁制し、軍行を發するときの儀禮と關係があるようである。哉は肇と字義近く、肇は金文においてまた戈に従う。說文は戈部一二下に𢦏傷の字を錄し、𢦏の上部は才に従う。すなわち哉の初文である。また卜文において亡災の災は、水中に才形をしるしているが、これも水災を攘う儀禮として祝告を附した標木を樹てたものであるらしく、やがて水災そのものを意味する字となったのであろう。才の聲義は𢦏に従う諸字と最も關連するところがあり、一系の文字をなしている。存もまた才に従うており、育子儀禮に關する字であろうと思われる。

文一。繫傳はこの部を次巻の首におく。部首一字のみの例は、三一上以下なお多い。才聲に従う字のために部首を設けたものであろう。存一四下は在の省聲に従うというも、在とともにこの部に屬してよい字である。また𢦏系統の字も、才の聲義を承けているものが多い。

ら「ある」という言葉は、単に「ものがあるからある」ということではなくて、その関連する系列の語系の全体を含めて、古代における日本人の、そういう物のあり方についての根源的な認識を留めている言葉だというように、規定できるかと思う。

私は日本の思想というものは、日本語で考えるべきであるという考えをもっているのですが、そういうことを考えるときに、この「ある」とか、また「なる」、「す」などという言葉のもつ意味の領域の広さ、またその根源的な深さというようなことから、わが国の思想を考えることが、あるいはできるのではないか、そういう考えをもっているのです。

そういうことを漢字の「在」の字義に用いた場合にどうなるのか。「在」という字は、そのもとの字としては、「才」という字になります。ところが、これにもし鉞を置いてその地を聖化し、その地域全体を浄めて、ここが神の安んずるところであるというふうに示すならば、それは存在の「在」になる。またもし、ここに人が生を営むということになると、これは存在の「存」になるのです。そうすると、我々が今使うところの「存在」という言葉、これは物のあり方の、最も根源にあるものという意味でありますけれども、その存在の一番もとになるものが、才能の「才」という字で示されるこの字である。

そこで〔資料5〕に、そういう文字学的な意味をも含めたいくらかの解説を出しておきました。これは私の〔説文新義〕に書きましたものです。〔資料5・a〕は才の部二〇九、これは長い文章でありますから、あとでお読みいただくように願います。

この文章の上に古い文字の字形をあげてあります。すでに先にあげたものと同じで重複しますが、これが古い時代の才であります。これが神を呼び降ろすところであります。同時にその場所は、いわば聖化された神聖な場所である。地上にはいろいろな禍が満ちあふれておるわけですね。乱れている地域もたくさんあるのです。しかしこうして神を奉じ、神を求めて神降ろしをしたこの土地は、絶対的な聖域であるということになります。地上の唯一の聖化された場所、つまり根源的なる場所である、ということが一応いえるかと思う。だから「その何月に在り」とか「某地に在り」というふうに、時間に使い、あるいは場所に使う。その時間、場所を限定するものである、規定するものであると考えてよろしいかと思う。そしてそこに士を書く。士は王様の王と同じように鉞の形です。そこは聖化された場所である。場所を規定するというときに、その在を使う。

それから存の場合、これは勿論人の形、子を書くわけでありますから、人の生活の

〖資料5・b〗〔説文〕二上口部哉字（白川静〔説文新義〕1、二〇〇二年、平凡社刊）

哉

「言之閒也」とは「余、語之舒也」というのと一類の訓である。「从口𢦏聲」というも、古くは𠙵に従わず、禹鼎「哀𢦏、用天降大喪于下國」、師訇𣪘「王曰、師訇、哀才、今日、天疾畏降喪」のように𢦏・才を用いる。哉を用いるのは、列國期に至つてからである。また哉首の義があり、段注に「凡竟卽爲始」というが徐箋にこれを非とし、「言之閒者、語少駐也、段謂一之竟、卽兩之際、又謂凡竟卽爲始、語似精妙、而實支離無當」という。段注は爾雅釋詁「哉、始也」の訓を終助詞としての哉の義と結合して説いているのであるが、徐箋にはそれを才の假借にすぎぬとしている。才との關係を指摘しているのは確かに當るところがあり、𢦏の戈上に加えているものは、才の初文の形である。

書の今本武成に「哉生明」の語があり、康誥・顧命にいう哉生霸に當る。逸周書世俘解にいう既旁生魄というものは、金文に習見する既生霸と同様に、月相による週名であるが、哉は既に對して初の義である。字はまた載に作る。金文において載はまた師虎𣪘「載先王、既命乃祖考事」のように在の義にも用いているから、在・𢦏・哉・載はみな聲義に通ずるところのある字である。在の初文は才、従つて在以下は才の聲を承ける一系の字とみられる。才は説文六上に「艸木之初也」とあるも、字は艸木の象ではなく、地上に樹てた標識の象である。後のいわゆる華表・交午

柱のように、桿上に一横木を著け、そこに𠙵を附している。その隷釋の形が才、これを刃器の上に樹てたものは在である。才の初形は丗、卜辭に「丗王事」をトする例が甚だ多いが、丗は載行の意。哉・載の字の從う𢦏は、この丗を戈上に加えている形であるが、それは史・告と同様に、そこに祝册の象を加えたものである。

才・在はもと神域の表示であるから、𢦏にも戈を聖化する意味があろう。おそらく武事をはじめるに當つての修祓の儀禮と考えられ、よつてことを開始する義となる。孟子滕文公下「自葛載」の載はその初義に近く、哉生霸・載行の義もこれと近い。載が車に從うのは軍事を以て字を識し、哉が𠙵に從うのは祝誓のことを以て字を識したもので、その祝誓・盟誓の辭を載書というのは、甚だ哉載の字義に合う語である。哉は假借して詠歎の語詞に用いる。「言之閒也」とはその假借義による訓である。詠歎の字には、字の初義のままに用いるものはない。諸注に首・初の義を假借とするも、むしろその初義とみるべく、また初をその原義とする説にあつても、𢦏字の從うところの才を艸木の才の象をとるとする假借義證・廣義校訂等のは適當でなく、才は神の標占を示す字で、哉・載はみなことの啓行をいう。詩の大雅文王「陳錫哉周」を左傳昭十年及び國語周語上に載周に作る。また古文尚書は、哉をみな才に作る。字は在の初文である丗の聲義を承ける一系の字であるから、その基本形である丗の聲義を知つて、はじめてこの一系の字を理解しうる。丗系列の諸字については、載書關係字說論叢第四集にその大略を記しておいた。文字の原初を考えるには、古代文字のもつこのような系列をさぐり、そこにみられる形義の發展をあとづけてゆくことが必要である。

場として、あるいはその生活者としての存在を、いわば聖化するというようなことが、存である。そのように存とか在という字の意味を考えてゆきますと、いわゆる載書の載という字のもつ意味がほぼ知られる。この載という字は、戈の上に十の形がつきましてね、そして下に車がつく。十は丫の形。裁縫の裁にも使いますね。栽・截《せつ》などもみなここに十の字が入っておりますが、本来はこれは丫という浄めのお札である。これは戈ができましたときに、最初にこのお札をつけて浄める。これによって武器として使うことができる。それで載に「はじめ」という読み方があります。また、実行にうつすという意味で載《おこな》うという読み方がある。そこで卜辞に出てくる「王事を𠙵《おこな》はんか」の𠙵は、実はこの「載」であるわけです。行なうという字であるわけです。

また哉・載について、〔資料5・b〕と〔資料5・c〕に同じく〔説文新義〕の文を引いておきます。

こういうような字の系列を考えてゆきますと、裁は衣を裁《た》つ。着せ初めに用いる衣を裁つ、そういうときに使う。𢦏がつく字は、そういうはじめて行なう儀礼に使います。だから載書の載は単に記載するというようなものではなくて、ここに事を始める、ここに神を迎え神と約し、そのことを神聖なることとして、互いに守ることを誓う。そういう意味を含めての載である。いわゆる載書というのは、神に誓う、神と共に在る、というような時代における誓約の方法であった。

今日では皆、キリスト教もイスラム教も、それぞれの神様をもっておりますけれども、もともと本当の神様というものが皆の心の中になくては、神と共に在り、神と共に誓うというようなことは、容易になし難いことであろうと思います。

今日の戦争はまことに穢い戦争である。戦争というものは本来命懸けでやるものですからね、ある意味での美しさを伴う。一種の悲壮美というようなものを帯びるのですね。どの戦争にもある種の悲壮感、悲壮美というべきものがあった。しかしおそらく、わが国が戦に敗れて以来の戦争で、美しさを伴う戦争は一つもないでしょう。朝

【資料5・c】〔説文〕十四上車部載字（白川静〔説文新義〕7、二〇〇三年、平凡社刊）

載　「乘也」とあり、𢦏聲。段注に「乘者覆也、上覆之、則下載之、故其義相成」といい、引伸して載する所のもの、假借して始才の義、事の義、また語詞に用いるという。また徐箋に「車載人物也、引之則記載於簡册者、亦曰載、古者以年紀事、故年亦謂之載、所載之物爲載、又爲發語辭」とその用義を説く。

金文には載を在の義に用い、師虎𣪘に「虎、載先王、既令乃且考事」という。その字にはまた𢦔を用いることがあり、卯𣪘に「𢦔乃先且考、死𤔲焚公室」とあり、その字は師詢𣪘に「妥立余小子、𢦔乃事」のように載行の意に用いる。載行の字は卜文には「𠙹王事」という例であり、𠙹は𢦏の戈上に加えられている字形である。すなわち載は𠙹の繁文とみてよい。𠙹は祝告の器である𠙵を定着した象で、𢦏・載はみなその聲義を承ける。𠙹の隷釋の字は才であり、才・哉・載に始の義があるのは、みな一系の字である。載の初義はおそらく載行の義であろう。訓義の多い字であるが、他の諸義は、その引伸あるいは假借とみられる。

鮮といい、ベトナムといい、みなまことに無残な戦争であった。そこでは大量破壊の兵器が無遠慮に使われておった。わが国の戦争の末期に、そういう武器によって一瞬にして十数万の生命を失うというような、大量殺戮を受けた。しかし今度はそういう大量破壊の兵器を持っているらしいということで、戦争をやる。こんなに大義名分のない戦争はありません。春秋二百四十二年の間に、孟子は「春秋に義戦なし」(尽心下)と言った。まことにその通りであろうと思うのです。しかしその後にも、およそ戦争というものに義戦はない。大義の立つような戦いはないというふうに私は思います。大量破壊の兵器を使うなどというようなことを言う当のその国が、かつてはわが国に使い、またベトナムにも使った。私は実は密かに、そういう嫌悪感をもって、この一箇月の間、戦況を見ておったのであります。ただしかし、願わくばこの誤りが早く改められて、本当の平和がやってくるようにと思うのです。戦争の陰には、いつも打算があり、利権の思惑がある。今度の戦争もまさにその通りでありました。

載書というのは、神に誓うことである。載とは存在そのものをいう言葉であった。「あり」という言葉は、わが国では生命の根源であり、言葉を組織してゆく、基本にかかわる語彙であった。そういうことをお話したいと思っていたのです。今年になってからこのように忌わしい戦争が起こって、はじめ予定していなかったことも話題の一つに加えたいと思って、そういうお話を添えたわけです。これでお話を終わります。

第十八話

文字の構造法について

殷周の宗教儀礼的な文字使用の時代から、戦国以後、文字の実用化の時代になると、文字の筆画も変化し、本来の文字の字形への理解も次第に失われて、許慎のころには、「馬頭人を長と爲す」、「虫《き》なる者は中を屈するなり」などの俗解を生じた。早く［左伝］に「文に於て、皿蟲を蠱《こ》と爲す」（昭元年）、［韓非子］に「ム《し》（私）に背くを公と爲す」（五蠹）のような字説がみえ、［説文］には当時の研究者たちの説が多く録入されている。

文字の訓詁については、すでに古典が成立している漢代には、［爾雅］のような訓詁の書、［釈名］のような語原の書、また［方言］のような地方の異言を集めて比較する書も生まれ、［周礼］保氏には六書を教科としたとする記述もあるが、字書として文字の構造法を主としたもの、すなわち字原研究の書は［説文］にはじまる。

［説文解字］は口部・木部の唐代の写本残簡があって、その本来の形式を考えることができる。その［叙］にいう六書のうち、転注については異説が多く、わが国の江戸期の狩谷《かりや》棭斎《えきさい》に［転注説］があるが、なお定説とはしがたい。

［説文］ののち、その六書説を疑問とし、別の体系によって字説を樹てたものに宋の鄭樵《ていしょう》の［六書略］があり、宋末元初の戴侗《たいどう》の［六書故］には、宋代の金文学の知識によって新しい字説を樹てようとする動きがあった。清の段玉裁の［説文解字注］は、漢代訓詁の学を標榜して［説文］を聖典とし、その書に経書的な権威を認めようとしたが、清末に至って金文学が興り、民国に入って甲骨学が起こるに及んで、［説文］の学はまた新しい時代を迎えた。ここには羅振玉・高田忠周二家の説をあげておいた。

新しい文字学は、古代学的に解明された古代文化の中でのみ、正しく理解することができる。その立場から、［説文解字］の字説について、若干の検討を試みてみたいと思う。

しばらくでございました。梅雨どきで大変鬱陶しい日が続いておりますが、こういう梅雨どきの消化法といたしまして、私はなるべく根をつめた仕事をするということにいたしております。気ままな仕事ですと、つい途中で放り出してしまう。だからなるべく根をつめてやらなければできないという仕事を、選んでやるわけです。今年はちょうど、この秋から私の［金文通釈］を復刊したいと考えておりまして、最後にもう一巻書き加えて、全部で十冊、五千ページほどになる書物ですが、三十年ほど前に書きましたものですから、その後に出ました青銅器が随分たくさんあるのです。前の書物の中で、約六十器ほど年月の書いてある銘文がございますが、王様の名前は書いてないのです。また、月日を書くときに第何週の、たとえば甲午であるとか丙子であるとかいうふうに、干支で書いてある。それでその日取りを決めなければならんわけです。それが約五十器ほどある。そしてその後約三十年ほどの間に、新たに二十器ほど出てまいりました。

それぞれの器を一々今までのような注釈をやりますと、大変な分量になりますので、せめて世代と年月日、この王様の何年というふうに、それぞれの暦譜を明らかにして、銘文の年月を決める計算をしたい。つまり、二千九百年ほど昔の暦の計算をしておりました。暦の計算でありますから、続けてやりませんとね、途中でちょっとなにか用事でも入りますとね、今まで考えていたことが無駄になってしまうことがある。そういうことをしていたわけです。それですべて九十器ほどを、私の今までに試みておりました体系の中で、何とか消化したいと考えまして、その計算をいたしました。そしてその原稿を平凡社へ送りました翌日に、中国から届いた雑誌にまた新たに紀年銘のある二器の報告が出ておった。

周の宣王は従来在位四十六年ということに［史記］周本紀以来決まっていて、その宣王期に入るべき器物である四十二、四十三年という年月がついている器（逨鼎一・二）が出土したのですけれども、従来の宣王の暦譜ではそこに入らないのです。そうしますと、宣王の年代の暦をかえねばならない。二年ほど繰り上げねばならん。しかしそうすると、それ以前の十代ほどの王の暦が、全部狂ってくるわけです。第一週の第一日に当たるという計算をしていたものが、たとえば十日繰り下がりますと、もうそれですべての紀年銘が暦譜に入らんことになってしまう。その結果全面的に改訂しなければならん。それで一箇月ほど費やして計算をしたものが、またその翌日に一朝にして役に立たなくなる。それから後、大体半月ほどになりますが、大体それを消化し終えるというふうに計算を済ませて、これでよかろうと思うところに、昨日また中国から雑誌がまいりまして、またどうにも入らぬのが一つ出てきたのです。梅雨のうちに解決できるかどうか知りませんけれども、どうもせんぐりそういう問題が起きるのは、あるいは天が私を試みておるのかもしれないという気持もいたしますので、また勇を鼓してその解決に向かいたいと考えております。

本日は「文字の構造法について」という、実はかなり面倒な問題であります。中国の文字は、いうならば世界の文字の中に類例のない、一つの体系をもった文化的な遺産であり、現にまた東洋の文化を支えている活力のある文字体系でございますから、こういうものについて、考えてみる必要があろうかと思います。

大体文字学というのは、漢字以外に文字学という領域の学問はないのです。ヨーロッパには文字学といいましてもね、アルファベットだけですから、これは学問にならんのです。だから、言語学の一項目として文字のことを論ずるということはございますけれども、文字学という独立した、一つの体系をもった学問の領域というものは存在しない。

そういう意味において、中国の文字は三千年来非常に多くの文字がある。あるいは記述された歴史であるとか、文章が多く残っておりまして、まことに鬱然たる世界であるということができます。そういう文字の体系が、どのようにして生まれてきたかということを考えますと、はじめから文字を作ることを意図して文字が生まれたとい

山上羊の岳神図

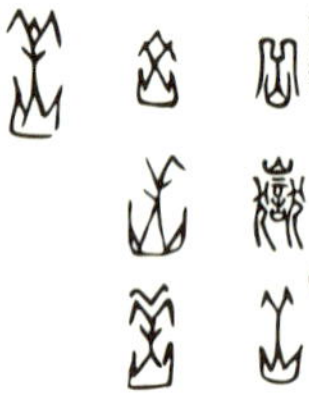

岳(嶽)

うのではなくて、多分、文字が生まれるまでに幾つかの段階があったであろうと思うのであります。

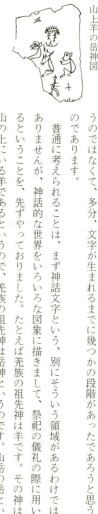

普通に考えられることは、まず神話文字という、別にそういう領域があるわけではありませんが、神話的な世界をいろいろな図象に描きまして、祭祀の儀礼の際に用いるということを、先ずやっておりました。たとえば羌族の祖先神は羊です。その神は山の上にいる羊であるというので、羌族の祖先神は岳神というのです。山岳の岳という字ですが、岳は山の上に丘があるように書いていますが、山の上に丘があるようなことはあり得ません。一番もとの字は山の上に羊が書いてあります。これが岳という字になるのです。そして、これは羌族の祖先神である嵩岳《すうがく》という山、河南省の西北部にある、あの嵩岳が、実は羌族の祖先神伯夷と考えられている山の神様です。だから岳の一番もとはここに羊の全形が書いてある。羊の形のままである段階ではまだ文字ではなくて、神話文字ということになるわけです。神話文字は、祭祀儀礼の際に必要なものでありますから、文字以前の社会では、図像や記号で示すという、そういうことが行なわれていたのだろうと思うのです。

神話時代を過ぎまして、王朝が形成される段階になりますと、非常に有力な、後に王朝として統一的な支配権をもつようになるその王族と、その王族に従う地方の部族、その部族が次第に統合されて、王朝のもとに組織されて、古代王朝が生まれるのです。その過程でそういう部族が王室に対する従属関係、各地の部族が王室とどのような関

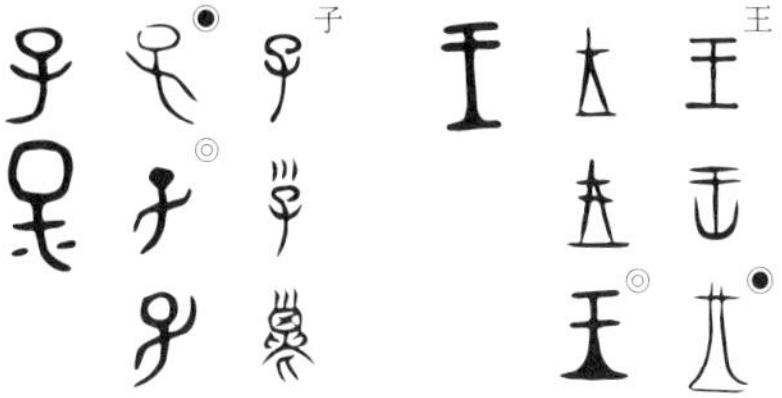

係において従属するかという、そういう時期がある。
そのころに生まれてきましたものが、「図象文字」というものです。文字とはいえない何か図のような形である、というので図象文字というております。たとえば王様を示すとき鉞の形で示す。これはまあよくわかりますね。それから王子を示すときに、こういう子供の形を書きます。子供という字は普通には手を両方あげて書くのです。しかし、王子の場合には、丁度お釈迦様が降誕したときのように、一上一下ですね、こういう形に書いてある。つまり、王朝の前段階においては、そういう身分的な階級というものが次第に形成されてくる。またこの王子を支えるような形の図象があります。この上の方に、という形がつくのです。これは古い時代の宋の書物には、この図象を析子孫形と呼んでおりますが、この全体で一つの図象です。王子を戴くものという形になっているのですが、この図象をつけている器物がたくさんございまして、その関係から考えますと、これは親王家に相当する家柄である。はおそらくショウという音符であろう。音符が入ってくるんですね。字としては使われておりません。図象の段階で消えてしまった字でありますけれども、私はこれは牀《しょう》という音で訓むべきではないか。そして、こういう身分のものの間から、たとえば將（将）は祭りの肉を捧げてお祭りを司会する者、将軍の将であります。あるいは爿《しょう》の右に大きな鉞の刃を置きますと壯（壮）、壮年の壮ですね。壮は若者組合というようなもので、おそらく王朝を中心とする戦士階級の者を、壮と呼んだのであろうと思い

ます。そうしますとあの析子孫形といわれている図象は王子を戴く形ですから、いうならば会意文字であるということになりますね。その上に音符をつけているのですから、これは形声であるということになります。つまりああいう図象文字の中に、のちにいうところの象形、会意、形声というような要素が入っているわけです。だから、文字が生まれてから後に、象形・会意・形声・指事という、所謂六書《りくしよ》の法が生まれたのではなくて、文字の形成の過程において、それらはすでに使われていて、文字が生まれてきたといえるかと思うのです。

文字が成立する以前に「神話文字」の形態があった。図象というのは、わが国でいいますと、ちょうど伴造《とものみやつこ》などという場合の伴《とも》ですね、これはある職掌をもって王室に仕えるという関係のものを伴と申します。のちの部、服部《はとりべ》とか犬養部《いぬかいべ》などというあの部ですね。あれがそういう職能的な部族です。それぞれの職能的な関係をもって、王室に服属するということを示す、それが自分の紋所のようになって、皆先に言いましたような図象文字となる。それは随分たくさんあります。主要なものでも三百四、五十はあるかと思いますけれども、そういうふうなものは、王室に従属する関係を職能的に表示する、いわばその紋所、それが今言いました図象文字であります。

最も古くは神話文字の段階、その次には図象文字の段階、その図象文字の段階において、もう象形・会意・形声というような文字構造の基本に関する方法が、すでにとられている、ということになるわけです。そういう段階を経て、はじめて統一王朝が生まれる。わが国で伴が発達しましたのは、大体雄略朝あたりであります。それから後、大化の改新あたりになって、漸く王朝的な形をとる。絶対王朝というのは、おそらく天智・天武の時代、「大王《おほきみ》は神にしませば……」とか「神ながら神さびせすと……」というような、そういう修飾語が用いられるのは、天智・天武の時代に入ってからであります。それが統一王朝ですね。日本ではそのころまでに文字が外から来てしまったから、わが国独自の文字は生まれなかった。中国ではちょうど殷の武丁の時代がそういう時代にあたる。その時代に、もう図象文字はたくさんできておりまして、青銅器には、そういう文字が入っております。そういう各地方の豪族の従属関係というものが、職能的に定まりますと、はじめて殷王朝というものができる。そして文字が生まれる。文字が生まれるときにすでにそういう準備段階を経ておりますから、いわゆる文字の六書の法というようなものは、完成していたといってよろしいと思います。

　文字の作り方からいいますとね、象形は物の形を象《かたど》る。物の形を象るといいましても、そう無限に象り得るものではありません。大体五百から六百というくらいの範囲で象形ということが可能である。「説文」の文字の中に象形文字、指事などを含めまして大体七百前後であろうかと思います。

　かなり古い時代に、たとえば「ねずみ」を「寝ず見」と解釈するような語原説が、中国では字書として作られた。後漢の劉熙《りゅうき》が著わした「釈名《しゃくみょう》」には、そのような古代

的な語原説が全巻にわたって述べられています。たとえば「釈天第一」に、

天は豫司《よし》・兗《えん》・冀《き》（の地）にては舌腹を以て之を言ふ。天は顯《けん》なり。上に在りて高顯なるなり。靑・徐（の地）にては舌頭を以て之を言ふ。

天は坦《たん》（平らか）なり。坦然として高くして遠きなり。

日は實《じつ》なり。光明盛實なるなり。

月は闕《けつ》なり。滿つるときは則ち闕《かく》るなり。

風は豫司・兗・冀（の地）にては、横口合脣もて之を言ふ。風は氾《はん》なり。其の氣博氾にして物を動かすなり。靑・徐（の地）にては口を踧《すぼ》め開脣、氣を推して之を言ふ。風は放なり。氣放散するなり。

雨は羽《う》なり。鳥の羽の、動けば則ち散るが如きなり。

火は化なり。物を消化するなり。亦言ふ、燬《き》なり、物、中に入るときは、皆毀壞《きくわい》するなり。

土は吐《と》なり。能く萬物を吐生するなり。

ときには方言音をも加えて、同音・類似音の関係でその語原説を述べている。いわゆる音義説であります。

古い訓詁ではそういう説明をするときに、右の天・風の項にありますように、方言の相違というものを常に意識して、これを区別しながら説明するというようにしております。わが国の古典でそういう方言がはっきりわかりますのは、「万葉集」の東歌《あずまうた》

ですね。東歌、防人《さきもり》の歌、これらはあずま言葉で歌っておりますから、
　吾等《わろ》旅は旅と思《おめ》ほど家《いひ》にして子持《こめ》ち痩《や》すらむわが妻《み》かなしも　〔万葉〕二〇・四三四三
音の違うところがありますね。しかし他の地方ではあまり方言というものはめだたないように思う。貫之が土佐守として高知に行きましたときに、船頭さんの言う言葉が、そのまま歌になるような言葉であったというようなことを書いております。そういう普通の人が使う言葉でも、都の言葉とあまり変わらなかったようです。

今、わが国で大きく方言を区別しますと、まず東西に分かれる。さらに細かく区別しますと、大体六つぐらいの方言に分かれるのであります。狭い国でありますけれども、まんなかが山で隔てられておりますし、細長い地形ですから、どうしても地域が孤立的になる。それでわが国の大きな方言区域は、大体六つということになっています。しかし中国は広い国でありますから、こういう語原説明の場合にも、方言的な相違を念頭におきながら説明しようとしている。

その方言ばかりを書いた本が、やはり非常に古い時代にある。その〔方言〕を書きましたのは揚雄という学者であります。前漢の終りころ、新という国ができました。王莽《おうもう》という権臣がいて、この王莽が国を奪うて新という国を建てた。王莽は何でも周公の真似をした人です。日常坐臥、常に周公を手本とし、周公の振舞いを真似て行動したという、徹底的な模倣主義者であった。ところが揚雄もまた徹底的な模倣主義者であって、彼が書いた〔法言〕という書物は、〔論語〕の言葉づかいそのままの真似

をして書いてありますから、読んでいると大変不愉快になります。あんまり物真似がはげしいのでね。それから［太玄（経）］という本を書いた。これは［易］の真似をした本です。

国を奪おうとする王莽は周公の物真似をした。揚雄もまた孔子の物真似をした学者であった。この人は方言に非常に注意しておりまして、［方言］という書物を書いている。〔資料1〕にその一部を掲げました。それをちょっとご覧いただきますと、それぞれの方言区域というものが設定してあるんですね。第二のはじめのところに「娃、婧、窕、豔は美なり」という一条がありますね。そしてそれぞれの地域における美人の呼び方が書いてあります。これをずっと見てゆきますと、たとえばその少し後に窕・窈という言葉が出てくる。これはご承知のように［詩経］の一番はじめの周南関雎の篇に「關關たる雎鳩《しよきう》は　河の洲《す》に在り　窈窕《えうてう》たる淑女は　君子の好逑《かうきう》」という句が出ております。この周南という地域が一体どこであるかということについて、古い注釈では陝西省の周の旧地であると書いてあるんです。しかしこれで見ますとね、もう少し東の方、またもう少し南の方をも含むのではないかと考えられる。いうならば今の河南省の洛陽よりずっと南の方、南陽にかけて、河南省の西半分あたり、あの地がどうも周南ではないか。［詩経］の最初に周南・召南というのが出てきます。従来は陝西省説で説かれていたのですが、そこの出てくる川の名や、方言の問題から考えましてね、どうも地域にずれがある。だから私は周南、召南は河南省の西半分のところを、周公、召公が分治したのであろうと考えて、『詩経』の解釈にもこれを用いたのです。

『方言』の地域的な言葉の使い方の説明は、そういう文献の解釈の上にも大変役にたつ。方言の採録というようなことは、大体わが国ではごく近代になりまして、始められたことであります。それが中国では、西洋紀元の前後、王莽が新という国を建てたのは、ちょうど紀元前後の間に入ります。揚雄はおそらくこの書をその前に書いているのであろうと思いますので、前漢の終りごろ、紀元よりちょっと前ぐらいに、すでに方言の字書があったということになります。これは言語史・辞書史の上からみましても、驚くべきことのように思われます。『爾雅《じが》』のように古今の訓詁を集めた、今でいう古語辞典ですね、それから『釈名《しやくみよう》』のように音で語原を解釈するという語原辞典、それからこの『方言』のように、各地の方言を地方別に収録するというような方言字書、これらがすで

【資料1】揚雄『方言』

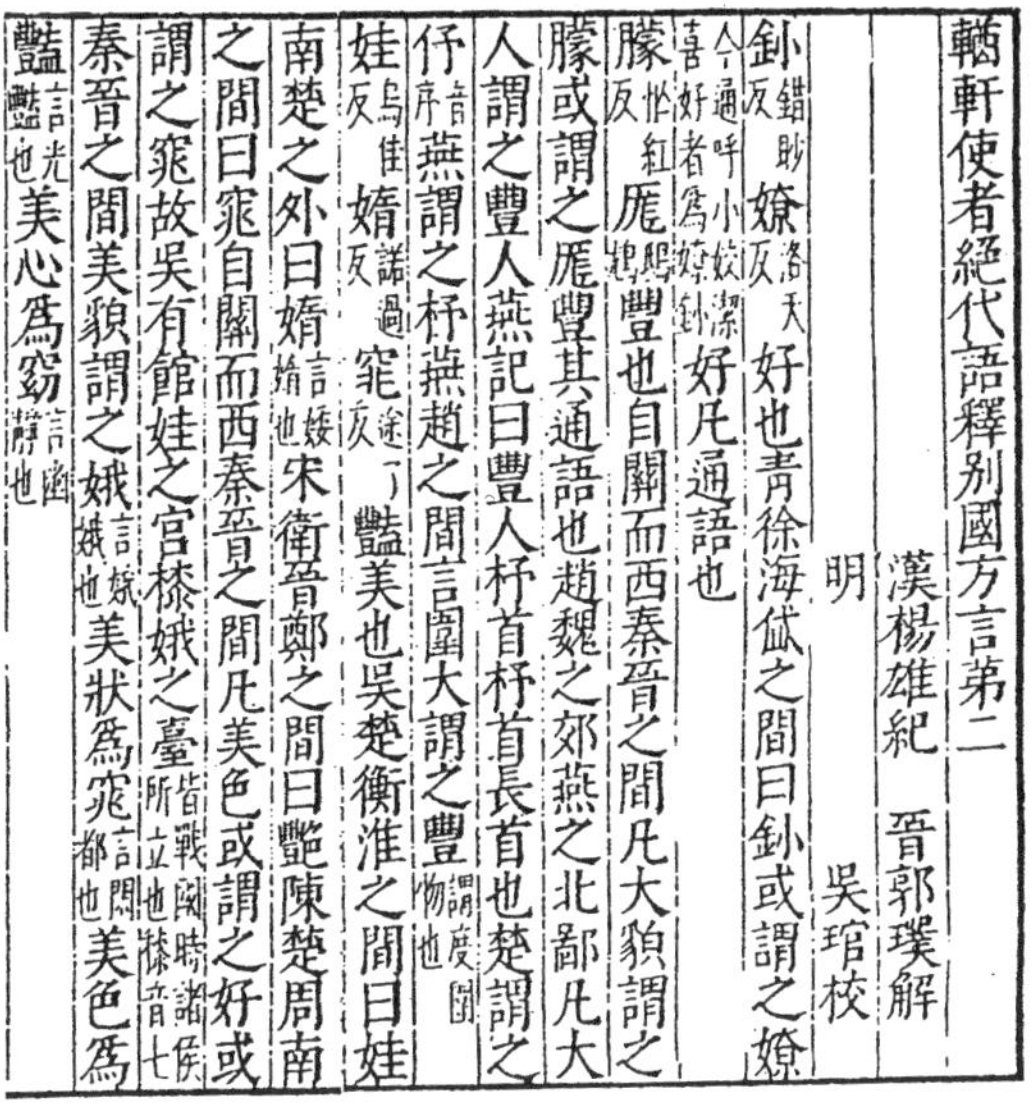
輶軒使者絶代語釋別國方言第二
漢楊雄紀　晉郭璞解
明　吳琯校
釥錯眇反嫽洛天反好也青徐海岱之間曰釥或謂之嫽今通呼小姣潔喜好者為嫽釥好凡通語也
朦忙紅反厖[illegible]豐也自關而西秦晉之間凡大貌謂之朦或謂之厖豐其通語也趙魏之郊燕之北鄙凡大人謂之豐人燕記曰豐人杼首杼首長首也楚謂之伃音序燕謂之杼燕趙之間言圍大謂之豐謂度圍物也
娃烏佳反媠諾過反窕途了反豔美也吳楚衡淮之間曰娃南楚之外曰媠言婑媠也宋衛晉鄭之間曰豔陳楚周南之間曰窕自關而西秦晉之間凡美色或謂之好或謂之窕故吳有館娃之宮榛娥之臺皆戰國時諸侯所立也榛音七秦晉之間美貌謂之娥言娥娥也美狀為窕言閑都也美色為豔言光豔也美心為窈言幽靜也

に紀元前に生まれていたということになる。これは中国における言葉が、大体単音節語で、スペルがないような言葉ですから、大変むずかしい。短い音でいろいろ区別して使う。しかし非常に早くに開けた国だから、古典古代の文献が非常に豊富で、立派な資料をたくさん残しておる。〔詩〕〔書〕をはじめ、また金文なども含めまして、そういうものがたくさん残っている。それで「古今言を異にする」という現象が早くから起こった。そういうことから、紀元前にすでにこういうふうな字書が生まれているのです。

　そして紀元後一〇〇年に〔説文解字〕が作られている。あの〔説文解字〕の中には、今言いました〔爾雅〕の中から訓をとったもの、〔釈名〕の中からとったもの、また〔方言〕からとった説明もたくさんございます。つまり、先に申しました三つの字書を集大成して、しかもそれを文字学的に一つの自然観、世界観というような体系のもとに組織した、そういう字書が〔説文解字〕であるということになります。それで〔説文解字〕は、あらゆる意味において古代文字学の総決算であり、総結集であったということがいえるのです。この〔説文解字〕、略して〔説文〕と申しますが、この〔説文〕は、のち一時殆んど滅びてしまいます。それは詩を作るような文学の盛んな時代になりますと、この〔説文〕の順序では文字の利用が大変しにくい。だから韻別の書に直してしまう。一東の韻から最後入声音で終わる、そういう韻引きの字書になった。しかしそれでは〔説文〕の体系は失われてしまうのです。清のはじめころ、顧《こ》炎武《えんぶ》という、文字学いわゆる小学を組織した偉大な学者がありましたが、その顧炎武でさえも、この最初の「起一終亥」、一で始まり十二支の亥で終わる形の『説文』を見ることがなかった。今の『説文』はその「起一終亥」本ですが、この系統の『説文』の本来の形が長い間実は失われていたのです。当時は「起東終洽」の韻引きの韻書であった。顧炎武がのちになって本来の形の『説文』に気がついて、それからのちその文字学を受けた段玉裁が、その注釈を実に丁寧綿密に書き上げた。それで『説文』は文字学のバイブル、聖典ということになる。段玉裁の注は経に注を加えるような厳密なものであるというので、今でも文字学の聖典として扱われておるのであります。

〔資料2〕『周礼』地官保氏

保氏　王の惡を諫むることを掌る。國子を養ふに道を以てす。乃ち之に六藝を教ふ。一に曰く、五禮吉・凶・賓・軍・嘉なり、二に曰く、六樂雲門・大咸・人韶・大夏・大濩・大武なり、三に曰く、五射白矢・參連・剡注・襄尺・井儀なり、四に曰く、五馭鳴和鸞・逐水曲・過君表・舞交衢・逐禽左なり、五に曰く、六書象形・會意・轉注・處事・假借・諧聲なり、六に曰く、九數方田・粟米・差分・少廣・商功・均輸・方程・贏不足・旁要、今、重差・夕桀・句股有るなり。乃ち之に六儀を教ふ。一に曰く、祭祀の容、二に曰く、賓客の容、三に曰く、朝廷の容、四に曰く、喪紀の容、五に曰く、軍旅の容、六に曰く、車馬の容。

『資料』に『周礼』の保氏の条をあげておきました。ここにはじめて「六書」という言葉が出てくるのです。六書というのは『説文』にはじめて出てくるのではなくて、『周礼』にみえる。『周礼』という書物は大体は秦・漢の秦の時代にできたのではないか、天下の大統一ということを一応念頭において、官制組織というものを、いわば理想的な形態で考えた三百六十官というような、非常に整った組織で政治の体制、行政の組織というものを考えたものでありますから、多分秦の時代の博士たちが作ったものではないかと思います。その書物の中にすでに六書が出ている。六書も『説文』がはじめではなく、当時すでに六書という考え方があった。また、『漢書』芸文志にも出ており、この注の部分にその引用があります。名称の違いがありますが、実質は変わりません。注に「六書は象形、會意、轉注、處事、假借、諧聲」とありますね。言い方がちょっと違います。『漢書』芸文志の文は、「象形、象事、象意、象聲、轉注、假借」というふうに、これは会意・処事・諧声は象をつけて言う。それぞれ言い方は違いますが、内容はすべて同じです。『説文』における文字学というものは、先に言いましたように『爾雅』とか『釈名』とか『方言』とか、そういう字書、それから『周礼』や『漢書』芸文志の注に出てきますような、こういう考え方は古くからあって、『説文の叙』に引かれているといえるかと思います。

次に、『説文』の一番古い形がどういうものであったか、『資料3』は『説文』の木部の断簡です。口部の断簡というのがわずかながら残っております。木部の方はかなりあるのですが、口部はもうごくわずかな文字しか残っておりません。存四字というものと存六行十二字というものです。木部の体裁を見ますと、はじめに篆書で上の方に大きく出ていまして、その下に反切音を入れてある。子廉《しれん》とか叉白《さはく》とか他各《たかく》、二字で上の音と下の音とを合わせて示すのを反切《はんせつ》といいます。子廉（ｓｉ・ｒｅｎ）の場合ですと上の音のｓと下の方のｅｎ、これを綴るわけですね、そうするとｓｅｎになる。叉白（ｓａ・ｈａｋｕ）はｓａｋｕ、また他各（ｔａ・ｋａｋｕ）はｔａｋｕになりますね。それから握・江のようにいうのは、他の字音で示すので直音といいます。この木部の断簡を見ますと、反切で音が入っているところもあり、直音で入れておるところもある。大変不規則ですね。書物を著わすのにこんな著わし方はなかろうと思います。だからこの音の説明の仕方は本来のものではなかったであろう。本文では、たとえば櫼は「楔《せつ》なり。木に従ひ韱《せん》の聲なり」というふうに書いてあるので、これでもう音はわかるわけですからね。だから直音あるいは反切音を加えるということは多分なかったであろう。この「子廉反」という反切は、後の人がこういうふうな形で加えたのであろうというふうに考えられます。ここには罫線が入っていますが、口部の断簡にはこのような罫線はありません。勿論反切音、直音なども本来はなかったであろう。だから大体は二段の書き方になっていたはずである、と思います。この木部もわずかしか残っておりませんけれども、これを今の［説文］と比べますとかなり違う

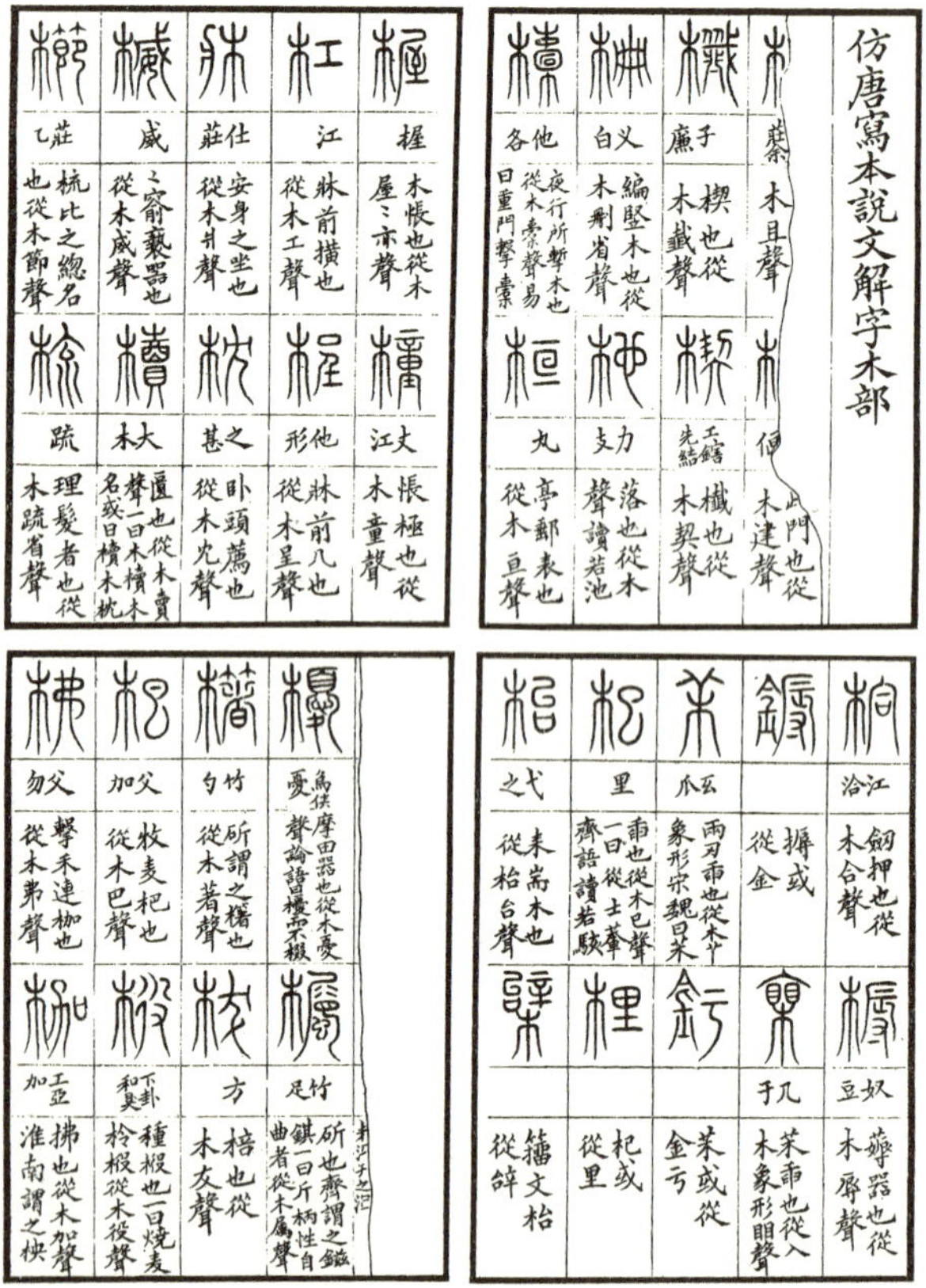

仿唐寫本說文解字木部

木且聲

佢　門也從木建聲

子廉　楔也從木韱聲

先結 工鏄　櫼也從木契聲

白乂　編堅木也從木刪省聲

力支　落也從木也聲讀若池

他各　夜行所擊木也從木橐聲易曰重門擊欜

丸　亭郵表也從木亘聲

握　木帳也從木屋ミ亦聲

丈江　帳極也從木童聲

江　牀前橫也從木工聲

他形　牀前几也從木呈聲

仕莊　安身之坐也從木爿聲

之甚　臥頭薦也從木冘聲

咸　之竇褻器也從木咸聲

大木　匱也從木賣聲一曰木櫝木名或曰櫝木枕

莊乙　梳比之總名也從木節聲

疏　理髮者也從木疏省聲

江洽　劒柙也從木合聲

奴豆　薅器也從木辱聲

斛或從金

几于　芣臿也從入木象形眀聲

玄瓜　兩刃臿也從木丫象形宋魏曰芣

芣或從金亐

里　臿也從木巳聲一曰從士蕃齊語讀若駭

杞或從里

弋之　耒耑木也從木台聲

籒文枱從辝

未詳子之汜

烏侯 憂　摩田器也從木憂聲論語曰櫌而不輟

竹足　斫也齊謂之鎡錤一曰斤柄性自曲者從木屬聲

竹勺　斫謂之櫡也從木著聲

方　棓也從木友聲

父加　收麥杷也從木巴聲

下卦 和吳　種椴也一曰燒麥柃椴從木殳聲

父勿　擊禾連枷也從木弗聲

工亞 加　拂也從木加聲淮南謂之柍

【資料4・a】〔說文解字〕部首冒頭（中華書局影印本、一九六三年刊）

悖哉書曰予欲觀古人之象言必遵修舊文而不穿鑿孔子曰吾猶及史之闕文今亡也夫蓋非其不知而不問人用己私是非無正巧說衺辭使天下學者疑蓋文字者經藝之本王政之始前人所以垂後後人所以識古故曰本立而道生知天下之至嘖而不可亂也今敘篆文合以古籀博采通人至于小大信而有證稽譔其說將以理羣類解謬誤曉學者達神恉（徐鍇曰恉即意旨字）分別部居不相雜廁（徐鍇曰分部相從自許始也）萬物咸覩靡不兼載厥誼不昭爰明以論其偁易孟氏書孔氏詩毛氏禮周官春秋左氏論語孝經皆古文也其於所不知蓋闕如也

說文十五上　四

說文解字弟一

一部一　上部二　示部三　三部四　王部五　玉部六　玨部七　气部八　士部九　丨部十　屮部十一　艸部十二　蓐部十三　茻部十四

說文解字弟二

小部十五　八部十六　釆部十七　半部十八　牛部十九　犛部二十　告部二十一　口部二十二　凵部二十三　吅部二十四　哭部二十五　走部二十六　止部二十七　癶部二十八　步部二十九　此部三十　正部三十一　是部三十二　辵部三十三　彳部三十四　廴部三十五　㢟部三十六　行部三十七　齒部三十八　牙部三十九　足部四十　疋部四十一　品部四十二　龠部四十三　冊部四十四

說文解字弟三

㗊部四十五　舌部四十六　干部四十七　𧮫部四十八　只部四十九　㕯部五十　句部五十一　丩部五十二　古部五十三　十部五十四　卅部五十五　言部五十六　誩部五十七　音部五十八　䇂部五十九　丵部六十　菐部六十一　廾部六十二　𠬜部六十三　共部六十四　異部六十五　舁部六十六　𦥑部六十七　晨部六十八　爨部六十九　革部七十　鬲部七十一　䰜部七十二　爪部七十三　丮部七十四　鬥部七十五　又部七十六　𠂇部七十七　史部七十八　支部七十九　𦘒部八十　聿部八十一　畫部八十二　隶部八十三　臤部八十四　臣部八十五　殳部八十六　殺部八十七　𠘧部八十八　寸部八十九　皮部九十　㼱部九十一　攴部九十二　教部九十三　卜部九十四　用部九十五　爻部九十六　㸚部九十七

說文十五上　五

說文解字弟四

旻部九十八　目部九十九　䀠部百　眉部百一　盾部百二　自部百三　白部百四　鼻部百五　皕部百六　習部百七　羽部百八　隹部百九　奞部百十　萑部百十一　𦫳部百十二　𥄕部百十三　羊部百十四　羴部百十五　瞿部百十六　雔部百十七　雥部百十八　鳥部百十九　烏部百二十　𠦒部百二十一　冓部百二十二　幺部百二十三　𢆶部百二十四　叀部百二十五　玄部百二十六　予部百二十七　放部百二十八　𠬪部百二十九　𣦼部百三十　歺部百三十一　死部百三十二　冎部百三十三　骨部百三十四　肉部百三十五　筋部百三十六　刀部百三十七　刃部百三十八　㓞部百三十九　丯部百四十　耒部百四十一　角部百四十二

說文解字弟五

んです。順序が違ったり、あるいは説明の部分が違ったりというふうに、かなり違う。〔説文〕は字書ですから、写し写されてゆくあいだに、自分の心覚えでちょっと書き添えたりというようなことも、あるいはあったのではないかと思います。

〖資料4・b〗〔説文解字叙〕

此れ十四篇、五百四十部なり。九千三百五十三文、重（文）一千一百六十三、解説凡そ十三萬三千四百四十一字。其の首を建つるや、一を立てて耑《たん》と爲し、方は類を以て聚め、物は群を以て分つ。同條牽屬し、共理相貫く。雜《まじ》へて越えず、形に據りて系聯す。引きて之を申《かさ》ね、以て萬原を究《きは》む。畢《つひ》に亥に終り、化を知り冥を窮《きは》む。

〖資料4〗のaとbには〔説文〕巻十五上の〔叙〕に付す部首のところ（a）と〔叙〕の後半、巻十五下の冒頭を読み下して少し出しておきました（b）。今の〔説文〕はどういう組織になっているか。これは「形に據りて系聯す」という、形によって順序をつける、そういう組織の仕方がしてある。まず一より始める。簡単なしかも基本的なものです。それから上の方に出る。これが上ですね。それからこれの下に、下という字ができる。次に示は二本を加える。それから三、それを通して王にする。この王の字は上の二本が非常に遠くなってますね。それで〔説文〕は上は天、下は地である。天地人三才を貫くものは王である、こういう説明をしておるんですが、天と

人との間が近すぎますね。人は地上に住むのであるから、地に近づかないといけない。王は本来は鉞の形であったものを、無理にそういう説明をしています。土の上部は鉞の柄《え》を通す部分で、柄が入って戉《まさかり》になるわけです。こういうように字形解釈上の問題を加えて、形に従うて順序をつけていく。改まったところで、また次の接続の関係を繋いでゆくというふうに、系聯という方法で文字を並べてゆく。そしてその系聯の法は、一から始まって、最後は十干十二支で終わる。十干十二支は、万物が運旋し、その働きを示すものです。だから一・天・地から始まり、十干十二支で終わるというような、天地間の活動の全体を、文字学の体系の中に移しこむという、当時におけるいわゆる天人合一の思想、その自然哲学を、文字の体系を通じて実現しようという、大変遠大な考え方をもって、〔説文〕は作られている。天と人とは相関する関係にあるという、天人相関の思想というものが、漢代における自然観の基本にあった。そういう自然観のいわば文字学的な表現として、〔説文〕の体系が考えられている。だから許慎はこの配列には大変な苦労をして、こういう配列の仕方を考えておるのです。部首は五百四十ありますが、これを全部ご覧になりますと、〔説文〕は、許慎がいかにして天人相関の時代思想を、文字学的な体系として表現することに苦労をしたかが、多分理解されるだろうと思います。

〔資料4・a〕に〔説文〕の〔叙〕に付す部首の配列の例を少し出しておきました。それで大体御理解いただけるかと思うのですが、〔説文〕は形を主として系聯するという方法をとっていますね。だから、あの告げるという字でも、四葉裏の六行目の部十九に牛が出てきます。牛の横の線は直線になってますが、本当の牛は肩の骨が出る形です。次の七行目、部二十一に牛と口とをつけて告を書き、そしてその次の部二十二に口を出し、これを系聯する字とする。こういう繋ぎ方をしているのです。こういう形の上で系聯するという考え方は一応よろしいけれども、字形解釈を誤ってそういうやり方をしておりますために、字形の解釈が狂ってくることになる。いくらか不自然な、無理な体系づくりをやろうとしたというところに、［説文］の文字解釈上の誤りを呼び起こす原因の一つがあったのであろうと思います。

【資料4・c】［説文解字叙］

倉頡の初めて書を作るや、蓋《けだ》し類に依り形に象《かたど》る。故に之を文と謂ふ。其の後、形聲相益す。即ち之を字と謂ふ。字なる者は、孳乳して浸《やうや》く多きを言ふなり。竹帛《ちくはく》に著《あらは》す、之を書と謂ふ。書なる者は如なり。以て五帝三王の世に迄《いた》り、改易殊體、泰山に封ずる者七十有二代、同じきもの有る靡《な》し。周禮に、八歳小學に入る。保氏、國子を教ふるに、先づ六書を以てす。一に曰く指事。指事なる者は、視て識《し》るべく、察して見るべし。上下是なり。二に曰く、象形。象形なる者は、其の物を畫成《くわくせい》し、體に隨って詰詘《きつくつ》す。日月是なり。三に曰く形聲。形聲なる者は、事を以て名を成し、譬《たとひ》を取りて相成す。江河是なり。四に曰く會意。會意なる者は、類を比《なら》べ誼を合し、以て指撝《しき》を見《しめ》す。武信是なり。五に曰く、轉注。轉注なる者は、建類一首、同意相受く、考老是なり。六に曰く假借。

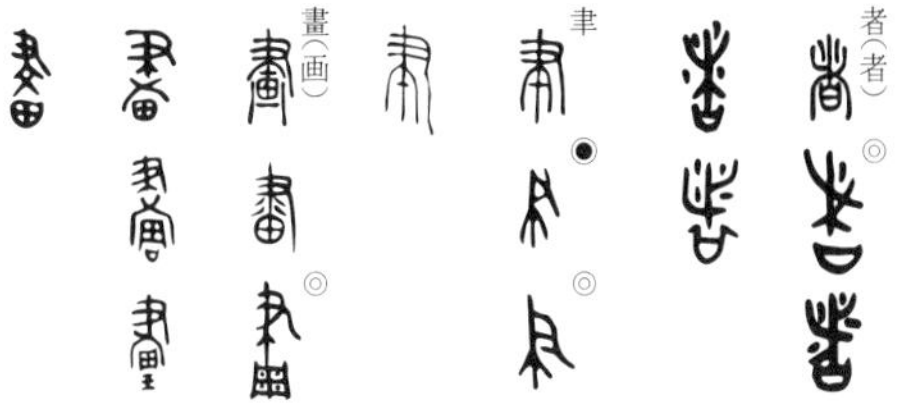

假借なる者は、本《もと》其の字無くして、聲に依りて事を託す。令長是なり。

〔資料4・c〕にまた〔説文解字叙〕の冒頭の一部をあげておきました。文字の成立を述べましたところで、一応訓読をいたしました。

倉頡がはじめて象形文字を作った。形に依って文字を作ったというのですが、先に言いましたように、文字というものは、ああいう部族社会的な段階で、図象としてその社会的な、政治的な関係を示すものとして生まれたことからいいますと、必ずしもこの解釈は正しくないということになりますね。単に象形ということを目的にして文字ができたのではなくて、むしろ社会的・政治的・身分的な関係の表示として文字が生まれたという方が、的確であると考えます。また「字なる者は……以て五帝三王の世に迄《いた》り、……」というところですね。「竹帛《ちくはく》に著《あらは》す、之を書と謂ふ」とありますが、書というものは、本来は竹帛に著わしたものではなくて、お土居に埋めるお札のようなものを書といったのです。書の下の方、者（者）という字は、木の枝なんかを交えて、それを土で埋めてお土居を作る。そこに呪符としてこの祝詞を埋めるのです。それが書です。だから、はじめはむしろ呪符であった。お札のようなものと考えてよろしい。その上にこの筆を持った形を加える。これが書という字です。文様を書きますときに、ぶんまわしなどを使うことがあります。聿と⌘、⌘はぶんまわし、畫（画）の下の方にある田は方形の盾《たて》です。盾にぶんまわしで区画して文様を描く。これが畫

です。画とは、盾の文様をいう。お土居を築いてそこに祝詞を呪符として納める、ここに呪文が書いてある。法を犯すものはどうするぞというふうな呪いの言葉が書いてある。それが書です。書・画というのは、本来ははじめから今の書とか絵を意味したものではなく、文字の起源からいいますと、そういう社会生活、部族生活の中で呪符や部族の文様として生まれてきた。それが段々、そういう現場から離れ、抽象化されて、書・画というような文雅の世界になってゆく。しかしそれは余程後のことになるのです。

それから六書につきまして、象形というのは、これは形をそのまま書くわけですからね。象ならば象をそのまま書く。この鼻先に手を加えてね、ひき廻して重いものを運ばせたりする。これが為という字です。「説文」には為は猿の形であると書いてありますが、そうではありません。大きな工事や建築物を作りますときに、土木作業をする、そういうときに象を使った。象形というのは、形そのままでありますから、大体分かりますね。

指事というのは、分かりにくいんですが、先に述べた上・下という字、あれははたして指事といえるかどうか知らんが、要するに指事というのは場所的な、あるいは状態的な関係、こういうふうなものは、文字であらわしにくいわけです。だから「説文」によりますと、先に言いましたように、上下はこの水平の線より上の方が上、下の方が下という、指事の関係ということになります。本当は上は手のひらの上、下は

手のひらの下でありますから、指事といえるかどうかちょっと分かりませんけれどもね、一応は指事的な関係である。つまり場所を示す。また数量的な関係を示す、一・二・十、あるいは状態を示す彡《さん》のようなものですね、これなんかはいわば指事的な用法に近いということがいえるかと思います。

会意は象形字を合わせたわけですから、「保」(『文字講話』Ⅲ、二〇五頁)という字とか「安」(『文字講話』Ⅰ、七六頁)という字とか、すでに以前の講話でお話したことがありますので、大体ご理解いただけるかと思います。

形声は音で示す。神社の神・社、これは形声字ということになっております。ただしかし、こっちの申・土は本来はこれが神・社のもとの象形文字であって、その字に意味がありましたからね、だからこれは亦声《えきせい》であるということになるかと思います。要するに象形、指事、会意、これは大体に分かりやすい。それから形声というのも音を示すわけでありますから、これも大体分かりやすい。分かりにくいのは転注・仮借であります。これは一体何か。

仮借というのは、本来あらわしようのない場合、他の字の音でこれを借りてあらわす。たとえば「この」という指示代名詞ですね。これはあらわしようがない。之は一応㞢であらわす。これは足です。足の跡、一定の場所、一定の地点できちんと止まる。もとはゆく(之)という字、これを「この」という代名詞に使う。音を借りて使う。だから仮借。音を借りて使うから仮借であります。大体代名詞なんかは、

本来はみな仮借であります。彼という字でも、旁はこれは皮ですからね。皮は獣の皮をぎゅうっと引っ張って、引きはがして取る形です。これが皮という字になる。その皮という音を使って彼をあらわす。彼という代名詞の場合に、皮は何の関係もありませんけれども、音だけを使う。波は水の漂うておる形でありますから、皮を剝ぎとったうわづらという意味があり、一応そういう状態を示したのでこれは形声でありますが、「かの」「彼」というふうな代名詞に使う場合には、意味的な関係ではありませんからね、また彼という第三者的な人称は、音で示す以外に方法がありません。本来その字ではないが、その字の音だけを借りて使います。今は栓《せん》の形、昔は腊《ほしにく》の形で、これを時の意味に使うのは仮借の用法です。

転注というのが実はよく分かりませんので、今までに転注についての説は随分たくさんございます。けれども、どうにももう一つ納得のいかないむずかしい問題がある。この転注について、〔資料5〕に狩谷棭斎の転注説をあげておきました。これがわが国の文字学の上では大変詳しい説でありますから、一応紹介をする意味であげたのですが、私が棭斎の説に賛成しておるわけではないのです。これは「説文」に転注の説明を「考老是也」と書いている。それで転注説はみな「考老是也」によって、おそらく上の部分耂（老人の形）が、一貫してこの関係の文字の意味を規定するという、どうもそういうことらしいんですね。棭斎の言うのは、この「考老是也」というような、具体的な例をあげておる言い方は、本来の「説文」にはなかったはずである。他のいろんな文献で〔説文〕が引用される場合に、そういう言葉は入っておらん。他の人の文献の中に出てくるものであるから、これは後の人がつけ加えたものであるという、そういう考証をしているのです。

〖資料5〗狩谷棭斎〔転注説〕（〔狩谷棭斎全集〕第三巻所収、日本古典全集本）

六書ノ説指事象形會意形聲假借ノ五ハ古人ノ説ク所異説無シ。轉注ノ一ツ人々同ジカラズシテ聚リ訟ルガ如シ（説文序ニ「考老是也」トアレドモ、老ハ「从人毛匕」ニ體會意ノ字、考ハ「从老省丂《かう》聲」ナレバ形聲字ナルヿ各字ノ下ニ釋シタレバ、序ニ云フ所ト合ハザルニヨリテ説ヽノ生ゼシナリ）。今攷ルニ其説皆據ルベカラズ。愚謂《おもへ》ラク、轉注ノ義ヲ説ンニハ先ヅ説文ノ序ニ後人ノ羼入《せんにふ》アルヲ沙汰シ删《けづ》リ去テ、許愼ノ舊ニ復スルニ非レバ、其正義ヲ得ルヿ能ハズ。其羼入セシ文ハ、「一曰指事」ノ下ナル「指事者、視而可識、察而可見、上下是也」ト云フ十五字、マタ「二曰象形」以下ノ下ナル十五字、皆皆後人ノ羼入ナリ。是レヲ羼入ト知ル故ハ、後魏書ノ江式ガ傳ニ、其著セル「論書表」ヿ載セテ、歴代ノ書ノ沿革ヲ論ゼシニ、庖犠氏ノ八卦ヲ畫シ神農氏ノ縄ヲ結ビ、倉頡ガ初メテ書契ヲ作リシヨリ、漢ノ代ニ至ルマデノコトハ、皆説文ノ序ト全く同ジクシテ、一モ増減スルコト無ク、次序モ改ムルコト無ケレバ、説文ノ序ニヨリシコト知ルベシ。然ルニ「論書表」ニハ「周禮八歳入小學、保氏教國子、先以六書、一曰指事、二曰象形、三曰諧聲、四曰會意、五曰轉注、六曰假借云云」トアリテ、所謂十五字ハ皆有ルコト無シ。是レ江式ガ見タリシ説文ノ序ニハ、イマダ後人ノ羼入無カリシヲ證スベシ。又序ノ後ノ文ニ

「漢興有艸書尉律」トアル艸書ノ二字、又王莽ガ時ノ六體ノ書ヲ云ヒシ「三曰篆書、即小篆」ノ下ナル「秦始皇帝使下杜人程邈《ていばく》所作也」ト云フ十三字モ、「論書表」ニハ無シ。艸書ノコト、序中前後ニ云ハザルヲ、ココニ突然ト云フベキニ非ズ。小篆ハ序ノ前文ニ李斯ガ作リタルコトヲ云ヒタレバ、此ニ至リテ「程邈所作也」ト云フベキニ非ズ。然レバ、是等モ江式ガ見タリシ本ニハ無クテ正シカリシヲ、後人ノ羼入シタルナリ。
是ヲ何ニヨリテ羼入シタラント思ヒシニ、「上下是也、日月是也、江河是也、武信是也、考老是也、令長是也」ト云フコト、「漢興有艸書」ト云フコト、「下杜人程邈、爲衙吏得罪、始皇幽繫雲陽十年、從獄中作大篆、少者增益、多者損減、方者使員、員者使方、奏之始皇、始皇善之、出爲御史、使定書」ト云フコト、皆晉書衞恆ガ傳ニ載セシ四體書勢ニ出デタリ。然ラバ此羼入ハ、後人四體書勢ニ由リテ書キ加ヘシモノナリ。又「指事者、視而可識、察而可見云云」ノ語ハ、顏師古モ此ノ如ク云ヒテ漢書藝文ヲ注セリ。若シ說文序ニ此文アラバ、顏師古必ズ之ヲ引クベキニ、出典ヲ云ハザレバ、顏氏ガ見タリシ說文ニハ此等ノ文無カリシト思ハルレバ、是レモ後人ノ羼入ナルコト知ルベシ（但シ此六書ヲ說キタル語、何ニ出デタルカ、顏師古モ此說ヲ用ヒ、廣韻ノ卷末ニモ載セタレバ、唐宋ノ閒專行ハレシ說ト見エタリ）。然ラバ轉注ヲ「考老是也」ト云ヒシハ衞恆ガ謬說《びゅうせつ》ニテ、「視而可識、察而可見」等ノ語モ許愼ガ言ニ非ズ。如此ク改正シテ、考老ノ說、「建類一首、同意相受」ノ語ヲ刪《けず》ラバ、六書ノ義始メテ說クコトヲ得ベシ。

狩谷棭斎は考証学者としては立派な人でありまして、「和名抄《わみょうしょう》」の考証などもして

います。その［箋注］は字書的な注釈としては、白眉の書であると大変評価の高い学者です。考証学者としては大変すぐれた人ですけれども、「考老是也」は本来［説文］になかったという証明をした場合、それでは本当はどうかという説明がなければ、新しい提説にならんのです。棭斎は非常に綿密な考証をやって、これは本来なかったものであろうという証明をしているけれども、私は別に本来あっても一向差し支えがなかろうと考えております。ただ転注というものをどういうふうに考えるか。「考老是也」という場合に、この老という形のものが、その部に一貫して文字の意味を規定する。それが転注ということであるらしい。それならば、私はこういう部首の字を用いるのではあまり意味がないと思う。部首の字はみなそういう関係をもちますからね。五百四十部あるその部の字が、全部転注字になるのか、そうすると文字の大部分が転注の字ということになってしまう。だから私はむしろ部首にあらわれないもので、一定の文字に通じて用いられるというようなものに、そういうふうな転注という関係があるんではないかと思う。

たとえば侖《りん》という字、車をつけると輪。両方に相対して一つの機能をもつ、一つの組織されたものを侖という。そうしますと人間の関係は人倫、風で波立ち続くのを淪、糸を二本撚りあわせたものを綸という。そのように侖のつくものは大体同じ意味をもつ。同じ音で同じ意味をもつものとして、すべての字に貫通する、そういうものを転注ということができるのではないか。

耜

台

卣◉ ◎

たとえば、田をすく時の耜《すき》。その下に祝詞の器の𠙵《さい》をつけて台《い》。農作業を始めますときに、耜を供えてお祀りをして、よき収穫が得られますようにとお祈りをするわけであります。だからそういうお祈りをして神様のお思召しに叶うならば、これは怡《よろこ》ぶという字になる。もし人に何かおくるときは紿《い》、詒《い》。詒はおくるというのが多分本来の意味であろうと思いますが、のちに「あざむく」という訓み方もしますね。そうするとあるいは贈賄ということであるかもしれん。人にものを贈るような場合、好意のときもあるし、何か下心があるという場合もあるかもしれませんね。またこれですっかり心が休まるという場合、下に心をつけますと怠。大体この台の字がイというような音、あるいは同系統の音でこの関係の字が作られる。これもやはり「考老是也」というのと同じように、同じ字形がこの一群の文字を貫いて、同じような声義で使われておるということがいえるかと思いますね。

もう一つ、あまり字原の分からん字を一つお話しておこうと思います。それは理由の由という字です。由声の字は油・宙など二十字ほどありますが、由の字は［説文］にありません。なぜないのかよく分かりませんが、とにかく［説文］にないんです。それでなぜこれがユウという音であるのかですね、その理由も分からんのです。油・抽・紬なども、その声義の関係がよく分からんのです。この由のもとの字は、私は卣《ゆう》という字だろうと思います。、瓢簞のようにぶらさがっているもので、後の青銅器の卣のもとの字です。青銅器の卣は、もとは瓢簞のようなこの形の瓜を乾かしまして、中の肉を抜き、お酒を入れる道具に使いました。瓢簞の実は放っておきますと、中の実が熟してどろどろになります。そのどろどろになった状態が油です。中が抜けて空っぽになりますと中空の状態で宙、楽器としては笛、扌（手）をつけて抽、また紬、中空のところが軸となる。大体この形のつく字の意味が、従来は解釈できなかった。なぜ由がつくのか、そして由が本来どういうものか、解釈ができなかったために、この関係の字が殆んど説明ができておらんのです。しかし、これが瓢の中の実が熟して、中が融けて油のようになり、それを抜き去った後が中空で宙である。その抜き出す作業が抽というふうに、このもとの字が分かりますと、その関係の字は殆んどみな分かってくるのです。これが転注ではないか。〔説文〕にない字ですから、一つあげておきました。

〔説文〕の字形の解釈につきまして、清朝の考証学においては文字学を小学といい、説文をその第一の書とする。また段玉裁の注を、その第一とするというので、段注は大変権威のあるものと考えられるようになりました。しかし〔説文〕が作られましてからのち、三国・六朝の時代になりますと、皆詩を作ったりするのに韻書を使うのです。だから〔説文〕も、この「起一終亥」というような天人合一を表現する形式のものではなくて、全部韻書の形式にかえられてしまうのです。それで〔説文〕の本来の形はなくなってしまうわけですね。つまり〔説文〕的な構成と、その権威とは、その後失われていたというわけです。

そうしますと、文字は中国の知識人にとっては、いうならば生命線ですから、文字についての彼らの思索がまたいろいろに働く。たとえば宋の時代、北宋末の鄭樵《ていしょう》という学者の書いた「通志」二百巻、これまでの断代史の歴史を通史に書き改めまして、非常に膨大な編纂物を作りました。その中に略という部分が二十あります。「通志二十略」、あるいは「通志略」といいますが、文化史などの問題史には「七略」といい、文字学には「六書略」という。文字の構造法を彼は「説文」とは別の体系で書こうとした。この宋の時代は、唐末の中世的な勢力、いわゆる藩鎮の勢力、日本でいうならば武士社会のような勢力ですね、それが五代になると滅びてしまいまして、宋の時代にはちょうど江戸時代の元禄期のような、非常に開明の時代を迎える。一種のルネッサンスの時代であったといえるかと思います。あらゆる学問が新しくなった。朱熹《しゅき》（朱子）のようなああいう新儒学が成立したのもその時代です。それから新しい科学的な思考、沈括《しんかつ》の「夢渓筆談」などには数学や天文学などの自然科学の知識も記されている。そういうふうな開明の時代であったので、文字学もいくらか百科全書的な編集法というようなものにかかわるのです。

〔資料6〕に「通志」の二十略の一つ「六書略」の一部をあげておきました。大体は天地の部とか山川の部とか、あるいは草木の部に分類する。ここに草木の部をあげておきましたが、草木の形の字四十五字、こういうふうに、いわば百科全書的な編集法をとって、従来のような一種の世界観をもった文字学にかかわる新しい文字学、あら

〔資料6〕鄭樵「六書略」象形第一艸木之形

艸木之形

ゆるものを全部一度［説文］から解きはずして、組織しなおすというような学問が起こった。字形の解釈にも新しい学問の傾向を反映するものがあります。［六書略］の「草木の形」の最初の方を見てみましょう。

出　隷《れい》は之《し》に作る。今芝《し》に作る。
芝《しば》の地より出づるに象《かたど》るなり。

これは先に書きました之《ゆく》、㞢ですね。これが隷体の字になりますと之になる。それでこれは草ののびてゆく形であるという説明をしているのです。しかし之は草がゆくのではなしに、足ゆびの形㞢で「之《ゆ》く」と読みます。「之く」という読み方は、この文字の本来の形から出ています。踵《きびす》を強く踏んで、ぐうっと踏み出すときには、出という字になる。

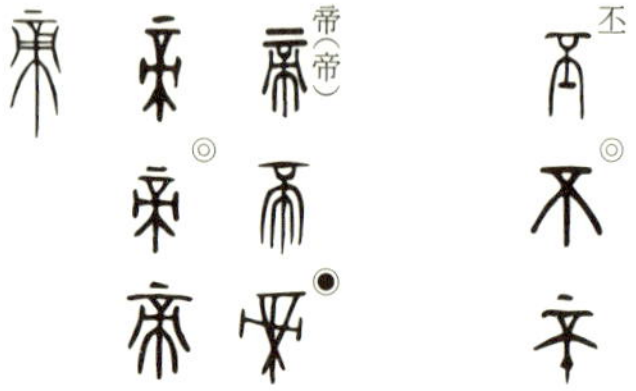

出という字は、普通は山を重ねた字であるといいますね。だから新村先生は名は出《いづる》、号は重山《ちょうざん》、出は山を重ねた字と思われたんですが、実は踵を強く踏み出す、出かけるという字で、山はどこにもないのです。

次に丕《ひ》（おおいに）という字。これは花の萼柎《がくふ》の形で、不という字ですが、そこに実がついて大きくなると丕という字になる。それがもっと大きくなると否、実が剖《さ》けると音《ほう》というふうに、段々成熟した形になりますが、要するにこれは草木のしべのところに実を結ぼうとする形です。

次に帝《てい》、「帝は華蔕《くわたい》の形に象るなり」とあります。花の萼《うてな》のところを蔕というのですが、しかし帝という字の本来の字は、こういう字です。お祀りをしますときに、祭壇を設けます。亍（示）はその祭壇です。亍、台の左右につっかいをします。示、上にあるのはお供え物です。ところがお供えをたくさんする場合には、こんな小さな台では間にあわない。それで大きな台にします。大きな台にしますと安定しませんから、さらに斜めに木をわたし、それを締める。締めるという字がありますね。このように腰のところを締めて、大きなテーブルを作る。これでお祀りをします。これは華蔕の形どころではない。大事な一番尊い天の神を祀る祭卓です。だから帝となる。この帝をお祀りするものはその権利・資格のある、王朝の系統の者である。帝に祝詞をそえてお祀りをいたします。この啻を後の字に直しますと啇《てき》という字になる。帝をお祀りするのは、この帝の直系の子孫であり、嫡孫である。天帝の嫡々たる子孫であるというので、この嫡という字になる。こういう関連の字はたくさんございますから、それで帝という字は決して華蔕の形というようなものではない。ただこの［六書略］の文字の解釈の仕方は、［説文］から離れようとして、何か自由な発想のもとに、新しい解釈をしてゆくという、まことに清新な気象をもった文字学である。この［六書略］をご覧になりますと、そういうこの時代の気象というものが、反映されていることがお分かりになるかと思います。

〖資料7〗戴侗［六書故］

妻　千西の切。夫の正室を妻と曰ふ（說文に曰く、婦は夫と齊しき者なり。女に从ひ中《てつ》に从ひ、又（手）の事を持するに从ふ。妻の職なり。古文、按ずるに鐘鼎の文、妻は斉に从ふ。蓋し齊の聲なり）。女を以て人に妻《めあは》すを妻と曰ふ。去聲。卷九、人一

衞　于《う》劌《けい》の切。護りて行くなり、易（大畜、九三）に曰く、日に輿衞に閑《なら》ふと（說文に曰く、宿衞なりと。唐本に、行に从ひ韋に从ふと。徐本に、韋に从ひ、帀《さう》に从ひ行に从ふ。行列して衞るなりと）。用て國名と爲す。卷一六、人九

笑　私妙の切。借りて笑樂の笑と爲す（孫愐曰く、說文に竹に从ひ犬に从ふ。嘉（喜ぶ）なりと。今說文に此の字無し。李陽冰曰く、竹、風を得て夭嬌《えうけう》す。人の笑ふが如しと。按ずるに陽冰の說、鑿《さく》にして通ぜず。笑には當に自ら本義有るべし。而して今は之を亡ふ。喜笑の笑は、特《ただ》假借するのみ。漢書（敘傳上）に談关《せう》して大いに噱《わら》ふと。（顏）師古曰く、关は古の笑の字なりと、また咲に作る。犬に从ふは亦た義無しと。卷二三、植物三

〔資料7〕に戴侗《たいどう》の〔六書故《りくしょこ》〕をあげておきました。これは宋末元初の時代の人であります。元は異民族の治めておったという時代でありますので、やはり何か伝統というものが軽んぜられて、新しい方向が求められるというような時代でありました。そういう意味で、新しい学問が芽生えるというような社会的条件もございましたから、戴侗の〔六書故〕にも従来の〔説文〕の解釈に見られないような説明が出てまいります。ここに二、三あげておきましたが、妻の字説には鐘鼎文、すなわち金文を引用しています。また護衛の韋の形、韋の上にありますのが左向きの足、その下に城郭の口の形、その下にまた右向きの足。つまり城郭をめぐって守る。だから全体をさらに囲みますと圍、囲むという字になるのです。また韋に辵《しんにゅう》をつけますと、違《たが》うという字になる。両方に亍をつけますと、衛《まも》るという字になる。〔説文〕には韋に従うとか、帀《そう》に従うとか書いていますが、字の全体は邑をめぐるという意味です。

宋や元という時代は、ある程度新しい風潮が生まれて、新しい文字学が生まれる機運があった。ただしかし、明の時代になりますと、明の時代は創造性の乏しい時期で、文字学でも信ずるに足るものは一つもないといわれるほど、平凡な時代です。みんな思い思いの勝手なことをしておりましたから、明代の学術は最も実証性の乏しい、荒んだ学問であったといわれている。思想では唯心論が盛んであった。だから清朝になりますと、今度はあくまでも実証的に、いわゆる考証学という学問が起こった。そういういくらか保守的な傾向の中で［説文解字］が文字学のバイブルにまでまつりあげられて、今日に至るまで説文学はなお容易に解体できないという状態になっている。これは中国の伝統の中では容易に解体ができませんので、私のような異国の者なら、自由に現代の学術を応用して、文字学の再編を図ることができるのです。

［資料8］周伯琦［説文字原］

方　矩なり、刀は方（方正）を取る所以なり。故に刀に从ふ。會意、乚《いん》の方形に象るに从ふ。分房の切。又、板なり、併船なり。聲を借るなり。

夲《たう》　進み趣《おもむ》くなり。夫人に从ふなり。十に从ふは、人の脛《すね》を進むるの形に象る。會意。它《た》刀《たう》の切。奏の字、皋《かう》の字、暴の字、皆此に从ふ。

告　言を以て人に啓示するなり。古《いにしへ》は廟に牲を用ふ。牛に从ふは牲なり。口に从ふは祝詞なり。會意、姑沃《こよく》の切。

力　肘を反して力を致すなり。反手に从ふ。轉注。六直の切。古款識《こくわんし》の文、此《かく》の如し。凡そ治功を力と曰ふ。舊注に筋の形に象ると。

辛　木の柴《しば》なり。木干《かわ》きて、其の支葉を去るに从ふ。上は則ち之を横疊《わうでふ》す。象形。斯人の切。言・亲等の字、皆此の聲に从ふ。聲に因りて、借りて庚辛の字と為す。古鼎彝《こていい》の款識、皆此に作る。小篆は一畫を下に增し、以て書讀に便す。其の實は一字なり。既に此を借りて庚辛の字と為す。また借りて辛苦の字と為す。後人、復《ま》た薪の字を制《つく》りて、以て之に別《わか》つ。説文其の旨に達せず、乃ち此の字を訓して愆《あやまち》と為し、辛を訓じて辠《つみ》を受くと爲す。強鑿《きやうさく》なること甚し。一に曰く、此の字亦た聲の轉ずるに因りて、借りて愆《えん》の字と爲し、辠《つみ》と訓ずるなりと。亦た通ず。

〔資料8〕に元末の周伯琦《しゆうはつき》という人の字説を、少しあげておきました。その後の新しい文字学の傾向を、いくらかお話しようと思って出したのですが、一つ大変注目すべき説がありますので、その例としてあげておきました。三番目の字、告（告）という字をご覧ください。「告《こく》は言《げん》を以て人に啓示するなり。古《いにしへ》は廟《べう》に牲《せい》を用《もち》ふ。牛《うし》に从《したが》ふは牲《せい》なり。口《くち》に从ふは祝詞《のりと》なり」というております。口を祝詞という解釈をしたのは、古今を通じておそらくこの人の、この説がはじめてではないかと思います。しかしこの人のこの説が、口の形の全体に及ぼされておるかというと、そうではないのですね。この文字の解釈に関してこういう解釈がなされているけれども、それはこの字についてそういう解釈がなされているだけなのです。もし周伯琦が私と同じように、古代文字の体系というものを古代社会に即して考えようとするならば、いわゆる載書関係の文字の解釈は、この時点でできておったはずですね。しかし彼がそういう解釈に至っていなかったことは、たとえば一番最後の辛《しん》という字のところに、「木の柴なり」などと書いています。これは木の柴などではなくて、入墨をするときの辛《はり》であって、この辛を𠙵《さい》の上に置くことが言であるという、こういう説明ができなければならんはずです。周伯琦は、口が祝詞であるという確たる理解に達していなかったために、他の関係の字形ではすべてその解釈を誤っているのです。

〖資料9〗段玉裁［説文解字注］

弌《いち》字條　此の書は後王に法《のっと》り、漢制を尊ぶ。小篆を以て質と爲し、兼ねて古文、籀文《ちゅうぶん》を録す。所謂《いはゆる》「今篆文を敍し、合するに古・籀を以てするなり」。小篆の古・籀に於ける、或いは之に仍《よ》り、或いは之を省改す。仍る者は十の八九、省改する者は十の一二のみ。仍るものは則ち小篆、皆古・籀なり。故に更《あらた》めて古・籀を出ださず、省改するものは則ち古・籀、小篆に非ざるなり。故に更めて之を出す。

元字條　凡そ篆の一字、先ず其の義を訓す。「(元は)始なり」、「(天は)顚《てん》なり」の若き、是なり。次に其の形を釋す。「某に从ひ某の聲なり」の若き、是なり。次に其の音を釋す。「某の聲」及び「讀みて某の若くす」の若き、是なり。三者を合して以て一篆を完うす。故に曰く、形の書なりと。

一部末文　凡そ部の先後は、形の相近きを以て次と爲し、凡そ毎部中の字の先後は、義の相引くを以て次と爲す。

吏字條　凡そ「亦聲」と言ふ者は、會意にして形聲を兼ぬるなり。

茁《しゅつ》字條　會意と言ふは、以て形聲を包《か》ぬるなり。

𥜹《ぜい》字條　凡そ「讀若」と言ふ者は、皆其の音に擬《ぎ》するなり。凡そ傳注に「讀みて爲す」と言ふ者は、皆其の字を易《か》ふるなり。經に注するに、必ず茲《こ》の二者を兼ぬ。故に「讀みて爲す」有り。「讀みて若くす」有り。

鹵《ろ》字條　凡そ既に某に从ひ、又其の形に象る（といふは）、之を合體の象形と謂ふ。字を成さざるもの多し。其の字を成す者は、則ち會意なり。
天字條　凡そ會意は、二字を合して以て語を成す。一大（天）・人言（信）・止戈（武）の如き、皆是なり。

それから『資料9』の〔段注〕、段玉裁の説ですね。これは、〔説文〕の体系のたて方がどういうものであるのかを、大変慎重に吟味して書いてあるのですね。だから、たとえば許慎がなぜもっと古い字形などを対象としなかったのか。それは「この書は後王《こうわう》に法《のっと》り、漢制を尊ぶ」という、後王思想がありましてね。中国の場合、古い時代の聖王を主とするか、現代の公的な権威である王のもとに成立した規範を本旨とするか、こういう二つの思想があるんです。それで、段玉裁はこの場合、〔説文〕を書きました許慎が後王主義をとって、特に意識的に篆の字を正書としたということを言っておるのです。大体この時代に籀書　ちゅうしょはもっとあったはずです。秦の籀書は残っていたはずです。いわゆる古・籀・篆というような形で残っていたはずですから、そういう資料はあったはずですけれども、〔説文〕の中には大体篆字を正字として、籀書がときどき参考として使われるというやり方です。これは許慎が後王主義をとったからであるという、そういう言い方をしている。ところがこれはどうも、彼自らが、自己弁解をしているのではないかと思う。なぜかといいますと、段玉裁の時代にすでに金文の書はあるのです。宋刻の〔考古図〕などをはじめ、清朝の王室が編纂

彝

をしました「西清古鑑」、その甲乙続編、そういうようなものが皆作られているのです。阮元《げんげん》の「積古斎鐘鼎彝器款識」のような考釈の書物なんかも出ておるのです。段玉裁はそれを知らないはずはない。ところが段玉裁の「説文解字注」の中に、蘄《き》字の一条を例外として金文の資料は使っておりません。私は彼が故意に使わなかったのではないかと思う。もし使うとすれば、「説文」の体系は崩れるのです。金文の字で考えますと、「説文」の説明が合わんというところがたくさん出てくる。「説文」を聖典として扱う以上、これに反するような資料を彼は使うわけにはいかん。知らなかったはずはないのです。ただそれを彼の文字学のなかに入れると、おそらく「説文」の体系は成り立たなかったであろうと思いますね。「天地人三才を貫くものは王である」というが、金文では、こんな字が書いてあって、これは鉞の刃部の形ですからね、この両者を調整しながら解説することは不可能であろう。だから段玉裁は意識的に後王主義を掲げ、許慎がそうであった、私もそうだといって、そういうやり方をしたのだろうと思います。金文から申しますとね、こんな解釈があり得るか、というようないろんなことがある。たとえば宝障彝《ほうそんい》という場合の、あの彝という字ですが、「説文」では糸の部に入れておったと思います。字の中ほどを米と糸に分けている。実はこれは鶏を羽交い絞めにして血を吐かせて、出来上がった青銅器にその血を塗りこんで清めの儀式をやる、それが彝です。それを「段注」は彑《けい》は豕の頭、「糸・米・廾に从ひて、鳥獣の形を畫くに象る」と、こういう説明をしております。彝という字は宋刻の

金文にも多く出てきますから、そんな形ではないことはすぐ分かるのです。だから彼は、許慎がとった後王主義を、自分もその主義でいくという、そういう説明をしたのだと思います。

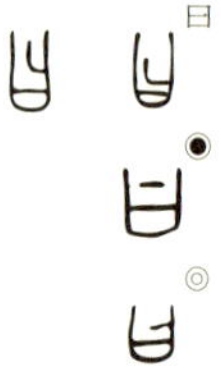

【資料10】羅振玉『殷虚書契考釈』巻中

不　花の不（萼不）の形に象る。花不を不の本誼と爲す。許君訓じて「鳥飛びて下り來らず」と爲すは、其の旨を失へり。

彝　説文解字に、彝　宗廟の常器なり。糸に从ふ。糸は綦《き》（綺、かざり糸）、廾《きょう》は持《ぢ》するなり。米は器中の實《じつ》なり。彑《けい》聲、古文の彝二形あり。卜辭中の彝の字、兩手もて雞を持つに象る。古金文と同じ。其の誼は則ち知るべからず。

族　㫃《えん》（旗）に从ひ、矢に从ふ。軍旂（旗）の下は、矢の集る所なり。

若　説文解字に、若は菜を擇《えら》ぶなりと。又、諾《だく》譍《おう》するなり。言に从ひ若の聲なりと。按ずるに卜辭の諸若字は、人の手を擧げ足を跽《ひざまづ》くに象る。乃ち諾するの時、巽順《そんじゅん》するの狀に象るなり。古、諾と若と一字と爲す。故に若字は訓じて順と爲す。古金文の若字、此と略《ほぼ》同じ。菜を擇ぶの誼は、其の朔《はじめ》に非ず。

曰　説文解字に、曰は詞なり、口に从ひ、乙の聲なり。亦た口の氣を出すに象るなりと。卜辭は一に从ひて、乙に作らず。散氏盤（周の金文）にも亦た曰に作る。晩周の禮器には、乃ち口より气を出だすの形に象る者あり。

各　説文解字に、各々辭を異にするなり。口夊《すい》に从ふ。夊なる者は、行かんとして之を止むるもの有り、相聴《ゆる》さざるなりと。按ずるに各の夊に从ふは、足の形外より至るに象る。口に从ふは、自ら名いふなり。此を來格（きたる）の本字と爲す。

次に近代の文字学を開いた羅振玉、〔資料10〕にあげましたが、この人は甲骨文をはじめて整理して紹介し、字書も作るというふうに、はじめから甲骨文の研究にも関与した人ですから、甲骨文を見て「説文」の考え方を改めております。たとえば不という字、花、蕚柎《がくふ》の柎の形ですね。花びらの下についているあの台のところですね。あの不の形に象るというふうに、明確にこれは象形文字だという言い方をしていますね。また彝という字、「糸に从ふ。糸は綦《き》なり。廾《きょう》は持《じ》するなり。米は器中の實《じつ》なり」と「説文」に書いてありますね。彑《けい》の聲、古文の彝には二つの形がありますが意象不明、卜辞中の彝の字は両手で鶏を持つ形に象る。羅振玉ははっきりと、彝は鶏を羽交い絞めにしている形と書いておるんです。しかし「古金文と同じ。其の誼は則ち知るべからず」、どういう意味かは分からないという。羅振玉は、さすがに金文の字を見ていて、「説文」の字形の解釈は違う、鶏を羽交い絞めにしている形だというのですね。しかし何故鶏を羽交い絞めにしているのか、その意味が分からなかったわけです。

昔はものができあがりますと、犠牲の血でこれを清めるということをします。たとえばお城の城門なんかができあがりますと、牛を殺してその血でこれを清める。「孟子」の梁恵王上に、斉の宣王が御殿から町を見ていると、牛がいかにも物怖じしなが

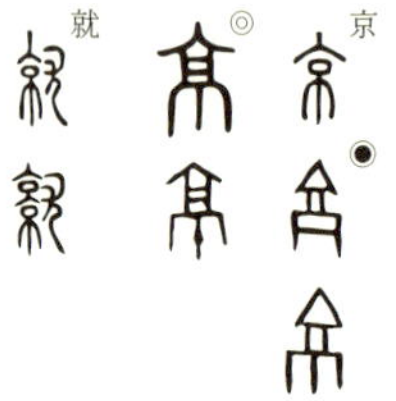

ら觳觫《こくそく》として往くのがみえた。それで家来の者に、あの牛はどこへ行くのかと尋ねた。するとあの牛はやがて犠牲として殺されるために連れていかれるのですというと、宣王がいかにも「觳觫として罪無くして」曳かれていくのは見るに忍びないから、羊に易えよというようなことをいう。孟子が、羊を以て牛にかえても同じことではないかと批評している。そういうように、当時は城門などができたときには、そこで犠牲の血を塗って清める。たとえば京都の羅城門のようなところ、これは京という字ですね、はアーチ門になっている通用門です。そこに犬を書く。これ成就の就です。仕上がったということ。これは犬を殺してその血を城門に塗る、あるいは犬を埋めるというようなことをするのです。

このように羅振玉の解釈は、余程金文の字形に近づいているけれども、それには古代学的な、また民俗学など事実を解釈するのに必要な基礎的な知識というものの用意が必要なのですが、この時代にはまだその用意がなかった。それで正しい解釈ができなかったということであります。

【資料11】高田忠周〔古籀篇〕

且　且乙鼎、筠清館《いんせい》、按ずるに、且字に古二有り。三代の末、已に混じて分別せず。今細《つまびら》かに審《かんが》ふるに、一は古文の祖の字、一は古文の俎の字なり。且祖は古今の字、且俎も亦た古今の字なり。説文の祖字の解に曰く、「始廟なり。示に从ひ、且聲《そ》なり」と。

且

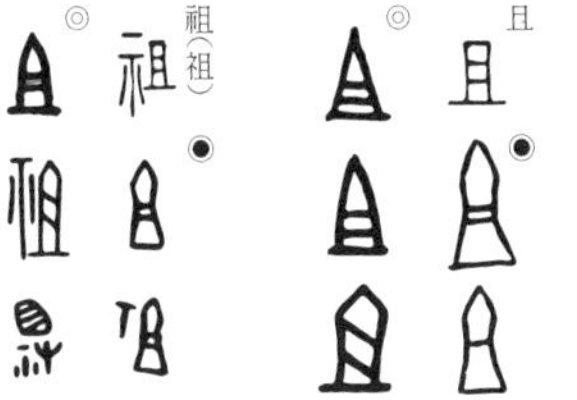

祖（祖）

始廟なる者は、實に且字の義なり。且は一に从ふ。一なる者は地なり。は以て廟に象る。最古の屋宇の形、當《まさ》に此の如くならんのみ。今、埃及國《エジプト》の圭形碑（ピラミッド）、正に此の字形と合ふ、證すべきなり。愚因りて謂《おも》へらく、文字の根元は、必ず當に一途に歸せんのみと。又說文（一四下）の且字の解に曰く、薦《すす》むる（所以）なり。几（机）に从ひ、足に二横有り。一は其の下地なりと。所謂尊祖《そんそ》の俎、是なり。而して俎（一四上）下に又曰く、禮俎なり。半肉の且上に在るに从ふと。薦むるなりとは禮俎なり。意義實に異ならざるなり。要は中古に籒篆起り、古文漸く壞《やぶ》る。漢儒識らず、兩字を合して一字と爲し、此の解を以て彼の字に附し、遂に意を見るべからざるに至る。今分かちて兩字と爲す。但《た》だ古音相通じ、兩字假借して、通用すること妨げざるのみ。巻一

王　父丁彝、吳大澂云ふ、王字の古文、火に从ふ。二を地と爲す、地中に火有り、其の氣盛なるなり。火の盛んなるを王と曰ひ、德の盛なるをも亦た王と曰ふ。按ずるに、吳の說は穿《せん》に過ぐ。取るに足らざるなり。然れども許の說も亦た固《もと》より是に非ず。今沈思細考するに、王字は工に从ひ、數を紀すの三に从はず。二を以て天地と爲し、丨《こん》を人と爲す。故に人の尊重すべき者は、人に从はずして工に从ふ。巫字・壬字、是なり。況《いは》んや王字、固り當に工に从ふべきこと、至理と爲す。巻八

わが国で一番大きな字原の字書を書きましたのは、高田忠周の『古籒篇《こちゅうへん》』、全部で百巻。すべて漢文で書いてございます。

〔資料11〕にその一例をあげておきましたが、且《そ》、先祖の祖という字ですね。「且

宜

は以て廟に象る。最古の屋宇の形」、一番古い家の形であるというのですが、実はそんな建物のような形ではなくて、この形は高くて丸味がありますね。、こんな形になっている。それで真ん中に線をひいてここへ肉を置く。肉を置いた場合には宜《ぎ》。宜は肴《さかな》です。ご馳走という意味ですね。［詩経］にこの字の使い方がありますが、これは俎《まないた》の上に、肉切れを置いた形です。そういうことで、やはり字形の解釈がいくらか疎《おろそ》かです。

最後に［説文］の字説をあげておきましたが、時間がなくなりました。走りながらまいりましょう。

一 一上 惟《こ》れ初め太極、道は一に立つ。天地を造分し、萬物を化成す。凡そ一の屬は、皆一に从ふ。、古文の一なり。段注本

元 一上 始なり。一に从ひ、兀《こつ》に从ふ。

天 一上 顚《てん》なり。至高にして上無し。一と大に从ふ。

丕 一上 大いなり。一に从ひ、不の聲なり。

吏 一上 人を治むる者なり、一に从ひ、史に从ふ。史は亦た聲なり。

上 一上 高きなり。此れ古文の上、指事なり。凡そ上の屬は皆上に从ふ。、篆文の上なり。

帝 一上 諦《てい》（あきらかにする）なり。天下に王たるの號なり。二（上）に从ひ、朿《せき》の聲なり。、古文の帝なり。古文、諸《もろもろ》の丄（上）の字、皆一に从ひ、篆文は

皆二に从ふ。二は古文の上の字なり。辛・示・辰・龍・童・音・章は、皆古文の上に从ふ。

旁一上　溥《ひろ》きなり。二（上）に从ひ、闕《けつ》、方の聲なり。、古文の旁なり。、亦た古文の旁なり。、籒文なり。

小二上　物の微なるなり。八に从ふ。丨《こん》（わずか）に見《あらは》れて八は之を分つ。凡そ小の屬は皆小に从ふ。小徐本

少二上　多からざるなり。小に从ひ、丿《へつ》の聲なり。

悉二上　詳盡するなり。心と釆《べん》に从ふ。、古文の悉なり。段注本

釋二上　解くなり。釆《べん》に从ふ。釆は其の分別をすることを取り、睪《えき》の聲に从ふ。段注本

古三上　故なり。十口に从ふ。前言を識《しる》す者なり。凡そ古の屬は皆古に从ふ。

言三上　直言を言と曰ひ、論難を語と曰ふ。口に从ひ、䇂《けん》の聲なり。凡そ言の屬は皆言に从ふ。

𤔔《らん》四下　治むるなり。幺《えう》子相亂る。受《う》けて之を治むるなり。讀みて亂の若くし、同じ。一に曰く、理《をさ》むるなり。、古文の𤔔なり。

猒五上　飽くなり。足るなり。甘と肰に从ふ。、猒、或いは曰に从ふ。段注本

甚五上　尤《はなは》だ安樂なるなり。甘と匹に从ふ。匹は耦（對手）なり。、古文の甚なり。段注本

曰 五上 詞なり。口に从ひ、乚《いん》は口气の出づるに象るなり。凡そ曰の屬は皆曰に从ふ。段注本

䇓 五上 告ぐるなり。曰に从ひ、册に从ふ。册は亦た聲なり。

曷 五上 何ぞなり。曰に从ひ、匃《かい》の聲なり。

沓 五上 語多きこと、沓沓《たふたふ》たるなり。水と曰に从ふ。遼東に沓縣有り。段注本

曹 五上 獄の兩曹なり。棘の廷の東に在るに从ふ。曰に从ふは、事を治むる者なり。段注本

平 五上 語、平舒なるなり。亏と八に从ふ。八は分つなり。爰禮《ゑんれい》の說なり。𠀒、古文の平、此の如し。段注本

戾 十上 曲るなり。犬の戶下に出づるに从ふ。戾なる者は、身、曲戾するなり。

獨 十上 犬相得て鬬《たたか》ふなり。犬に从ひ、蜀の聲なり。羊を群と爲し、犬を獨と爲す。一に曰く、北囂山《ほくがうさん》に獨狢獸《どくよくじゆう》有り。虎の如くにして白身、豕鬣《しれふ》にして、尾は馬の如しと。

不 十二上 鳥飛びて上翔し、下り來らざるなり。一に从ふ。一は猶ほ天のごときなり。象形。凡そ不の屬は皆不に从ふ。

否 十二上 不（しかせざる）なり。口に从ひ不に从ふ。不は亦た聲なり。

至 十二上 鳥飛びて高き从《より》して、下りて地に至るなり。一に从ふ。一は猶ほ地のごときなり。象形。上り去らずして下に至り來るなり。凡そ至の屬は皆至に从ふ。

、古文の至なり。

九十四下　陽の變なり。其の屈曲して、究盡するの形に象る。凡そ九の屬は皆九に从ふ。

禹十四下　蟲なり。厹《じう》に从ひ、象形。、古文の禹なり。

存十四下　恤問《じゅつもん》するなり。子に从ひ、在の省なり。小徐本

孶十四下　放《なら》ふなり。子に从ひ、爻《かう》の聲なり。

疑十四下　惑ふなり。子と止と匕《ひ》に从ひ、矢の聲なり。

甲十四下　東方の孟《はじめ》、昜《やう》（陽）气萌動す。木の孚甲を戴くの象に从ふ。大一經に曰く、人の頭空（腔）を甲と爲すと。凡そ甲の屬は皆甲に从ふ。、古文の甲なり。一に始まりて、十に見《あらは》る。歳《ほし》、木に成るの象なり。段注本

乙十四下　春の艸木寃曲《ゑんきよく》して出で、侌《いん》（陰）气尚ほ彊《つよ》くして、其の出づること乙乙《いついつ》たるに象るなり。丨《こん》と同意なり。乙は甲の人頸に象るを承く。凡そ乙の屬は皆乙に从ふ。

乾十四下　上に出づるなり。乙乙として物の達するに从ふなり。倝《かん》の聲なり。、籀文の乾なり。

亂十四下　治まらざるなり。乙と𤔔《らん》に从ふ。乙もて之を治むるなり。段注本

辛十四下　秋時、萬物成りて孰す。金は剛くして味は辛し。辛痛するときは、卽ち泣《なみだ》出づ。一と辛《けん》に从ふ。辛は辠《つみ》なり。辛は庚を承け、人の股に象る。凡そ辛

の屬は、皆辛に从ふ。段注本

辠十四下　灋《はふ》を犯すなり。辛と自に从ふ。言ふこころは、辠人《ざいにん》、鼻を蹙《ちぢ》めて苦辛して悥《うれ》ふるなり。秦、辠の皇の字に似たるを以て、改めて罪と爲す。段注本

申十四下　神なり。七月、会《いん》(陰)气成り、體自ら申束す。臼《きょく》して自ら持するに从ふなり。吏、餔《ほ》(食事)の時を以て事を聽き、申旦にして政するなり。凡そ申の屬、皆申に从ふ。、古文の申なり。、籀文申なり。段注本

亥十四下　荄《がい》なり。十月、微昜(陽)起り、盛会(陰)に接す。二に从ふ。二は古文の上の字なり。一人は男、一人は女なり。乚《いん》に从ふは、褱《いだ》ける子の咳咳《がいがい》するの形に象るなり。春秋傳に曰く、亥に二首六身有りと。凡そ亥の屬は皆亥に从ふ。、古文の亥なり。亥を豕《し》と爲す。豕と同じ。亥して子を生み、復た一より起る(子・起は韻)。段注本

一、元、天、丕、吏、これはみな一の部で一を含んでいるから、一に属する字としている。しかし元は頭ですから、天とあまり変わらないのです。天というのは上に大きく書いてね、、人の正面形の形。これを側身形に書くと、これが元になるんです。だから天と元とは本来殆んど変わらん字ですね。［説文］はこうして形を以て系聯する。しかし一部の吏なんかは、本来の字は、こういう形です。だから一は入っておりません。［説文］が「形に據りて系聯する」といっておるけれど、古い字形からいいますと、天も元も一に従うておらんのです。丕も先に書きました萼《がく》柎《ふ》の形

古

甚

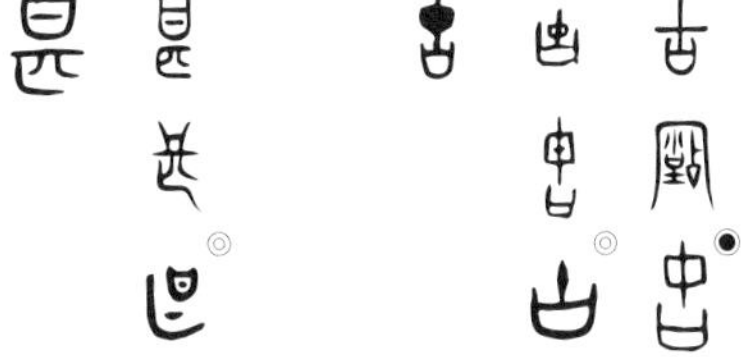

ですから、一に従うておらんのですね。今の文字学からいいますと、こういうことになる。こういう調子で以下全部批評を加えるつもりでしたが、皆さんご存知の字もかなり多いわけですから、大体これで理解していただくことにいたしましょう。

次に小という字、「物の微なるなり。八に从ふ。丨《こん》（わずか）に見《あらは》れて八は之を分つ」とあり、わずかに見えるものを分かつというのですが、これは小さい貝を三つ置いた形です。、これを糸でつなぎます。これが瑣少という字です。少という字にはものをつなぐという意味があるのです。だから抄・紗、みなそういうつなぎ合わせる意味があって、ここの解釈も違っていますね。また古という字。上の方に大きな干《たて》を置いている。これを後に十にしてしまった。［説文］では、十人が口伝えにした、つまり十世代にわたって言い伝えたものであるから、古であるという説明をしているのです。しかし、上に置いておるのは干《たて》の形。これを置いて祝詞のお祈りごとを守るという意味です。厳重に守るのに囲いをつけますと固、堅固の意味で厳重に守るのですね。だから［説文］の解釈を今の文字学の知識でみていくと、ここにあげてあるものは、殆んど誤りであるといっていいですね。

次に甚《じん》という字があります「尤《はなは》だ安樂なるなり。甘と匹に从ふ。匹《ひつ》は耦《ぐう》なり」とある。匹耦というのは男女、夫婦ですね。夫婦の仲を楽しむ、それが甚であるというのですが、これは甚だしい間違いであります。上の方は、鍋の中にものを入れている形。下の方は竈《かまど》、火を焚く場所です。それで煮え過ぎることを甚《じん》という。火を加えて煁《た》く、焚《た》くという字に用いますね。それは竈《かまど》の上に鍋を置いて焚くから、こういう字となるのであって、男女のこととか、甘いとか酸っぱいとかは関係のないことです。

最後に甲乙という十干、申亥という十二支が出てまいります。十干の序列は大体漢字として解釈できますが、十二支は漢字としては解釈のしようがないのです。子供の子がなぜ「ねずみ」なのか、杵《きね》の形である午がなぜ「うま」なのか、そういう訓義の関係は全く漢字の字形、あるいは漢字の字義そのものからは解釈ができない。それでこういう成数の、おそらく天体に関するもの、宇宙観に関するようなもの、たとえば木星などの名前ですとね、大荒落《だいこうらく》とか赤奮若《せきふんじゃく》とか、変な名前がついていますが、あれは大体アラビアの方から来ました、古代のバビロニアの言葉です。それが音訳で残っておるのです。だから私は子丑寅も、あるいはチベット・ビルマ語系の単音節語で、ビルマ・ルートで古い時代に入ってきたものかと思います。西方の文化がアジアの西南部から、揚子江のいわゆる武漢三鎮のあのあたりに来て、そうして中原に伝わるというね、屈家嶺の文化などはそういう伝わり方をしておりますので、あるいは外来の言葉ではないかと思います。

いずれにしましても悠々三千年、その間、漢字を以て作られた作品・記録というようなものは、まことに膨大《ぼうだい》なものでありまして、わが国の文献もまた、大方は漢字である。韓国にしましてもベトナムにしましても、古い文献は全部漢字です。そういう漢字を全部棄てて、表音文字にしてしまう、ローマナイズしてしまう、あるいは自国特有の音表文字であると称して、ハングルのようなものを使う。これはかつて漢字文化圏として、共通の地盤のもとにあった文化を分割して、古今を隔ててこれを切り捨てるということになるのです。漢字を制限するということは、要するに自分の歴史的な文化を制限するということであると、私は思う。漢字は決して学習に困難なものではありません。私が今日お話をしましたように、漢字の本来の姿から考えますと、その成り立ちが非常によく分かる。その考え方、語原や字原が非常によく分かる。要するに学ぶに方を以てすれば、きわめて容易に学ぶことができる。そしてまた、一度学べばその形象性がきわめてはっきりしている、印象がはっきりしている。それだけに記憶しやすい。また利用しやすい。そういう特質を持っているのです。将来の文字文化の上に、私は漢字はより大きな働き、機能を以て役に立つであろうと考えております。漢字の理解をより深め、そして、それによって従来の文化というものに対する理解の道を、広めてゆかなければならんと思うのです。

今は古典があまりにも軽視され過ぎている。古典が軽視されて、先人のすぐれたいろいろな文章というようなものを、あんまり読みませんから、それで十何歳かにしてまことに不思議な行動をとるというような、大人になり損ねる、そういう事態が生ずるのであります。私は古典教育というものが、少年期から大人に脱皮して、成人として完成されるための、きわめて重要な教養であると考えています。私は単に漢字を復権せよというのではありません。漢字を通じて古典文化を復権するということは、そういうことを通じて現代の教育が抱えている、一番大きな難点を克服したい。かつて古典や漢文の教養というものが、わが国においてはそういう働きをしていたのです。同じような効果を将来にも充分期待することができる。それは古典の回復にあると私は考えております。私がこういう文字講座を開いておりますのも、単に文字をおもしろくお話しようということではなくて、願わくば古典教育を回復したい、それによって現代の病弊を克服したい、そういう気持ちがあるからです。

大変大きな結論を申し上げましたが、これでお話を終わります。

第十九話

声系について

漢字の字音は、時代とともに異なる。わが国に伝えられた字音は、文献としては百済人の渡来によってもたらされたものであり、従って朝鮮音を経由したものと思われるが、のち遣唐使などによって直接に唐音に接することになり、以下宋・明を経て、各時代の音がもたらされた。字音の変化は、中国の記録では容易に明らかにしがたいが、わが国の仮名書きの読音や、国語の漢字訳などによって、その変化の相を知ることができる。

わが国でいま一般に用いられている漢音系の字音は、かつては周代の古音であるとされたが、大体において漢末の時代の音を残していると考えられる。それで〔釈名〕のような音義説による字原の解説は、「日は實なり。月は闕なり」のように両音が一致するが、のちの時代音においては、このような関係は成立しがたい。ここには〔釈名〕の釈衣服の条をあげておいたが、わが国の漢字音においては、極めて的確な対応を示していることが知られる。

漢字の字音は、それぞれの韻部の関係で、対転・旁転・旁対転のような通用の関係をもっている。それはその相互の間に語原的な関係をもつことを示すものであるが、最も直接的には、同じ声符、または同系の声符をもつ文字の間において、同原の関係にあるものと考えてよい。このような関係の綿密な検討によって、おそらく語原と語系列の問題の解明の方途が、開かれるであろうと思われる。語原の解明は、言語成立の状況を把握する階梯ともなるものであって、漢字はそのような語の成立の状況に迫りうる、最も豊富な資料をもつものであると考えられる。漢字の語原的な研究は、おそらく語の成立の状況について、最も有力な途径を開くものとなるであろう。

皆さん、しばらくでございました。今回は文字講話の十九回でございまして、マラソンで申しますとホーム・グラウンドを望みながら最後のところを走っておるという工合でございます。幸いにしてホーム・グラウンドを走り終わるまで、何とかもちこたえたいと思っています。

さて、実は十八回続けてまいりましたこの文字講話において、お話をいたしましたのは、漢字の中の特に形を主としてでありました。漢字はご承知のように形と音と意味、形・音・義の三つがございます。しかし言葉を形を以て示す造字法は、現在漢字だけであります。文字としての漢字の特徴といいますと、形を主とするということになります。しかし、大体言葉というものは音でいうものですから、言葉の本質から申しますと、音が最も重要な部分である、ということになります。欧米の言葉では、スペリングでその音をあらわす。文字には形がない、固有の形がありませんので、西洋の言語学には、文字学という項目は殆んどないのです。ただ、古代文字などの成立の過程を示すようなことはありますが、言葉の重要な部分を占めるものとしての形という問題はございません。しかし漢字の場合は形が中心であって、音はいわば文字学の上からいいますと、従属的なものでございますから、最後の機会にそういう音の問題を、特に声系ということで、まとめて申したいと思います。普通ならば音符・声符というようにして、言葉の音だけを抽出してお話をするのですが、私はちょっと思うところがあって、「声系について」という題を出しておきました。これはご承知のように、中国語は単音節語であり、その一つの音が一つのグループとして、似たような音のグループとしてある。また系列としてある。それからずっと時代的に発展継承するというような、展開する音の姿としてある。だから音というものを、単に孤立的に捉えるのではなく、そういう音の系統、音の体系という問題をも含めて、声系という題にしたわけです。ちょっと耳なれないよび方でありますので、一応ご説明を先にしておくわけです。

ところで漢字の音といいますと、大変判りきったことのように思いますね。今、我々が使っている漢字の音は、大体一定した、固定した形で使っていますから、たとえば私の名前ならば白（ハク）川（セン）静（セイ）というふうによみます。しかし、実際の漢字音、またそれぞれの時代における時代音がどういうものであったかを証明しようと思いますと、かなりむずかしいんですね。川は平仮名の「つ」のもとの字で、古くはそれに近い音であったのです。

漢字の音の示し方は、前回にお話したかと思いますが、「日は實なり、月は闕なり」というふうに、直接他の字音を以て証明するという直音という形式と、「何々の反、何々の切」というふうに二字の音を出して、その頭音と、第二字の終りの音を連ねて示すという「反切」という方法と、この二つがございます。ところがこの、「日は實なり」というような直音の表記でも、日を実という音で示すわけですが、時代が経ちますと、この二つの音がはなれてしまう。「月は闕なり」、月は欠けるものだと言いましても、中国語の現代音では月はユエ（yue）、闕はチュエ（que）というふうな音になっていますね。そうしますと、そういう音の説明の仕方は、いわば普遍性がない、時代によって音が動いてしまうのであるから、いつの時代にもその関係が成立するということは、いえないわけです。では、どうすれば実際の古代の音を証明することができるかと申しますと、それは同じ漢字を用いるなかにありましても、同一の言語圏のなかでは証明の方法がない。ただしかし、外国語と対音を相対照するというような意味で、それを用います場合、それはその音が大体固定できるのですね。それでおそらく漢字を他の国語として、その国語のなかで用いるということは、我々の関係でいいますと、朝鮮音が最も古いわけです。韓国の古い文献は、漢文を随分たくさん取り入れておりますが、漢文をそのまま音読みするのではなく、名詞とか、あるいはイディオムなどをそのまま音で読んで、たとえば「鸚鵡は能くもの言ふ」という場合、「鸚鵡以」という。「は」という主語を示すのに「以」という字を書いて「い」と読む。

韓国の古代語で主格を示す音が「イ」であった。だから鸚鵡という字を大きく書いて、送り仮名のように「以」という字を脇にちょっと添えるのです。この「イ」という言い方は、わが国の［万葉］や［宣命《せんみよう》］に残っておるんです。たとえば［万葉］の

　否といへど語れ語れと詔《の》らせこそ志斐《しひ》い（伊）は奏《まを》せ強言《しひごと》といふ　三・二三七

あるいは［宣命］第二十八詔の

　逆《さかしま》に穢《きたな》き奴《やっこ》仲末《なかま》呂《ろ》伊《い》、詐《いつは》り奸《かだ》める心を以《もち》て兵《いくさ》を発《おこ》し

のように、「某《なにがし》イ」という、あの「イ」をつけます。祝詞には今でも人名の下につけておるんではないかと思いますが、あれは古代朝鮮語の主格を示す助詞であります。そのようなものが残っている。これは対音として、つまり外国語を翻訳して音で訳すときに、その対音を用いるわけですから、あの「伊」が「イ」という音であることが、大体そこで確定できるわけです。つまり漢字の音を証明するためには、外国における音の使い方を証拠とする以外に、方法がないのです。そういう意味からいいますと、古代朝鮮語のなかには、たとえば郷札《きようさつ》とか吏読《りと》とかいうもの、これはわが国の訓読式に漢文を読みますときに、送り仮名を入れてまいりますね、あの送り仮名を入れるという形式が、まず韓国において成立します。また新羅《しらぎ》の時代に郷歌《きようか》というのがありますが、これは讃仏乗、仏を讃仰する祝い歌で、仏を拝むときに讃仏の歌としてうたわれたものですが、これが十何首か残っています。一番古い仮名書きの資料であるといわれていますが、そういうところに使われた送り仮名、それがわが国に仏教を介して

紹介され、わが国でも国語にあわせて助詞、助動詞などを仮名で書くという、むこうの郷歌に使われる、郷札とか吏読という訓読法の上で使われている仮名を、わが国にもおそらくは大体そのまま持ってきたのではないかと思います。わが国では、漢字を連ねて、漢字を国語に適合するように使うという技術はまだ発達していません。大体、日本の古い時代の文献は、殆んどそういう渡来人の方々があずかっておった。律令制になるまでは、日本人はあまり文字の勉強はしていないのです。律令制になりますと、全国的に帳簿の整理とか伝票を書くとかいう必要がありますので、学習するのですが、それ以前は特別の人でない限りは、文字というものは殆んど用いていなかったと思います。

それでわが国に入りました一番古い仮名音の使い方は、おそらく新羅あたりの古い仮名の使い方、郷札とか吏読とかいわれる送り仮名に使われた漢字の音表記の仕方ですね、それがわが国に入ってきたのではないかと思うのです。そういう仮名が、いろんな記録を表記する上に広く使われるようになりまして、一般的な仮名がほぼ定着したという形のものが、［古事記］の仮名であろう。［古事記］のうち国語の表記に用いられている仮名であろうと思いますので、〔資料1〕には［古事記］の仮名表というのを出しておきました。五十音の順序になっています。

この仮名をご覧になりますと、ある仮名によっては二行に分けて、二通りの書き方がしてある。甲乙と分けて書いてございますね。これは、日本の古い音は五十音図の

〔資料1〕〔古事記〕の仮名表（姜斗興〔吏読と万葉仮名の研究〕一九八二年、和泉書院）

清音	字種	仮名	濁音	字種	仮名
(ア)	阿	ア			
(イ)	伊	イ			
(ウ)	宇汙	ウ			
(エ)	愛延	え（ア行）			
	延	エ（ヤ行）			
(オ)	淤意隠	オ			
(カ)	加迦可訶甲	カ	(ガ)	賀何我	ガ
(キ)	伎岐吉棄	キ(甲)	(ギ)	芸岐	ギ(甲)
	紀貴幾	き(乙)		疑	ぎ(乙)
(ク)	久玖	ク	(グ)	具	グ
(ケ)	祁	ケ(甲)	(ゲ)	牙下	ゲ(甲)
	気	け(乙)		宜	げ(乙)
(コ)	古故胡高	コ(甲)	(ゴ)	ナシ	ゴ(甲)
	許去	こ(乙)		碁其	ご(乙)
(サ)	佐左沙	サ	(ザ)	邪奢	ザ
(シ)	斯志師色紫之	シ	(ジ)	士自	ジ
(ス)	須洲州周主	ス	(ズ)	受	ズ
(セ)	勢世	セ	(ゼ)	是	ゼ
(ソ)	蘇宗	ソ(甲)	(ゾ)	ナシ	ゾ(甲)
	曾	そ(乙)		叙存	ぞ(乙)
(タ)	多当他	タ	(ダ)	陀太	ダ
(チ)	知智	チ	(ヂ)		ヂ
(ツ)	都	ツ	(ヅ)	豆	ヅ
(テ)	弖（氏）帝	テ	(デ)	伝殿	デ
(ト)	斗刀土	ト(甲)	(ド)	度	ド(甲)
	登等	と(乙)		杼騰縢	ど(乙)
(ナ)	那	ナ			
(ニ)	爾邇	ニ			
(ヌ)	奴	ヌ			
(ネ)	泥尼禰	ネ			
(ノ)	怒努濃	ノ(甲)			
	能乃	の(乙)			
(ハ)	波	ハ	(バ)	波	バ
(ヒ)	比卑	ヒ(甲)	(ビ)	毘	ビ(甲)
	斐肥	ひ(乙)		備	び(乙)
(フ)	布賦	フ	(ブ)	夫	ブ

〔上表のうち，岐（キ甲）と波はそれぞれ清濁表記に用いられた字種である〕

音	万葉仮名	仮名
(ヘ)	幣弊平	ヘ(甲)
	閇	ゑ(乙)
(ホ)	富本菩番蕃品	ホ
(マ)	麻摩萬	マ
(ミ)	美弥	ミ(甲)
	微味	み(乙)
(ム)	牟武无	ム
(メ)	売咩	メ(甲)
	米	め(乙)
(モ)	毛	モ(甲)
	母	も(乙)
(ヤ)	夜也	ヤ
(ユ)	由	ユ
(ベ)	辨	べ(甲)
	倍	ゑ(乙)
(ボ)	煩	ボ
(ヨ)	用	ヨ
	余与預	よ
(ラ)	良羅	ラ
(リ)	理	リ
(ル)	流琉留	ル
(レ)	礼	レ
(ロ)	漏路廬楼	ロ(甲)
	呂侶	ろ(乙)
(ワ)	和	ワ
(ヰ)	韋	ヰ
(ヱ)	恵	ヱ
(ヲ)	袁遠	ヲ

音だけでなしに「え」、「き、ひ、み」、「け、へ、め」、「こ、そ、と、の」、「よ、ろ、も」、という十四文字については、甲乙二類の仮名があるのです。二つの音があるんですね。たとえば神様という場合の「カミ」、頭の髪の「カミ」、上の方の「カミ」、これは古い時代には同じ語原で、同じ系統の言葉である。神様は上の方におられる、頭の髪は人間の一番上の方にある、みな上の方という意味において共通点があり、こ

〔資料2〕吏読と一致する推古遺文の字音仮名表（姜斗興「吏読と万葉仮名の研究」一九八二年、和泉書院）

の三つの言葉は同じ語原・同じ系統の語であるということになっていたのです。ところが「み」には、ここにあげましたように甲乙二類ございますね。そして上の方の「カミ」、頭の「カミ」は、甲類の「み」、美というような字を書く。この「み」の音になります。乙類の方は微という字が書いてございますね。「メイ」というような、ちょっと屈折をした音で、甲類の「ミ」とは少し音の系統が違うのです。そして「古事記」や「日本書紀」にこういう仮名が使われるとき、この甲類の音と乙類の音とが、極めて厳密に区別されている。こういう甲類、乙類の微妙な音の違いというものを、当時の日本の人々が十分に識別して使うことができたかといいますと、これはおそらくは漢字音に余程熟達しておらなければ、そういうことは不可能であったであろう。したがってこういう仮名遣いの方法も、おそらく朝鮮を経由して、朝鮮音を経由してきただろうし、また渡来人の人たちが文筆に携わっていましたから、彼らの知識でこれを区別して、表記することができたのであろうというふうに思うのです。なぜそう思うかと申しますと、「万葉集」の古いところでは、人麻呂あたりは百済の人と同じような仲間に入って、遊部として共同の行動をとるということが多いので、彼はおそらく朝鮮経由の漢字音にも慣れていたのではないか。中国の文献にも使われていないような「霞霏霺（霞たなびく）」というような字を、人麻呂はしばしば使っています。人麻呂のそういうふうな知識は、どうも渡来の人から習って、「文選」の注に出てくるような、そういう文字を使ったのではないかと思うのです。

(甲) ko	(乙) gë	(乙) kë	(甲) ge	(甲) ke	gu	ku	(乙) gï	(乙) kï	(甲) gi	(甲) ki	ga	ka	ö	ë	u	i	a	音節
古。	義。	気。 居。 挙。 希。				久。		帰。		支。 岐。 吉。	奇。 宜。	加。	意。		汙 宇。 有。	伊。 夷。	阿。	仮名
ti	da	ta	(乙) dzö	(乙) tsö	(甲) dzo	(甲) tso	ze	se	dzu	tsu	zi	si	dza	tsa	(乙) gö	(乙) kö	(甲) go	音節
知。 智。 至。	陀。	多。 侈				楚。 嗽					自。	斯。		佐。 作 沙。		己。		仮名
(甲) Fi	ba	Fa	(甲) nö	(乙) no	ne	nu	ni	na	(乙) dö	(乙) tö	(甲) do	(甲) to	de	te	du	tu	di	音節
比。		波。	乃。		尼。	奴。 蕤	尔。	奈。 那。		等。 止			代	弖		都。	遅。	仮名
(甲) mo	(乙) më	(甲) me	mu	(乙) mï	(甲) mi	ma	bo	Fo	bë	(乙) Fë	(乙) be	(甲) Fe	(甲) bu	Fu	(乙) bï	(乙) Fï	(甲) bi	音節
	米。	売。	牟。	未。	弥。	麻。 明。		富。 凡 菩。				俾	夫。	布。		非。		仮名
		wo	we	wi	wa	(乙) rö	(甲) ro	re	ru	ri	ra	(乙) yö	(甲) yo	ye	yu	ya	(乙) mö	音節
		乎。		韋	和。	里。		礼。	留。	利。	良。 羅。	余。 与 已。			由。	夜。 移	母。	仮名

○印のものは吏読と一致する推古期字音仮名である。

初期万葉の時代には、甲乙の区別がかなり明確に、表記の上にも区別して行なわれているのですが、後期の家持とか憶良あたりになりますと、甲乙の区別が崩れてくるのです。区別なく書いてしまうということが現われる。そして平安朝に入りますと、「和名抄」あたりではもう区別がありません。一体この甲乙二類の音の区別というものは、本来日本にあったものであるのか、それとも渡来人が日本語を漢字で表記する場合に、彼らの音感覚で区別したのであるのか、それがよく分からないのですが、要するに朝鮮の古代の漢字音が、大体そのまま日本に入ってきて使われたであろう、ということが考えられます。

〔資料2〕に「吏読と一致する推古遺文の字音仮名表」というものを出しておきました。これは私の学校で研究をしていた姜君が、古代朝鮮音の整理をしておりまして、大変立派な書物を書いているんです。もう大分前に、若くして亡くなりましたが、その姜君の書物からあげておきました。古代朝鮮音にも非常に詳しい、またわが国の古い文献に詳しい方ですから、この表は信頼できるものであると思います。この表をご覧いただきますと、「ア」、「イ」、「ウ」、「オ」あたりはあまり問題がありませんね。ところが、「ガ」のところに「奇」という字が書いてありますね。また「宜」という字が書いてある。「奇」「宜」を「ガ」と訓む。これは、のちのわが国の音仮名には出てこない用法です。だから、おそらく吏読あたりからそのまま入ってきたような、古い音であろうかと思うのです。「宜」はのちには「ギ」、あるいは「ゲ」という音で読みますが、「ガ」という音で読むことはないんですね。

　では、この音は中国においてどのように使われていたのだろうかと申しますと、〔詩経〕の鄘風《ようふう》の中に「君子偕老《くんしかいろう》」という篇があります。その第一章、

君子偕老　　君子と偕《とも》に老いむと　　ともしらがなす
副笄六珈 keai　　副笄六珈《ふくけいりくか》　　髪飾り六つ
委佗委佗 dai　　委佗《ゐだ》たり　委佗たり　　おほどかに
如山如河 hai　　山の如く　河の如し　　山河のごと
象服是宜 ngiai　　象服《しやうふく》もこれ宜《ふさ》はし　　服似つかはしき

子之不淑　　子《し》の不淑《ふしゆく》なる　　君ゆきましぬ
云如之何　hai　　ここにこれを如何せむ　　いかにかもせむ

「君子と偕に老いむ」という詩であります。この詩の中に、珈（keai）・佗（dai）・河（hai）・宜（ngiai）・何（hai）という韻を踏んでおる。これは今の音ならば韻が合いませんね。しかし古い時代の音をいろいろ研究していきますと、最後のところが同じになって、韻がそろうのです。古い時代の音の研究は、「詩経」の韻の研究を通じて大体考えられる。今、我々の用いる漢字音が、中国の古い時代の詩文においても、同じような音で読まれていたであろうというふうに考えやすいのですが、必ずしもそうでないのですね。たとえば名という字は、我々は「メイ」という音で読みますね。ところが「楚辞」の離騒の中に、「肇錫余以嘉名（肇《はじめ》て余《われ》に錫《たま》ふに嘉名《かみん》を以てす）」、「名余曰正則兮　字余曰靈均（余《われ》に名《な》づけて正則《せいそく》と曰《い》ひ、余《われ》に字《あざな》して靈均《れいきん》と曰《い》へり）」、ここで名《みん》と均《きん》とが韻を踏んでいるのです。そうするとこれは「メイ」ではなくて「ミン」と読まなければ韻がそろいませんね。だから古い時代の音は「ミン」であったということがわかります。

　また、同じ離騒の中に、能という字を「タイ」という音で読む。「又《また》之に重《かさ》ぬるに修能《しゆうたい》を以てせり、江離《かうり》と辟芷《へきし》とに扈《したが》ひ、秋蘭《しうらん》を紉《つ》ぎて以て佩《はい》と爲す」という、この能《たい》と佩《はい》とが韻を踏んでいる。能は「ノウ」としか読みませんが、古い時代には「タイ」という音があったということがわかるのです。

『詩経』とか『楚辞』というような古い文献の韻を調べていきますと、韻は必ず音がそろうわけですから、そろっている音で読まれていたはずです。この宜という字を「ガ」と読んだ。これはわが国では推古期の遺文に出てきます。たとえば「蘇我入鹿」というとき「巷宜」と書き、それを「ソガ」と読んでいるのです。推古期の遺文はいくらかございますが、大変古い中国音なのです。明治の終りごろ、大矢《おおや》透《とおる》という人が日本の古代音を研究して、『周代古音考』という本を書いた。周の時代の音が残っているというので、そういう本を書いたのですが、必ずしもそんなに古いものかどうかはわかりませんが、とにかく朝鮮音を介してわが国にそういう古代の音がもたらされたということはわかるのです。

当時、わが国には文字はありませんでしたから、漢字を仮名として使うということをした。極めて一般的には、あの『古事記』の表記ですね。あの表記法が標準的だと考えていただいてよろしいのですが、『日本書紀』では、大変むずかしい漢字をわざと選んだのではないかと思われるような仮名書きがみられます。しかもそれが、『古事記』のなかで大体二グループに分かれている。それを整理をしていきますと、たとえば神代の巻から巻の一あたりまでが同一のグループ、別の巻はどのグループというような区分がわかるのです。次の【資料3】には、推古遺文と『古事記』、そして『日本書紀』の仮名がβ群α群というふうに分けて記されています。このβとαのグループが、全然違った表記法の体系をもって記録をしているわけで、私はおそらく、この中にも渡来人がかなり加わっていたのではないかと思います。この仮名遣いは『日本書紀』の中に出てくる『百済本紀』など、むこうの文献と思われるものと、仮名の関係がかなり濃厚で、この時代には漢詩集『懐風藻』が出されるなど、漢字を勉強している日本人もかなりその編集者の中に入っていただろうけれども、従来書記として王朝に仕えていた渡来人の人が多く編集に参加し、そのそれぞれのグループによって、このような文字使用の差が出てきているのだろうと思います。

またこの時代における漢字音が、わが国でどう用いられていたかということによって、中国の古代音を一応調べることができるのですが、〔資料2〕の吏読と推古遺文の字音仮名表の中で、「奇《き》」と「宜《ぎ》」を「ガ」と読むという説明をいたしました。その表の上の欄の終りから二番目に「ゲ」という音を「義」で示している。また一番下の欄に「ヤ」という音を示すのに「移」という字が書いてあります。「移」を「ヤ」と読んだのですね。それから「ヨ」という音に「巳」という字が書いてある。よく似た字に巳、己がありますが、上までできておれば巳《し》、半ばだと已《い》、下までだと己《き》と読みますね。半ばまでの已が「ヨ」と読まれているのです。また里が「ロ」という音で読まれる。これも『詩経』の中ではlia（リア）というような音で使われていますので、「閭《ろ》（lia）」などの字に近い音ですね。

こういうことから、中国の古代の音が必ずしも今我々が使っている音と同じではないことが、ほぼ推察できるかと思います。〔資料3〕に牙音の例もあげておきました。

ここに「宜」が「ガ」という音で、また「奇」が「カ」という音で入っています。これが推古遺文の字音仮名です。その後、『古事記』『日本書紀』になりましても、まだこの音がある時期まで使われている。しかし後には大体その音が消えてしまいます。国語を漢字で示しますときに、一応その音が漢字音と対応しているようにみえますが、どうも必ずしもすべてがそうではない。また漢字の古い時代の音を、わが国で全く理

〔資料3〕子音別分類表（沼本克明『日本漢字音の歴史』一九八六年、東京堂出版）

○唇音（軽唇音一括処理）

	幇 p	滂p‘	並 b		明 m	
推古遺文	波《ハ》比《ヒ》非《ひ》布《フ》俾《ヘ》富《ホ》		夫《ブ》	凡《ホ》菩《ホ》	明《マ》麻《マ》彌《ミ》未《み》牟《ム》賣《メ》米《め》 母《も》	
古事記	波《ハ》比《ヒ》卑《ヒ》布《フ》賦《フ》閇《ヘ》本《ホ》 富《ホ》番《ホ》蕃《ホ》	芳《ハ》斐《ひ》品《ホ》	婆《バ》毗《ビ》備《び》夫《ブ》弁《ベ》倍《ベ》煩《ボ》	婆《ハ》毗《ヒ》肥《ひ》弊《ヘ》平《ヘ》菩《ホ》	末《マ》麻《マ》摩《マ》万《マ》彌《ミ》美《ミ》味《み》 微《み》牟《ム》无《ム》武《ム》賣《メ》咩《メ》米《め》 毛《モ》母《も》	
日本書紀β群	波《ハ》播《ハ》絆《ハ》比《ヒ》卑《ヒ》臂《ヒ》布《フ》府《フ》覇《ヘ》閇《ヘ》沛《ヘ》保《ホ》 報《ホ》褒《ホ》	破《ハ》泮《ハ》幡《ハ》譬《ヒ》赴《フ》敷《フ》費《ホ》	備《び》夫《ブ》歩《ブ》煩《ボ》	婆《ハ》毗《ヒ》避《ヒ》被《ひ》輔《フ》陛《ヘ》弊《ヘ》幣《ヘ》倍《ヘ》陪《ヘ》珮《ヘ》裒《ホ》 朋《ホ》倍《ホ》陪《ホ》	末《マ》麻《マ》摩《マ》磨《マ》魔《マ》莽《マ》弭《ミ》彌《ミ》湄《ミ》未《み》微《み》牟《ム》 武《ム》務《ム》霧《ム》賣《メ》咩《メ》謎《メ》綿《メ》迷《め》妹《め》梅《め》昧《め》毛《モ》 母《モ》茂《モ》望《モ》暮《モ》慕《モ》墓《モ》莽	麼《バ》磨《バ》縻《バ》弭《ビ》寐《ビ》鶩《ブ》
日本書紀α群	波《ハ》播《ハ》皤《ハ》簸《ハ》比《ヒ》必《ヒ》彼《ひ》悲《ひ》府《フ》賦《フ》甫《フ》杯《ヘ》 保《ホ》譜《ホ》報《ホ》	幡《ハ》譬《ヒ》	父《ブ》	婆《ハ》毗《ヒ》避《ヒ》符《フ》輔《フ》陛《ヘ》弊《ヘ》鞞《ヘ》倍《ヘ》陪《ヘ》裒《ホ》朋《ホ》	麻《マ》馬《マ》摩《マ》魔《マ》麼《マ》磨《マ》莽《マ》美《ミ》彌《ミ》瀰《ミ》寐《ミ》微《み》 武《ム》務《ム》夢《ム》牟《ム》謎《メ》梅《め》毎《め》母《モ》暮《モ》慕《モ》謨《モ》模《モ》 謀《モ》	麼《バ》磨《バ》魔《バ》弭《ビ》彌《ビ》寐《ビ》謎《ベ》

○牙音

見 k	渓 k'	群 g		疑 ŋ
加《カ》吉《キ》鬼《き》歸《き》久《ク》介《ケ》居《け》 擧《け》古《コ》己《こ》	氣《け》		奇《カ》岐《キ》	宜《ガ》義《げ》
加《カ》迦《カ》吉《キ》紀《き》幾《き》貴《き》久《ク》 玖《ク》古《コ》故《コ》高《コ》	可《カ》棄《キ》氣《け》	岐《ギ》具《グ》其《ご》碁《ご》	伎《キ》岐《キ》祁《ケ》	我《ガ》藝《ギ》疑《ぎ》牙《ゲ》宜《げ》
加《カ》介《カ》箇《カ》吉《キ》枳《キ》紀《き》幾《き》機《き》久《ク》玖《ク》倶《ク》約《ク》 計《ケ》鶏《ケ》雞《ケ》家《ケ》戒《け》階《け》概《け》古《コ》固《コ》故《コ》姑《コ》顧《コ》 居《こ》據《こ》	軻《カ》企《キ》氣《き》區《ク》氣《け》開《け》慨《け》去《こ》	(嵜《ギ》)具《グ》	伽《カ》岐《キ》祇《キ》耆《キ》勾《ク》句《ク》祁《ケ》	我《ガ》餓《ガ》鵝《ガ》藝《ギ》疑《ぎ》擬《ぎ》愚《グ》遇《グ》礙《げ》呉《ゴ》誤《ゴ》語《ご》 馭《ご》
哿《カ》柯《カ》歌《カ》舸《カ》箇《カ》枳《キ》基《き》紀《き》己《き》屨《ク》矩《ク》倶《ク》 鶏《ケ》稽《ケ》該《け》古《コ》固《コ》故《コ》姑《コ》居《こ》擧《こ》莒《こ》據《こ》	可《カ》企《キ》棄《キ》啓《ケ》愷《け》開《け》凱《け》		伽《カ》岐《キ》祇《キ》祁《ケ》渠《こ》	找《ガ》餓《ガ》鵝《ガ》峨《ガ》蟻《ギ》疑《ぎ》擬《ぎ》娯《グ》虞《グ》遇《グ》礙《げ》导《げ》 皚《げ》吾《ゴ》悟《ゴ》御《ご》

解しなかったとか、利用しなかったというようなことでもなく、おそらく古い時代の音もかなり使われていたのではないか。たとえば京都には愛宕というところがありますね。愛宕山の愛宕。「あたご」と読む。宕は「トウ」という音で「ゴ」という音が出るはずはないのです。しかし、この古い音は dang というような音であっただろう。この語尾が生きて「あたご」になるのです。また相模、「さがみ」ですね。相は「ショウ」とか「ソウ」とかいう音です。なぜここに「ガ」が入ってくるのか。これもおそらく xiang というような音であって「g」が入る。「さがみ」の「が」として、音が連なるときに生きてくるのです。このような関係の音の省略ということが、わが

国の表記法の上にも多分かなりあっただろう。今お話しましたような愛宕とか相模とか、こういう字音の関係は本居宣長が大変詳しい研究をしていまして、〔漢字三音考〕という論文の中に地名などの例を豊富にあげて、中国の古代音がそのままわが国に入り、地名表記の場合にその語義なども生かして使う、というようなことを書いている。東を「トウ」という音で我々は読みますが、古い時代は「トング」、tong の音をあらわす文字がなかったから、「ウ」という音で書いているのです。だから東南西北の「トン」という音は、非常に古くからあったわけですね。

　中国の古代音を、中国の古代の文字で証明することは極めて困難ですが、その対音として古代の朝鮮において行なわれた字音、わが国の古代において行なわれた仮名表記の音との関係において、中国の古代の音をある程度復元することができます。それから〔詩経〕の押韻ですね、あの韻の整理をしてゆきますと、古代音のグループが大体できあがるのです。それから〔楚辞〕ぐらいまでの文学で、韻を踏んでおりますものを見てゆきますと、大体その古代の音を復元することができる。金文の場合、殷の金文には押韻しておりませんけれども、周のはじめごろ、康王あたりから後のものには、韻を踏んでいるものがたくさん出てくるのです。金文にそういう韻を踏んだ資料が多く出てくるということは、歌謡がその当時すでにあったということですね。

　一番古い歌謡は、先祖のお祀りのときに使うもので、〔詩経〕の中に周頌《しゅうしょう》というのがありますが、その最も古い部分は韻を踏んでいません。ところが周の康王とか穆王の時代になると、祖先を祀る祖祭の体系というものができ、お祀りの儀式もできる。どの場合にどの歌をうたうというような祭祀歌謡も生まれる、というふうになって、押韻というものが出てまいります。金文になりますと非常にたくさん韻を踏んだものが出てくる。文献に出てきます韻を整理してゆきますと、平・上・去・入という、所謂四声《しせい》という音のアクセントがある。それは大体六朝のころにはじめて自覚され、四声の音を論ずるというようなことがおこってまいりました。平・上・去・入というとき、「天子聖哲」という言葉でよく示されるのですが、天が平声《ひょうしょう》、子が上声《じょうしょう》、聖が去声《きょしょう》、哲が入声《にっしょう》。この四声の別が自覚される以前はどういう状態であったかというと、四声はなんにもないのであります。金文の韻を調べてみますと、平声と入声としかありません。しかも、その平声と入声とが合韻する。そうしますと、もう声はゆるやかにいえば一つしかなかった。つまり四声はなかったということになるのです。そういうふうにして、古い時代の音を、音仮名の上とか、押韻とか、あるいは新しい資料としての金文の押韻のことを「韻読《いんとう》」といいますが、こういうことから古代の音が明らかになった。そして、そういう結果からみますと、現在わが国で使っている漢字音は、かなり由緒正しい、まず漢時代の音が中心になって残されているのではないかと考えられます。日本の漢字音はかなり古く、また安定したものであったのでしょう。

中国の文字の音の変化というものは、アルファベットも他の音表記の仕方もありませんので、結局わからないのですね。それで、よその言葉との対音の関係とか、わが国でどのような音に読んだのか、仮名付けをした文献がありますと、ああ、大体こういうふうに音が変化しているのだな、ということがわかります。それで、次に、鎌倉時代の古い臨済曹洞系の唱え文句で、それに唐音が付してあるものを出しておきました。浙江方言ということです。仮名がついていますのでご覧いただきます。

東《ツン》方《パウ》持《ヂ》國《ク》天《テン》王《ヤウ》　南《ナン》方《パウ》增《ズン》長《ヂヤウ》天《テン》王《ヤウ》　西《シイ》方《ハウ》廣《クワウ》目《モ》天《テン》王《ヤウ》　北《ホ》方《ハウ》多《ト》聞《ブン》天《テン》王《ヤウ》　天《テン》界《カイ》列《レイ》位《イ》　護《ウ》法《ハ》諸《シ》天《テン》三《サン》界《カイ》萬《バン》靈《リン》十《ジ》方《ハウ》至《シ》聖《シン》　日《ジ》月《ゲ》兩《リヤウ》宮《キウ》天《テン》子《ス》　南《ナン》北《ポ》二《ジ》斗《テウ》星《シン》君《キン》　南《ナン》方《パウ》火《コ》德《テ》星《シン》君《キン》火《コ》部《ブ》聖《シン》衆《シウ》（花園校本陳白）

　これはご覧になってすぐに気付かれるのは、入声音が消えているということです。「曹洞系唐音」となっておりますが、わが国にきましたのは鎌倉のころで、その時代の音にもう入声音が消えていた。入声音は非常に古い時代にあったのです。〔詩経〕などに出てきます。しかし、平声の字と韻を通じていますから、あまり強いアクセントではなかったかもしれません。こうしてわが国ではルビをつけた文献が残っておりまして、どの時代にどの漢字を、どんなふうに読んでいたか、しかもこれは唱えごとですから、むこうの音を、非常に忠実に伝えているとみてよろしいのです。だから宋末のころには、入声音が消えてなくなっていたというようなことがわかります。

〔資料4〕にあげましたのは、中国の方で、日本の仮名を使ってそれを中国の字音であらわしたものです。「いろは歌」ですから、見ていただくとよくわかります。「い」の中で「移」に近しとありますが「移」は古くは「や」というような音で読まれたもので、ちょっと屈折のあるものとみていたのでしょう。「は」は法律の「法」が書いてあります。また「宜《ぎ》」を「に」と読んでいる。語頭音にnが入っているわけですね。「と」に「多」をあてている。いまは duo ですから、後の音にかなり近いですね。「懐 huai」を「わ」、「よ」はわかりにくい字ですが「篗《わく》」というような字ですね。現代音では yue です。「そ」に「座」という字が書いてありますね。dzuai に近い音です。「つ」に川 thjyuan が書いてありますが、わが国の平仮名のつ、片仮名のツは川から出ています。以下ずっと漢字があててありますが、中国の人が日本の仮名に漢字をあてるとどうなるか、ということで、これは大体元末明初、十四世紀後半のものですから、今から六百年ほど昔のことです。その時代における漢字音の姿が、ある程度わかるように思います。最後に説明がありますね。「假如《も》し天《てん》と曰《い》ふときは、則《すなは》ちそらと云ふ。地《ち》と曰《い》ふときは則ちちと云ふ……」というように、日本の言葉を漢字音でむこうの人が書いているわけです。むこうの漢字を日本の仮名で読む場合と、こちらの言葉をむこうの漢字で表記する場合と、その両方をあわせて見てゆきますと、それぞれの時代音の変化というものを、ある程度辿ることができるかと思います。

〔資料4〕陶宗儀〔書史会要〕

宋の景徳三年に、嘗て僧有りて入貢す。華言（中国語）に通ぜざるも、筆札を善くす。命じて牘《とく》を以て對《こた》へしむ。名は寂照、圓通大師と號す。國中、多く王右軍（王羲之）の書を習ひ、照頗る筆法を得たり。後、南海の商人、船して其の國より還り、國王の弟と照の書を得たるに、野人若愚と稱す。又左大臣滕（藤）原道長の書、又治部卿源從英の書、凡そ三書、皆二王（王羲之・王献之）の迹なり。而して若愚の章草は特《ひと》り妙なり。中土の能書の者も、亦能く及ぶもの鮮《すくな》し。紙墨光精なり。左大臣は乃ち國の上相、治部は九卿の列なり。曩《さき》に余、其の國僧の克全、字は大用と曰ふ者と、偶《たま》〻海陬《かいすう》の一禪刹中に解后（邂逅）す。頗《すこぶ》る華言に習ふ。云ふ、彼の中、自ら國字有り、字母僅かに四十有七にして、能く之を通識せば、便《すなは》ち其の音義を解くべしと。因りて索《もと》めて寫すこと一過して、就きて叩《たゝ》ぬるに理を以てす。其の連輳《れんそう》して字を成す處、蒙古の字法に髣髴《はうふつ》たり。全、又彼の中の字體を以て中國の詩文を寫す。讀むべからずと雖も、筆執（勢）從横にして、龍蛇飛動す。儼として顚素《てんそ》（懷素）の遺則有り。今其の字母を以て、此に附すと云ふ。

い以又近移　ろ羅　は法平聲又近排　に宜　ほ波又近婆　へ別平聲又近奚近靴　と多又近駄　ち啼又近低　り梨　ぬ奴　る盧　を窩　わ懷　か楷作喉音呼　よ籰平聲　た大平聲　れ倈　そ座平聲又近莎　つ土平聲又近屠　ね尼縮舌呼　な乃平聲　ら阿頼頼作平聲彈舌　む謨　う烏　ゐ伊　の那　お和又近窩　く枯　や爺作喉音呼　ま埋　け茄　ふ蒲又近夫　こ軻　え奚　て悌平聲縮舌呼　あ挨作喉音呼　さ簁又近柴　き欺又近其　ゆ由　め乜　み皮又近眉　し尸又近時　ゑ繄平聲　ひ非　も摩　せ蛇又近奢　す䟽又近徂

假如《も》し天と曰ふときは、則ちそらと云ふ。地と曰ふときは、則ちちと曰ふ。山と曰ふときは則ちやま、水と曰ふときは則ちみいと云ふ。日と曰ふときは則ちひ、月と曰ふときは則ちいきと云ふ。筆と曰ふときは則ちふてと云ひ、墨と曰ふときは則ちすみと云ふ、紙と曰ふときは則ちかみと云ひ、硯と曰ふときは則ちすずりと云ふ。大意、此の如きに過ぎず。

〔資料5〕にあげましたのは、天台宗で用いておりました漢音です。たとえば「十《じゆう》萬億佛《まんおくぶつ》」を、「しうばんにくふ」と読み、「無量照十方國《むりようしようじゆつぽうこく》」を、「ぶりやうせうしはうくゐき」、その時代の音で読むとこうなる。皆、今とは随分違いますね。

〔資料5〕天台漢音（有坂秀世〔国語音韻史の研究〕一九五七年、三省堂）

なほ唐朝後半期の北支那に於ける入聲韻尾の狀態を知るためには、かの吐蕃人の轉寫例と略時代を同じうする所の我が天台漢音がよい參考になる。硲慈弘氏編「天台宗聖典」中の「法華懺法」及び「例時作法」に就いて見ると、例へば、

十萬億佛——しうばんにくふ
無量照十方國——ぶりやうせうしはうくゐき
成佛以來・於今十劫——せいふいらい・よきむしつけう
一心敬禮本師釋迦牟尼佛——いしんけいれいほんしせきやぼぢふ
佛告文殊師利・若菩薩摩訶薩云々——ふつかうぶんしゆしり・じやくほさつばかさ
云々
若一日・若二日——じやくいちじつ・じやくじくじつ
此日已過——しじつちくわ
汝勿謂此鳥・實是罪報所生——じよぼつちしてう・しつしさいほうそせい
極樂國土——きらつくゐきと

白衆等聴説——はきしうとうていせつ
赤色赤光・白色白光——せきせきせつくわう・はいせきはいくわう
白鵠——はいかう

終りから二番目に、「せきせきせつくわう・はいせきはいくわう」とありますが、白のはくが「はい」になっています。「赤色赤光」は他のお経の読み方では「しゃくしきしゃっこう」です。あの斎藤茂吉の歌集『赤光《しやっこう》』は、この文句をとっています。天台音で読むと「せつくわう」であって「しやっこう」ではないのですね。お経も時代により宗派により、地域により、それぞれの音が違い、読み方が違い、習慣の読み方も違ってくるのです。

〘資料6〙にわが国の言葉をむこうの人が漢字で書くとどうなるかというと、これは例があまりないのですが、『日本考略』という明のはじめころの書物をあげておきました。この中に「寄語略《きごりやく》」というのがある。寄語というのは、中国の場合、『礼記』王制に四方の語について、「東方曰寄（東方を寄と曰ふ）」というのがありまして、日本の言葉は「寄語」というのです。古く寄語として記録されたものが二、三ありまして、これは明代のものですが、非常に誤りが多くて読みづらいものです。

〘資料6〙薛俊『日本考略』寄語略

人物類

大利天王家里皇帝　大米鳥野雞官　別姑常百姓　大大鳥野雞人官　翁知公　猸婆翁妃婆　阿
爺父　發發母　挨尼兄　阿尼尤姑嫂　阿多多弟　西尼多一没多妹　亞尼娣　完多孀　莫宿
哥子　阿儀姪　莫宿眠女　阿奚胡來孫　子多外舅　子多謬外姑　何治生前老官叔　壽山丈夫
倭家倒婦人　何祭公姑男子　禿古要个老　倭家達後生　歪爛鼻孩　新雷親眷　道門大聖閭門
大帝朋友　木哥迷姐夫　木哥女婿　三字卽僕　歪皆水小厮　刀老鳥鳥索和尚　埋骨多老實人
六宿鼻隨強盜　胡秦故人閒關人艱難人　密約關儒獨眼人　無哥子梭里你　眉眉月失眉眉窖水
生得好　阿埋俚阿奴利我　若梭誰人　加食難徒弟　妻斗鳥賣財主　眉骨賴瞎子　陸宿人賊
萌哥甥　難解水長子　嫌妙報媳　弔長　華蓋年少　牀果孕主人　尸哥聰明　魯歪失生得醜　他
个水貴　那望羊碎水賤　多鳥姑富　肥東旦貧　寬需計乞丐　梭羅好淫　一故都年紀　莫入痲
子　村孫口　科水非計拐

この一番目に、「大利《だいり》」、これは内裏《だいり》、皇居ですね。天王の下の二字、「家里」はどういう意味でつけているのかわかりません。五番目は翁知《おち》（おぢ）。それから挨尼《あに》（あに）、亜尼《あね》（あね）、兄と姉とを同じような音で、同じ字を使っていますね。莫宿眠《むすめ》（むすめ）は、「宿りて眠ること莫かれ」という字になりますが、おかしな字をあてたものです。また「何治生前老官」は、何治《おじ》（をじ）ですが、そのあとの「生前老官」は何と読むのかわかりません。禿古要个《とこやけ》、これ何をいっているのでしょうね、道門《どうもん》は友達のことです。一道《いちどう》をともにしているので、こんな字をあてたのかもしれません。

三字即は三部郎（侍ふ）のこと、間違いの字ですね。埋骨多《まこと》（まこと）、骨を埋むることが多しという、これはまことですかね。密約関儒《めあかず》は「めあかず」、眼が見えない。こんなふうにずっと書いてありますが、わかりにくいのが多いですね。

おそらくこの時分にむこうへ行く商人は、まともに行くのは少ないのです。倭寇が非常に多く沿海を荒らした。実はこの「日本考略」という書物も、その倭寇対策の一つとして、日本研究の書として書かれた。だから日本語をなるべくたくさん集めようとして、こういうふうに類集しているのです。

この資料はとてもわかりにくいので、〔資料7〕に、それを整理して、五十音順に並べたものの一部を出しておきました。京都大学の国語国文学科に、吉沢義則先生がおられて、こういう言語史の研究が盛んでありましたので、資料をいろいろ集め研究をされて、「日本寄語の研究」などの本も出しておられるのです。

菜っ葉の「菜」に、それは奈良の「奈」を書く。「ながし」は難解の水とあてていますが、長子のことでしょうか、なんとか言葉になるような字を並べたのかもしれません。「なにごともせぬ」など随分おかしい言葉になっています。「も」のところでも、「もどっておやれ」を慢慢的などと書いています。木綿のことは「もんめん」といったのでしょうかね。まあ、そういうふうな日本の言葉を、それぞれ漢字にあてて書いてありますが、外国の言葉を漢字に直すのは、非常にむずかしいのですね。わが国では平仮名も片仮名もあって、外国の地名、人名、また単語などいろんなものを、それ

〔資料7〕「日本寄語・日本図纂国語索引」抄録（京都大学文学部国語学国文学研究室編「日本寄語の研究」一九六五年、京都大学国文学会刊）

な

な（菜）奈 26
な［助］→ごめんな
ない（無）乃 27 →さうでない、ようない
ながし（長子）難解水 23
*ながと（長門）伮茄多 12
*ながはま（長濱）南高番馬 3
なく（哭）乃古 24ウ
*なごや（名護屋）喃哥呀 4
なすび（茄子）乃沈皮 26
*なた（奈多）伮打 3ウ
*なたじま（名田島）伮羅市米 3
*なち（那智）伮智 2ウ
ななつ（七）乃乃子 26ウ
ななつ？（五）難唯多 26ウ
なにごともせぬ（怠慢）難利是（骨多）罵山好（奴）24
*なにわ（難波）男女懷 2ウ
*なば（那波）那敗 2ウ
*なば（眞鍋？）拿敗 3
なべ（鑊）難皮 25

み

*みおのせき（美保關）密和伮失記 3
*みかわ（三河）迷茄懷 11ウ
*みくり（御厨）迷古里 4
みごと（極好）明哥多 27
みじか（短）迷加 27
*みしま（三島）密什麽 13
みそ（醬）彌沙 26
*みぞくち（溝口）迷坐骨知 4
*みたじり（三田尻）密大逝里 3
みつ（三）密子 26ウ
みづ（水）明東 22
みづかね（水銀）明東揩尼 22ウ
みづさけ（白酒）明東晒箕 26
みなきたれ（皆來れ）→ものかたり
*みなと（湊）密那多 3ウ
みなみ（南）迷南來（米）22ウ
みにくし？（痲子）莫入 23ウ（痲）莫入骨水 26
みの（氈衫）迷奴 25ウ
*みの（美濃）米伮 12
*みまさか（美作）迷馬撒家 11ウ
みみ（耳）眉眉 24ウ
みめよし（生得好）眉眉月失、眉眉姚水 23
*みやじま（宮島）迷挨什麽 12ウ
みる（看）迷路 23ウ（便去）密路 24

も

*もじ（門司）暮治 3ウ
もっかう（木香）木哥 25ウ
もってきたれ（拿來）木低吉歹俚 23ウ
もってこい（拿來）未得哥己 23ウ
もってゆく（拿去）未低於古 23ウ
もどっておやれ（回來）慢慢的何耶俚 24
もどってこイ（便來）慢陀的姑 24
もどる（去）漫陀羅 23ウ
もの（物）→からもの
ものかたり（說話）未納挹打俚 24
もみ（穀）暮米、倭米 26
もんめん（綿布）木綿 25ウ

それの表記の仕方で示すことができるのですが、中国の場合にはそれができないのです。音訳しますと、さっぱり訳がわからなくなる。だから、なんとか漢字の意味で訳したいというので、いろいろ苦労する。片仮名とかローマ字をそのまま使うということがないために、全部漢字で、いわば意味をも含んでまるめこんでしまうというやり方です。これは漢字文化の将来の問題として、一つの課題として残ることではないか。しかしわが国のように、漢字もよろしい、平仮名も片仮名文字もよろしいというように、何でも入れて五目飯のようになってしまうのもどうかと思います。いずれこれは中国でも日本でも、将来の大きな課題として残る。日本語を漢訳した場合の、こういうものを眺めていますとね、それぞれに研究しなければならぬことであろうと思うのです。

〔資料8〕劉熙〔釈名〕巻五釈衣服

釋衣服第十六

凡そ服の上なるものを衣と曰ふ。衣《い》は依《い》なり。人の依りて以て寒暑を芘《かば》ふ所なり。
下なるを裳と曰ふ。裳《しやう》は障《しやう》なり。自ら障蔽（蔽いかくす）する所以なり。
襟《きん》は禁《きん》なり。前に交へて、風寒を禁禦する所以なり。
袖《しう》は由《いう》なり。手の由りて出入する所なり。亦言ふ、受《じゆ》なり、以て手を受くるなり。
袴《こ》は跨《こ》なり。兩股《りやうこ》各〻跨別するなり。

褌《こん》は貫《くわん》なり。両脚を貫きて、上は要（腰）の中に繫《かく》るなり。
履《り》（liei）は禮（lyei）なり、足を飾るは、禮を爲す所以なり。

〔資料8〕にあげました〔釈名《しやくみよう》〕の一部は、この前にもすでに釈天の一部を資料としてあげておきました。「日は實なり、月は闕なり」というような、直音で語原と同一の関係を証明しようとする説明の仕方を、音義説といいます。音義説が古い時代の語原の研究の方法として、最も有力に採られていました。〔釈名〕はほとんど音義説で語原の説明がしてあります。そしてそのかなりの部分を〔説文〕が受けついでいるのです。〔説文〕の中にも、こういう音義説で説明するところが沢山ございます。

最初のところに、「衣は依なり」と書いてありますね。衣に人を付けますと依になります。衣《い》と依《い》は音としては近いわけでありますが、「人の依りて以て寒暑を芘《かば》ふ所なり」、つまり寒暑を調節するために人が衣を身につけるのだという説明をしているんですけれども、しかし本当はそんなに簡単なものではないのです。大体衣という字が、そもそも大変曲者でありまして、着物として衣《い》という読み方をする場合もありますし、またインと読むときもある。インという場合は、その中に何かを閉じこめる、隠とおそらく音の関係があったのではないかと思いますが、衣は単に上に着るだけではなかった。非常に古い時代には、衣というものはどうでもよかった。葉っぱをとじあわせて用いるとか、植物の繊維をとじあわせて使うとかというように、極めて粗末

産（產）◎

なものでもよかったわけです。しかし衣を身につけるようになりますと、衣を着ることによって外界をまず遮蔽する。隠れる意味がある。また衣を媒介として、その霊を身に依りつけるという意味が出てきます。霊を憑《よ》りつけるという意味がある。だから依という字は、衣をいわば動詞化したような言葉であって、人が寒暑を避けるため身につけるものというような単純な意味ではなく、霊を依せるのですね。玉依姫《たまよりひめ》にもこの字を使います。真床覆衾《まとこおふふすま》という大嘗会《だいじょうえ》のときに使う衣は、天皇の霊を授受するための衣として使われるのです。霊を呼び寄せて、そこに霊をつける、「依りまし」として霊をひきつけ霊をとじこめる、そういうときに依という字を使う。金文の例でいいますと、大きな戦争がありましてね、何百人も捕虜ができる。その捕虜を奪回するためにまた大作戦をやって、三百人とか五百人とかの捕虜をとり戻す。そして先ず第一に衣替えをやるのです。のちには湯浴みをさせる。これはみな、穢れを祓《はろ》うて新しい霊を呼びこむということです。金文に衣《い》䙏《はく》とか衣《い》肆《し》と表現されています。

　それが文字の用法の中にも表われてくるわけです。衣は生まれたときにも非常に大事ですから、「産」の古い字（產）の上の方は、これは文《ぶん》、入墨を額《ひたい》に入れます。下の方が初に従う彥《げん》という字が金文にでてきます。「初」という、これは産衣《うぶぎ》です。産衣を着せ、額には「あやつこ」という入墨をつける。これが生まれた子供に加えるはじめての儀礼ですね。入墨は額に朱で書きます。それから衣を添えて新しい霊をその子供に与えるという儀礼をする。だから「衣は依なり」という、大変簡単な言葉です

褢

哀

が、これを単なる音義説として済ませてしまうわけにはいかない。文字が生まれました時代の、いわば民俗学的な方法というものを導入して、その文字の意味を考えねばならんのです。

　人が亡くなったときには、非常に重要な儀礼をします。この衣の間に涙を垂れる、、これが褢《かい》という字です。眔《なみだ》、これは涙ですね。のち立心扁（忄）をつけて懐（懐）という字になる。また衣の間に祝詞《のりと》を入れる。これは哀《あい》という字になる。あるいはまた麻糸の喪章をつける。これは衰《すい》という字になる。このように衣の襟元にいろいろなものを入れますと、みな葬式のときの、葬る儀礼を示す字になる。このような字が全部で十ぐらいあるのです。だから衣は、人の霊の授受に関して使われる。昔の字は単にそのものを表わすというような単純なものではなくて、その当時における習俗的な生活が、その文字形象の中に閉じ込められている。そういうことを考えながら解釈しなくてはいけないと思います。

　この「釈名」の釈衣服の条にはたくさんの字があげてありますが、たとえば褌《こん》という字があります。日本では「ふんどし」と呼ばれる字ですが、もとは「ふみとほし」で袴《はかま》です。「褌《こん》は貫《くわん》なり」、つらぬく意であると書いてある。貫は上から下までずうっと貫くという字ですね。「兩脚を貫きて、上は要（腰）の中に繫《かく》るなり」と説明してある。足から通して、上は腰に達する。するとこれはズボンの短いようなものですね。わが国でいうところの、所謂袴《はかま》です。だから「褌は貫なり」というのがこの文字にあたるので、これを日本流に使うのは本来は間違いである。本当は「はかま」と読むべき字です。はかまは下からはきますね、だからこの褌《こん》は「はかま」というぐらいにあたるものです。

大体、音義説というのは、ただ音が近ければそれで説明ができるということではなくて、その当時におけるそのもののあり方、つまり生活的なあり方というようなものを考慮に入れて、考えなければなりません。ここにはたくさんの例がありますが、この二つだけ説明をしておきます。このように音韻のことになると、話がむずかしくなります。字形で考えますときには、「見て識るべし」なのですけれどね。中国の場合には、特にこの音の問題が大変むずかしいのです。直音で、同一の音の関係で説明できるようなのはいいのですが、音の関係が少しずれてまいりますと、横のグループ、上下のグループと共通するような、音の旁転《ぼうてん》、通転《つうてん》というふうに申しますが、音が自在に動く場合がある。

国語でも音が動くことは非常に多いのです。たとえば「かぜ」という。あの「かぜ」はもともと「かぜ」という言い方しかないかといいますと、そうではありません。「東風《こち》吹かば　匂ひおこせよ……」〔拾遺和歌集〕というとき、「こち」ですね。「ち」という言い方がある。「大和へに　にし吹きあげて……」〔記〕五五というとき、西風のことを「にし」という。疾風は「はやて」ともいいます。「ち」「て」「し」「ぜ」などいろんな言い方をする。これはみんな「かぜ」なのです。もとの音は何か一つであるはずなのだけれども、風の「ぜ」なのか、西の「し」なのか、東風の「ち」なのか、疾風の「て」なのかということになりますと、どれなのかわからないのです。中間的な音があったかもしれません。言葉というものは、はじめ非常に不安定なものです。大体何かある共通の表現の仕方というものがありますと、そういう音の関係の語が、そういう意味に使われる。たとえば野球場なんかで不本意なプレーがありますと、観衆がブーブーなどというらしい。ブーブーというのは、否定の言葉ですね。中国語の否定の言葉は不（bu）です。不・否・無・弗・勿・非・蔑《べつ》・靡《び》というような否定の言葉をずっと並べると、十二、三はございますが、みなその系統の音です。ハ行のフーという音が、そういう否定の意を示すような音であったらしい。国語でいいますと、たとえばサ行の音は、何かこう聞くからに寂しいという感じがしますね。

小竹《ささ》の葉はみ山もさやにさやげどもわれは妹《いも》思ふ別れ來ぬれば　〔万葉〕二・一三三

「ササノハ……サヤニ……サヤゲドモ……」、ずっとサ行音が続いていますね。また藤村の「千《ち》曲川《くまがわ》旅情の歌」は、「小諸《こもろ》なる古城のほとり　雲白く遊子悲しむ　緑なすはこべは萌《も》えず　若草も布くによしなし……」、ここにもサ行音が続く。これはみな寂寥感をもっています。古歌においても、また近代の詩のそれらを通して、こういうサ行音は静かなおちついた感情をあらわします。

　そうしますと、音は本来それぞれの音質によって、何らかの感情をもっていたことがわかります。たとえば感動詞の場合、日本語において、これは母音です。中国においても母音です。西洋においてもやはり「お」「あ」というような母音です。それで感動詞というものは、本来きわめて共通的に母音であったという、一つの結論が出せますね。しかしその音は必ずしも一つではない。母音であれば、「あ」でも「お」でも「う」でもみな感動詞としての働きを示すことができた。つまり一定の音域の範囲の中で、ある一つの意味が共通して表現されるという関係があるわけです。そうしますとその音は、その音域がかなり幅がある。国語においても、先に言いました「風」、その風は、幸田露伴が戦争も末期になって、書斎を失うて田舎で暮らしておりましたときに、欄間に幾つかの問題を掲げて、思索の種とした。その中に「音幻」という、一つの題を掲げて、「かぜ」という語のことを考えていたらしい。そして口述筆記で雑誌に六、七回にわたって発表したのが「音幻」です。私がお話した「かぜ」は、その中にあるものです。

そういう音幻的な現象は、中国語のような単音節語には極めて多い。「聲近ければ義近し」というのが、中国の清代考証学を始めた王念孫の一つのモットーでありました。しかもそれは一つの音ではない。ある一つの音域の中で、グループをなして幾つかの文字があるというような関係です。それは近代の複雑になった字音の結果であるかというと、そうではなく、そもそも音が成立した、言葉が成立した時代にすでにそうであった。すでにそういう可能性をもっていたがゆえに、「かぜ」の表記法がいろいろになる。「なし」という否定の言い方に、いろいろの字を使う。否もあり、無もあり、弗もありというふうに、いろんな字を使う。しかしそれは、ある音の相において共通点をもった、ある音域の中でそういう文字が生まれているということです。

これは言葉の発生論、言語の発生論の上からいいまして、非常に重要な問題なのですね。言葉の起原というものは、なかなか判りません。特に文字をもつ民族は、文字の中でもどんどん音義ともに変化してゆきますから、元の状態を考えることは非常にむずかしい。そして、そういう問題を考えるとき、一番有力な資料を提供するのが漢字です。漢字は単音節で一語を成している。そしてその数は［康熙字典］などで四万七千ほどもある。実際に使うのはその三分の一もありませんが、とにかく万を超すほどの文字が、何十かの音の形式の中にはまりこんでおるわけですね。アクセントをつけて、さらに幾つかに分ちますけれども、音そのものからいいますと、そんなに無限にあるわけではありません。だから、そういうものを整理をしていって、意味的な領域において重なるものをまとめて、要約していきますと、おそらくは、言語の成立した古い状態が大体の音の区分によって、どの系統にどういう意味の体系が表現されるかというような問題を、解き明かすことができるかもしれない。そういう意味で、漢字は最も重要な資料を提供するものであります。

そういう問題を考える方法として、音が重なりあう、あるいは近づくというような関係の語を、幾つかのグループにまとめることができる。［釈名］は、そういう音韻的方法を全く抜きにして、いわばいきなり直感的にその関係をとりあげているが、そ

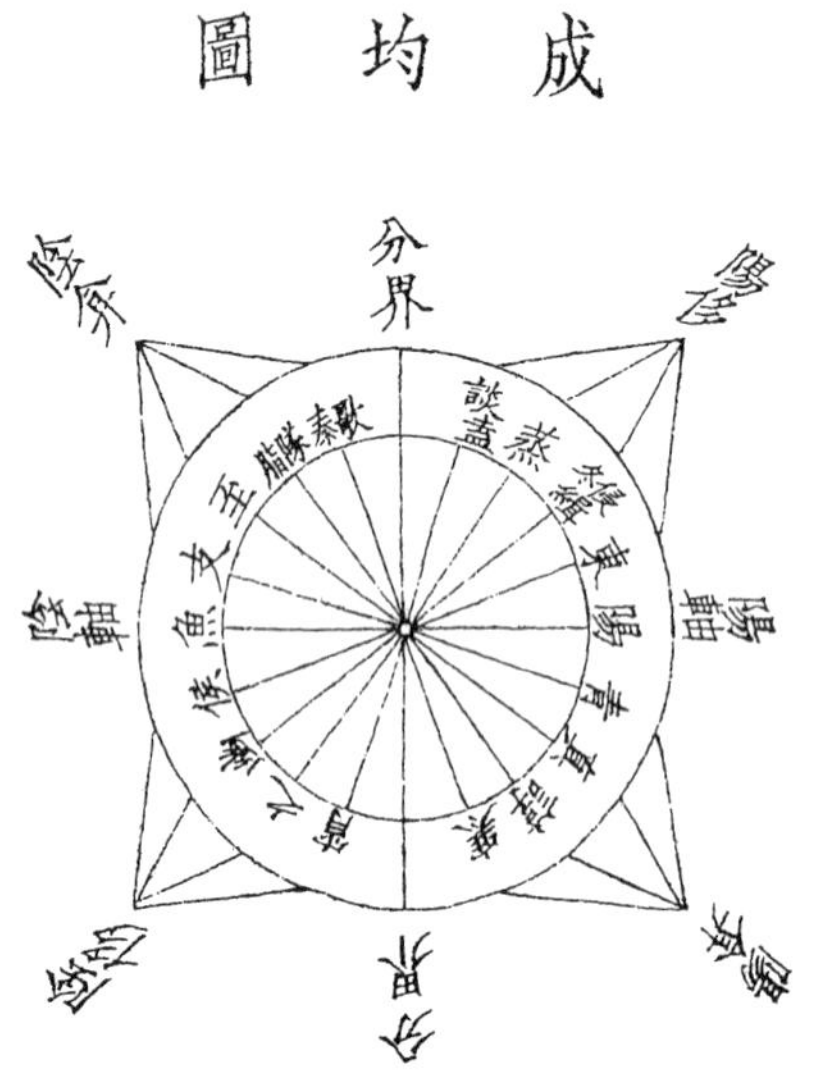

〔資料9・a〕成均図
（章炳麟〔国故論衡〕）

れをもっと音韻学的に、科学的に根拠のある音の変化の過程として整理をするという方法が、旁転《ぼうてん》とか通転とかいう方法であります。〔資料9・a〕にあげましたのは成均図《せいいんず》と読みます。均《きん》という字ですが、音韻の韻の元の字であるということで、中国の学者はみなこの字を使うのです。均は韵（韻）に通ずる字です。この成均図は〔国故論衡〕という書物の中に出てきます。著者の章炳麟《しょうへいりん》（太炎）という人は、自国の古典はもとより、仏典などにも通じ、非常に博学な人でね、あまりに学問が広すぎて、何もかも結合して、しかもそれを巧みに論証するという不思議な力をもった人です。その人の〔国故論衡〕に通転、旁転の方式を書いた図があります。それがこの成均図で、右の方が陽、これは口をいわば開いて発音する方。左が陰、これは口をいわば狭めて発音する方。このように音を陰陽に分けまして、それをまた韻に分ける。ここには二十三部に分けているかと思います。段玉裁ははじめ十七部に分けていたのですけれども、整理しかねるところがありまして、章太炎はこれを増やして二十三部にした。

〔資料9・b〕旁転・通転（章炳麟〔国故論衡〕）

東と冬は旁轉なり。窮の字は本《もと》冬部に在り。然れども詩に言ふ、宜しく我が師を空《きは》むべからずと、傳に空を以て窮と爲す、又、窮乏、空乏は、其の義大同《おほむね》同じなる如きは、亦《また》語の轉なり。中の字は本《もと》冬部に在り、而して鐘子期（春秋、楚の人）も亦中旗《また》（〔史記〕魏世家）に作る。洚の字は、本《もと》冬部に在り、而して洚水も亦《また》即ち洪水なる、是なり。東と侵は旁轉なり。含《がん》の容《よう》と、冢《ちよう》の琴《きん》と稱する（水経注泚水に楚語に冢を琴という）が如きは、是なり。凡《はん》聲の字、風《ふう》・芃《ほう》・鳳《ほう》の輩《たぐひ》は、今皆な讀みて東部に入る。冬と侵と二部、同居にして旁轉す。故に農の字は音轉ずるときは則ち男と爲る。戎の字は音轉ずるときは則ち荏と爲る（爾雅）釋草に戎菽之を荏菽と謂ふ。臨衝は隆衝に作り、隆慮は林慮に作る。緝《しふ》と侵《しん》は本《もと》平（聲）と入（聲）爲《た》る可きも、三百篇（詩経）の用韻に分有るを以て、故に今《きん》も亦分《またわか》ちて二と爲す。夫《か》の及《きふ》聲の若きは今《きん》と爲り、甚《じん》聲は斟《じふ》と爲る。厭厭は或いは愔と爲り、拾瀋は即ち是れ捨汁なり。其の相《あひ》通轉するときは亦冣《またもつと》も親《ちか》きなり。

しかしそれからのち、いろんな学者が研究をしまして、現在では二十九部、清初の顧炎武は十部に分けていましたから、だいぶ増えています。今は大体は、二十九部が骨子になっています。古韻は古い時代の韻別ですから、平・上・去・入という四声の別はございません。しかしこの韻部の名前は、たとえば東《とう》、冬《とう》というようなところは、いわゆる平声です。この中に平・上・去・入の字がみな入っていますが、古い韻の分け方では、大体この二十九部に分けることができる。それでそれぞれの文字が、みなそれぞれの韻に属するのですが、ここに章太炎が第一としてあげていますのは、東と冬とは旁転である。東と冬とは右側の陽軸の陽の上、東《とう》の次が冬《とう》、侵《しん》、緝《しゅう》という三つの部が合韻で入ってまいります。これが大体一つの韻の部として入ってしまうのです。それでこの東の韻に属する字が、冬の韻に属する字と共通する。東の韻に属する字がまた冬という方の韻に属する。ちょっと〖資料9・b〗の説明の文章を読みましょう。「東《とう》と冬《とう》は旁轉なり。窮《きゅう》の字は本《もと》冬《とう》部に在り。然れども詩に言ふ、宜《よろ》しく我が師を空《きわ》むべからず」と。空は窮《きわ》むと読む。空しいと窮むと、字の音が似ています。音が近いわけです。そして窮の字はもと冬《とう》の部にある。空はもと東の部にある。本来は韻が違うのですね。ところが［詩経］の小雅節南山という詩に、軍を滅ぼしてはならん、太平洋戦争みたいにね、全部見殺しにするというふうなことをしてはいかんという、そういう句が「宜《よろ》しく我が師を空《きわ》むべからず」なのです。「傳《でん》に空《くう》を以て窮《きゅう》と為す」とあり、毛伝にこの空は窮むという意味であるから、窮むという読み方をしなければならんという。「又、窮乏、空乏は其の義大《おほむね》同じ。亦《また》語の轉《てん》なり」。これは、空と窮とは本来意味的に連なっている同類の言葉である。だから東の韻と冬の韻とに分かれているけれども、これは意味的に通用する場合があるというのですね。これがすぐ隣の関係で移りますので、旁転というわけです。

それから冬《とう》・侵《しん》の韻。これはやっぱり陽の方にございます。冬と侵とは同じ部の中に入っています。陽の中でも侈《し》は口を開く、弇《えん》は口をすぼめるという意味です。口をどのくらい開けるかということで、同じ陽の音でも二部に分かれるのですが、「冬《とう》と侵《しん》と二部、同居にして旁轉す」。同じ部の横同志でね、両者は通じ合うのである。「故に農《のう》の字は音轉ずるときは則ち男《だん》と爲る」、農は冬の韻、男は侵の韻です。「農の字は音轉ずるときは則ち男と爲る」、そうすると、冬の韻と侵の韻とは同じ類に入りますから、横に通じて使う旁転である。こういう調子でやっていくわけです。章太炎には『国故論衡』の他にも書物がたくさんございまして、このような実例を多くあげています。これとこれとが旁転だからこうなる、これとこれが対転だからこうなると、いくつもこの旁転、対転をくり返しますとね、非常に広い範囲の言葉の家族ができる。これを「単語家族」と称します。

そうしてその単語家族説をそのまま取り入れたのが、東京大学の藤堂先生であります。私の岩波新書の『漢字』を「ちょっとも漢字が分かっておらん」と批評した方です。あの人の『単語家族の研究』（『漢字の語源研究――上古漢語の単語家族の研究』一九六三年、学燈社）は大きな本ですがね、章太炎の書物とくらべてごらんになるとよろしい。ほとんどそのまま取り入れてある。そういうことをやってはいかんのです。まあしかし、この章太炎という人は非常な学者

〔資料10・a〕韻表
（王力『同源字典』一九八二年、商務印書館）

甲類	幽 u	宵 ô	侯 o	魚 a	支 e	之 ə
	覺 uk	沃 ôk	屋 ok	鐸 ak	錫 ek	職 ək
			東 ong	陽 ang	耕 eng	蒸 əng
乙類				歌 ai	脂 ei	微 əi
				月 at	質 et	物 ət
				元 an	眞 en	文 ən
丙類				盍 ap		緝 əp
				談 am		侵 əm

でありますからね、私の白という字でもね、これは黒と通ずるということを、こういう方法で論証しかねない人なんです。それぐらいの学力がある。また博学の人でありました。だからこの人がやれば、それはそれなりの一つの学問といえるでしょう。

次の〔資料10・a〕に入ります。先に言いました二十九部に韻を分けますと、こういうふうなものになります。二十三部よりだいぶ増えておりますが、これは音韻学的に非常に完全に整理をしてあります。私は王力という方の〔同源字典〕の説と、もう

〔資料10・b〕対転例
（王力〔同源字典〕）

之職對轉〔ə:ək〕	負〔biuə〕：背〔puək〕
之蒸對轉〔ə:əng〕	起〔khiə〕：興〔xiəng〕
職蒸對轉〔ək:əng〕	陟〔tiək〕：登〔təng〕
支錫對轉〔e:ek〕	斯〔sie〕：析〔syek〕
支耕對轉〔e:eng〕	題〔dye〕：定〔dyeng〕
錫耕對轉〔ek:eng〕	溢〔jiek〕：盈〔jieng〕
魚鐸對轉〔a:ak〕	捨〔sjya〕：釋〔sjyak〕
魚陽對轉〔a:ang〕	吾〔nga〕：卬〔ngang〕
鐸陽對轉〔ak:ang〕	逆〔ngyak〕：迎〔ngyang〕
侯屋對轉〔o:ok〕	趣〔tsio〕：促〔tsiok〕
侯東對轉〔o:ong〕	聚〔dzio〕：叢〔dzong〕
屋東對轉〔ok:ong〕	讀〔dok〕：誦〔ziong〕
宵沃對轉〔ô:ôk〕	超〔thiô〕：卓〔teôk〕
幽覺對轉〔u:uk〕	輮〔njiu〕：肉〔njiuk〕
微物對轉〔əi:ət〕	非〔piuəi〕：弗〔piuət〕
微文對轉〔əi:ən〕	饑〔kiəi〕：饉〔giən〕
物文對轉〔ət:ən〕	類〔liuət〕：倫〔liuən〕
脂質對轉〔ei:et〕	細〔syei〕：屑〔syet〕
脂眞對轉〔ei:en〕	比〔piei〕：頻〔bien〕
質眞對轉〔et:en〕	跌〔dyet〕：顚〔tyen〕
歌月對轉〔ai:at〕	施〔sjiai〕：設〔sjiat〕
歌元對轉〔ai:an〕	鵝〔ngai〕：鴈〔ngean〕
元對轉〔at:an〕	闊〔khuat〕：寛〔khuan〕
緝侵對轉〔əp:əm〕	襲〔ziəp〕：侵〔tsiəm〕
盍談對轉〔ap:am〕	柙〔heap〕：檻〔heam〕

〔資料10・c〕旁転・旁対転・通転例（王力『同源字典』）

旁轉	
侯幽旁轉〔o:u〕	叩〔kho〕：考〔khu〕
職鐸旁轉〔ək:ak〕	偪〔piək〕：迫〔peak〕
職屋旁轉〔ək:ok〕	踣〔bək〕：仆〔phiok〕
耕陽旁轉〔eng:ang〕	省〔sieng〕：相〔siang〕
微脂旁轉〔əi:ei〕	饑〔kiəi〕：飢〔kiei〕
質月旁轉〔et:at〕	質〔tjiet〕：贅〔tjiuat〕
文元旁轉〔ən:an〕	焚〔biuən〕：燔〔biuan〕
緝盍旁轉〔əp:ap〕	合〔həp〕：闔〔hap〕
侵談旁轉〔əm:am〕	寖〔tziəm〕：漸〔dziam〕
旁對轉	
幽屋旁對轉〔u:ok〕	琱〔tyu〕：琢〔teok〕
幽沃旁對轉〔u:ôk〕	柔〔njiu〕：弱〔njiôk〕
幽東旁對轉〔u:ong〕	冒〔mu〕：蒙〔mong〕
微元旁對轉〔əi:an〕	回〔huəi〕：還〔hoan〕
月眞旁對轉〔at:en〕	曳〔jiat〕：引〔jien〕
通轉	
之文通轉〔ə:ən〕	在〔dzə〕：存〔dzuən〕
魚歌通轉〔a:ai〕	吾〔nga〕：我〔ngai〕
魚元通轉〔a:an〕	徒〔da〕：但〔dan〕
職侵通轉〔ək:əm〕	極〔giək〕：窮〔giuəm〕
錫質通轉〔ek:et〕	遞〔dyek〕：迭〔dyet〕
鐸元通轉〔ak:an〕	莫〔mak〕：晩〔miuan〕
陽月通轉〔ang:at〕	境〔kyang〕：界〔keat〕
陽元通轉〔ang:an〕	強〔giang〕：健〔gian〕
歌盍通轉〔ai:ap〕	何〔hai〕：盍〔hap〕
月盍通轉〔at:ap〕	介〔keat〕：甲〔keap〕
元談通轉〔an:am〕	岸〔ngan〕：巖〔ngeam〕

一人周祖謨という音韻学をやられた方の『問学集』上下二巻と、大体このお二人の著作を参考にしまして、古韻の整理を行なうというやりかたをしています。非常に行き届いた整理をされていますので、これに依拠して大体誤りがなかろうと考えております。

〔資料10・b〕〔資料10・c〕にこの対転・旁転・旁対転・通転の例をずっと出しておきました。対転の一番上の「之職對轉《ししょくたいてん》」、負《ふ》・背《はい》。背中に負うのと、背中に背負

般

うというのはね、これは対転。先ほど音を陰陽に分けましたね。陰陽の丁度むかい合う関係になる。そういう音の関係にあるというので、対転の関係においてこの言葉は通ずる。だから少しアクセントを変えるとか、母音を変えるということによって、言葉がかわる。風の「ぜ」が「ち」になり、「し」になり、「て」になるというふうに、ちょっとかわるというぐらいの範囲で、同じ言葉が変化してゆく。その変化が許容される範囲の中で、言葉が成立するという論証を、一項目について半ページぐらいの証例をあげて王力氏は説明されています。そういう証例の説明だけで、大体六百ページ近くあると思います。非常にたくさんの例をあげてありますので、これを整理してゆきますと、中国語の一番古い形がどれぐらいの範囲に要約できるか、ということが大体わかるのです。

　ここには対転・旁転・旁対転・通転の関係の項目をあげておきました。こういうふうな形で音が変わってゆく。たとえば柔弱、柔は幽の韻である。弱は沃の韻である。そしてこの両者は向かい合う対転という関係において、対応する言葉である。柔弱のように連語としても使う。連語をつくるとき、この旁転・対転の音韻的な要素をもとに構成することが、非常に多いのです。〔詩経〕の関雎《かんしょ》の「窈窕《えうてう》たる淑女は、君子の好逑《かうきう》」という、窈窕とか好逑という言葉は、大体そのような音韻的な関係で熟語になっている言葉です。〔資料10・d〕に〔同源字典〕の証例をあげておきました。

俳、昔の音ですと buai というような音である。それと盤《ばん》は頭音が同じです。ただ韻がちょっと違いますね。俳が微韻で盤が元の韻でありますが、これは旁対転と書いてあります。旁転・対転を併せていますが、この関係がどうして成立するかを、その下にまた三つの例をあげて説明しています。盤と傍は元の韻と陽の韻。この二つは意味も通用します。次に徊《かい》と桓《かん》、それから桓《かん》と偟《こう》、盤《ばん》と桓《かん》とを並べて「盤桓」、これは大体において音がかなり近いのであります。般は[illegible]、これは盤を叩いて音を出して、楽器の代わりに使います。本来は皿形であるというので、般に皿の形を書いて盤になります。この舟の形は方舟《ほうしゅう》です。そしてH（ハン）という風の場合はですね、風は今はこの字を書きますが、凡が本来は音符であった。それで凡の中に鳥の形がつくのです。鳳凰、おおとりの形です。もとは鳳凰の羽音が台風であり、風であった。風はもとはこの鳳という形の字であった。凡はもと盤の形の省略形です。盤・風はもともと同じ音です。字原的にも同じであり、音の要素も同じ。旁という字も、

〔資料10・d〕王力「同源字典」の証例

並母［b］
buəi　徘（俳裴）：buan　盤（微元旁對轉）
buan　盤：bang　傍（徬方仿旁房）（元陽通転）
huəi 徊（佪回）：huan 桓（匣母雙聲，微元旁對轉）
huan 桓：huang 偟（徨皇）（匣母雙聲，元陽通轉）
“徘徊”“盤桓”“傍徨”都是疊韻連緜字，同源。

山母［sh］
shiuət 帥（衛）：shiuət　率（達）（疊韵）
shiuət　率：tziuən　遵（山精鄰紐，物文對轉）
tziuən　遵：ziuən　循巡（精邪旁紐，文部疊韵）
ziuən　循：ziuen　徇（邪母雙聲，文眞旁轉）

明母［m］
məi　黴：muə 黣（穤霉）（微之通轉）
muə 黣：mək　墨（之職對轉）
muə 黣：muə　煤（之部疊韵）

見母［k］
kieng 頸：kang　亢（吭肮）（耕陽旁轉）
kieng　頸：heong　項（見匣旁紐，耕東旁轉）
kieng　頸：kyeng　剄（疊韵）
kieng　頸：heng　莖（見匣旁紐，疊韵）
heng　莖：hyeng　脛（匣母雙聲，疊韵）
hyeng　脛：heang　胻（匣母雙聲，耕陽旁轉）

鳳

Ħの下に方を入れる。みな音の上からも意味的にも関連があり、一番のもとはあの凡（Ħ）という擬声的な音であった。

〖資料10・d〗の一番下の見母《けんぼ》のところをみましょう。頸《けい》というのは、巠、本来は糸を織りますときに、縦糸を垂らして、この下に重りをつけます。これに糸偏を加えると、經（経）という字になる。縦に垂れたもので垂直のもの、というような意味が基本的にあるわけです。人体では頸《くび》、首のところ。それに刀を加えると首切りということになる（剄）。草の場合ですと、この上に艸をつけて莖になる。直線の近道は徑。要するに縦に連なるもので、垂直の形のものが、巠という字の中に、演繹的に含まれているわけです。それから亢《こう》は、この喉もとのところです。頸は首筋、そうしますと、亢と頸は前と後の関係ですから、音も近いし、韻も近いというような関係です。音韻の上からいいますと、頸は耕という韻の中、亢は陽という韻の中に入る。耕と陽は隣同士の音ですから旁転である。声も近く韻も近く、お互いに行き来することができるというような関係にある。こういうふうにして文字を、それぞれ音の関係で整理していきますと、大体親類関係のものは音でまとめることができます。

旁転・対転というのは、このように横へ動く、あるいはむかい同士の音で、口を大きくあけるか、すぼめるとかというような関係で、共通の音義をもつというような字です。これはたくさんあります。最も直接的には、同じ音符を用いているものの間に、同一の声義の関係があるかどうかです。これは一番語原的にたしかな方法ですから、そういう例を最後の〔資料11〕にあげておきました。字数にして随分たくさんございますが、〔説文通訓定声〕という、朱駿声《しゆしゆんせい》という人の〔説文〕を整理をした書物です。大体〔説文〕を研究した流派としましては、三通りある。一つは考証学的に研究した段玉裁の〔段注〕の系統です。それから音を中心に纏《まと》めましたものが、朱駿声の〔説文通訓定声〕です。もう一つは桂馥《けいふく》という人の〔説文解字義証〕という、これは訓詁の例を集めて、実際の使用例、主として典籍の使用例を整理してあります。この〔説文〕の三流派の中では、〔段注〕が一番重んじられていますが、この朱駿声の著も音符を中心に整理をした、非常に便利なものです。その中から幾つか選びました。

〔資料11〕説文通訓定声目抄録（朱駿声〔説文通訓定声〕、一九八四年、中華書局影印本）

東五十一字　東 棟 涷 凍 蝀・重 歱 偅 踵 腫 種 㣫 湩 緟 動 鍾・童
蕫 衝 橦 穜 𤺥 罿 僮 憧 潼 撞 曈 鐘 𨏉・龍 瓏 蘢 嚨
龏 龔 籠 龑 櫳 礲 竉 襱 龐 礱 瀧 䥴 聾 蠪 壠 隴・𣗀
灷十八字　灷 𪌾 栚 倂 朕 賸 滕 䞓 幐 縢 騰 黱 媵 螣 塍 塍 勝
鼟
才二十二字　才 𧺆 䣹 㩁 材 財 䴭 豺 𢦏 在 哉 戴 䴢 栽 𢦔 裁 烖
𢦒 載 胾 𣳏 茬
由二十字　𤰞 由 苖 迪 㣙 油 冑 笛 柚 邮 宙 冑 舳 岫 鼬 怞 油
妯 紬 軸

敫十五字

敫 璬 噭 譤 徼 謷 鷔 檄 竅 覈 曒 僥 激 擊 繫

兪二十七字

兪 瑜 逾 踰 諭 羭 榆 鄃 牏 窬 軛 瘉 牏 褕 覦 歈 貐 愉 渝 揄 媮 匬 緰 蝓 輸 隃 羭

丂四十六字

丂 可 苛 訶 駉 奇 哿 柯 疴 何 砢 河 閜 抲 妸 坷 軻 阿 渮・倚 齮 猗 踦 攲 婍 剞 觭 椅 旖 寄 倚 騎 猗 掎 綺 畸 錡 輢 陭 荷・閜 婀 橋・哥 歌 滒

离八字

离 謧 離 摛 縭 螭 醨 蘺

益十一字

益 溢 嗌 齸 謚 諡 鷁 搕 縊 鎰 隘

甲三十字

甲 單 禪 蕇 嘽 殫 觶 簞 橝 鄲 癉 幝 僤 禪 磾 獸 驒 燀 鼉 憚 鱓 闡 撣 戰 匰 彈 繟 蟬 鼉 墠

釆四十四字

釆 番 弆 璠 蕃 譒 播 橎 鄱 旛 蹯 轓 皤 磻 猶 鱕 燔 鐇 潘 播 繙 蟠・[illegible] 眷 劵 觠 登 鞶 桊 豢 卷 豢 拳 桊 劵・潘 藩 藩・圈 棬 倦 鬈 捲 陖

侖十二字

侖 論 睔 棆 倫 惀 淪 掄 綸 蜦 輪 陯

東

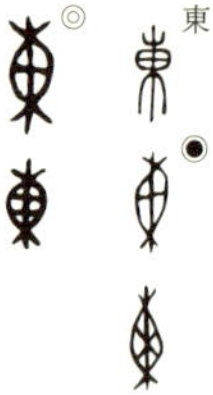

東という字、この東という字によってどういうふうな意味があらわされるか。東は今は方角の東という字に使いますが、本来はそうではありません。本来は、このような形です。袋の上と下とを閉じて、中へものを詰め込んでいる。ところが、これが東という字に使われるようになりますと、もとの袋の意味に使う字を作らないとい

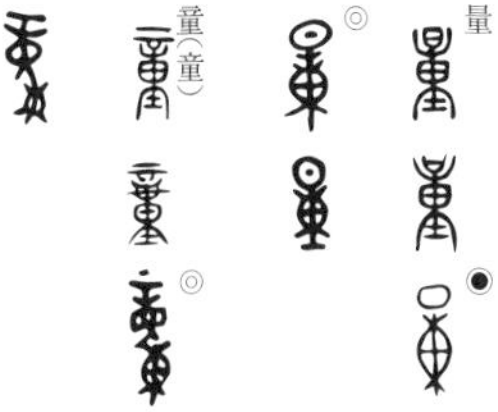

けませんね。それでできた文字が橐《たく》です。中に石（宕《とう》の音）が入って、下に木がある。木は東の下部、橐の結びめです。これが嚢《ふくろ》という字です。東はもとは袋という字でありましたから、のちに東に代えて橐や嚢の字が作られた。東は本来は東方ではなかったのですが、そのような抽象的な名詞はあらわしようがないので、その場合東《とう》の音だけを使うのですね。このようにして字が分化してゆくのです。

この東という文字には、袋に包みこむという意味が本来ある。それで袋に入れたものを、ぶらさげて叩《たた》くと繋《けい》になる。繋は袋に入れたものをぶらさげて、叩いて中のものを整えるというような字です。整の東も、東と同じ意象の字です。また、凍《とう》は氷って固まる、棟《むね》は前後の屋根面の集まる場所であるという意味が、大体わかりますね。

「重」という字はどうか。重いという字にも東が入っています。東は橐《ふくろ》、その下に土をぶらさげる。それで重い。これは袋にものを入れて、その重さを量るわけですね。だから重は東という字の意味を大体受けついでいることがわかります。量はその橐に上からものを入れる口を加えた形。東・重・量は一系の字です。

「童《どう》」という字。朱駿声はこれを東の中に入れていますが、実は東の字とは違うのです。朱駿声の「通訓定声」の問題点は、こういうところの整理が充分にできていないところにあるのです。童は今は「わらべ」という意味に使いますが、昔は髷《まげ》を結《ゆ》わない者が童であった。昔の成人はみな髷を結い、簪《かんざし》を通していました。それで男ならば夫、頭に髷を結って簪を通すので、夫という字になる。童の場合は頭を丸刈りに

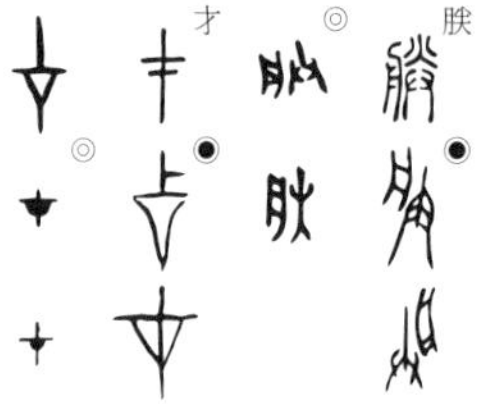

して、辛《はり》（針）で額《ひたい》に入墨をする。目の上に入墨をするので、目の上に辛を書く。これが童といわれる受刑者です。しかし音を示すために下に東を加える。だから童という字は実は立と里と書くけれども、本来は辛・目・東・土と、四つの要素を組み合わせた字です。童という字の本来の意味は童子ではなく、受刑者です。童子のように結髪していないから、後に幼子をも童という。［通訓定声］がこの後に龍声の字を加えているのは、［説文］が龍を童の省声に従うとしているからで、それは誤りです。ただ東（東韻）・龍（冬韻）は東冬旁転の字で、同系の語です。［通訓定声］が龍をこの部に入れているのは、これはおそらく左側の方を東の字と関係があると見たのでしょう。しかしこれは東と全く関係がありません。東の部に五十一字を入れていますが、実は東と童と龍とを三つに区切って、別々のグループとして処理しなければならんものであったのです。

次の𠔉《そう》（关）は送るという字のもとの字です。人にものを贈るときには、そのものを大事に両手で捧げて渡す。これがこの关《そう》という字になります。これを盤《ばん》に入れると、その盤が月の形になり、朕《よう》となる。それで宝貝などを送るときには、朕の字に貝を加えて賸《よう》となります。あるいは嫁ぐときに介添えの女としてつれていくものを、媵《よう》という。字の基本形は、両手で捧げる关と盤（舟・月の形）です。すべて鄭重に相手におくるという意味をもちます。

それから才《さい》。才能の才は今までに何度もお話をしたことがありますが、神聖を表示

する意味での標木を立てる。聖所に立てた木に枝を横にわたして、その結びめに祝詞の箱を結びつけます。それが才、存在の在のもとの字です。これを立てたところは神のしろしめすところの場所であるというので、神の在るところの意となるのです。ここにたとえば人が立ちますと存となる。清めの鉞を置くと在になる。才は要するに神聖の表示です。その故に、最も根源的なものを天地人三才という。また先天的に与えられたものを才という。これは神のしろしめすところであるという意味の表示です。だから裁という字も𢦏《さい》を書く。戈の刃の上に𠙵《さい》（お札を入れた器）をつけて𢦏、下にお札をつけて哉、衣を裁ち始めるときには衣をつけて裁、新しい車につけると載、𢦏にはすべて仕事始めの意味があります。だから載はまた「はじめ」「おこなふ」とも読む。

次の由《ゆう》という字。［説文］に由という字はありませんので、字の由来のわからない字です。しかし油という字に使ったり、宙という字に使うところから、そういうどろどろしたもの、からりとしたものと関係があるのではないか。中が空っぽであることと関係があるのではないか、というような基本的な意味を考えまして、私はもと卣《ゆう》というようなものではないかと考えます。卣は非常に古い時代、お酒を入れる壺です。殷の青銅器に卣の非常に立派なものが出てきます。、これはもと瓢箪《ひょうたん》の形ですね。実が熟しますと、中は自然にどろどろになって溶《と》けて油化します。溶けて出たものが由（油）。そして中が空っぽになると宙です。宇宙の場合、大気圏の全体が何の実体

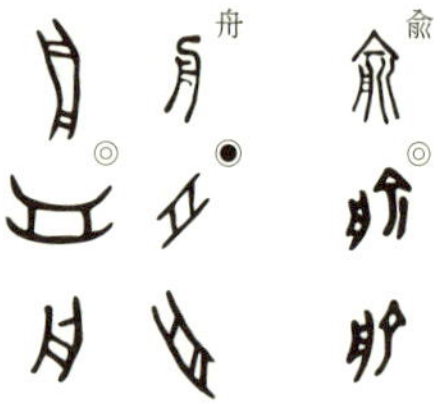

もありませんからね、宇宙の宙になる。車の軸《じく》になぜ由を使うか。軸の中にものがあっては回転できないのです。中が空白になっておらんといけない。由のつく字をずっと見ていきますと、私のそういう解釈で大体みな当たる。笛も竹の筒《つつ》です。中が空っぽでないと音が出ません。古来謎《なぞ》とされていた字ですが、古くは卣という、後には酒器に用いる瓢簞ですね。そういうようなものがもとの形であることがわかるかと思います。

次に敫《きょう》。悪霊を放逐しますとき、人を棹《さお》にかけて、これを叩く（）。これが放、悪霊を放逐するときの儀礼です。これに頭がつくと、この白はしゃれこうべですが、その字は敫《きょう》になる。これに彳《てき》をつけると徼《きょう》。道でやりますとね、悪霊を使って何かを求める。徼《もと》めるという意味になる。辵《しんにゅう》をつけると邀《きょう》。「邀《むか》へる」という意味です。木扁をつけると檄《げき》。檄文は人を放逐する儀礼にかえて、文章の力で、ある地域に自己の意志を宣布するときに使います。そういうものはいわば大変激しいものですから激《げき》となる。また、皦《あきら》かの意とする。この敫系統の字はみな所謂祭梟《さいきょう》、死者の霊を用い、死者の屍を打って、その呪霊によって何事かを成就しようとする、そういうときにこの系統の字が使われる。

次に兪《ゆ》。この字はこの形を見ただけではわかりにくいのですが、左は舟の形（）です。また右は大きな針の形（）。舟形は盤《ばん》、手術のときの受け皿です。余は大きな針で、膿《のう》などを取り除くのです。膿を除くというときに、やはりこの針を使い、膿

余

可

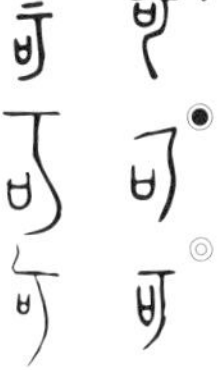

侖

を舟（盤）で受けます。そうすると治って心が愉《たの》しむ。愉快の愉です。また病垂れをつけて治癒《ちゆ》、こうして患部の膿血を針でぬきとってしまうと、治って心が愉しくなる。兪のつく字は全部で二十七字ここにあげてあります。輸には車がついている。こちらにあるものを、あちらに移すという、それで輸《おく》るという意味が出てくるのです。手術して患部をとり除く、兪には愉しいという意味があったり、輸るという意味があったり、いろんな使い方をしますけれど、根源は手術刀でもって患部を除去して他に移すという意味です。これがこの関係の字全体を通じて、意味的に関連する、貫通するということになります。

それから許可の可という字、これは祝詞を奏しましても、神様はね、ただ申し上げるぐらいではなかなか言うことを聴いてくれません。それで大きな木の枝ですね、これを許可せよというて責めるのです。神様もそれで仕方がない、許可するというて許される。それで命令の「べし」とか「許可」とか、そういう意味になる。これを二つ重ねますと哥《うた》となる。昔はこれで哥と読んだ。祈りの歌です。さらに大きな口をあけて歌っているのが、歌という字です。だからこの可のつく字は、大体祝詞で神様にお願いをする、強い調子でお願いをする。そして許可されるというような意味合いを含んでいます。

まだ幾つか残していますが、時間がきましたので、一番最後の侖《りん》をみておきましょう。侖はものをまとめる形であって、下に扉のような形がついています。たとえば輪の場合、輪の矢を一つにまとめる。それが両方にあって、相対するものです。人扁をつければ、人倫ということになる。糸を組みあわせるならば綸《いと》。もし水ならば水の波が層をなして波及してゆく。淪《りん》、さざなみですね。このように侖という字には、その本来的な意味があり、これを声符とするすべての文字に、いわば貫通して、その声義を含むというような関係になります。

　中国のこういう文字の構造を考えます場合に、何々の声という、同じ声、声符を同じくするものをまず一系として、これで大体の筋道をたてる。それから対転、旁転の関係で、それの広がりを組織してゆく。これをもし根気よくやりましたならば、おそらく中国の言葉を語原的に体系づけることができるであろうと思います。世界の言葉の中で、いかなる方法を用いても、とにかくその語系の体系化に迫りうる可能性をもつものは、中国語以外にはないのです。国語の場合には、他の要素もたくさん入っておりますし、多音節であるため非常に変化が多くて、大体、「い」なら「い」という言葉が、「祝う」とか、「忌《い》む」とか、「祈る」とか、そういう神事に関係があるというような場合、音の系列である程度整理できるところもあります。しかし中国の漢字のように、これほど大量の資料を、これほど直接的な系統化の方法をもって整理しうるという文字は、世界中にないのです。私ももう一ぺん生まれかわったならば、こういう漢字の研究法によって、言語発生の研究をすすめたいと思う。もし志のある方がおられたならば、私の考えているそういう方法によって、中国のこの語原を遡原的に整理し、最初の語原の形態を明らかにしていただきたい。おそらく一番はじめは、感動詞など母音系統の語であった。また否定詞はh・b系統の音であったというような、そこまでさかのぼりうるわけですが、そういう語の体系化に成功したならば、言葉の発生の秘密、従来明らかにされていない言語学上の最大の問題に迫る道を、切りひらくことができるであろうというふうに考えるのであります。

これはまた、漢字文化のもっておる未来性の、非常に大きな一つの分野であると思うのです。語原というものは、どこでも十分にはわかっておりません。日本語などでも、南方語が入っているとか、北方語が入っている、アイヌ語が入っている、またインドシナか、どこかの言葉が日本に多く残ったなどという説がいろいろありますけれども、しかし日本語の言葉の系統は、いわゆるウラル・アルタイ語系です。言葉の順序はトルコから半月形を描いて、モンゴルを通り、中国の東北地方を通り、朝鮮を通って日本に達するという、そういうウラル・アルタイ語系に、国語は属しているのです。だから必ずやこの系列の中で、日本語というものが成立したに違いないと思う。しかし日本語の語原は依然として殆んどわからんのであります。そしてそれは日本語だけではない。インド・ヨーロッパ語系の言葉でも、殆んどわからんのであります。もしこれを可能にする道があるとすれば、中国語・漢字が一番有力な資料を提供してくれる。もし志のある方が私の言うところをお聞きになって、中国の語原の体系を明らかにされたならば、これは非常に大きな言語学上の収穫になるであろう。漢字の体系はそのような可能性を秘めていると思うのです。

今まで漢字の形ばかりお話をしてまいりましたので、今日はそういう漢字の音について、どのような問題があるのか、どのような可能性があるのか、今後の学問的な対象として、どのような課題があるのか、そういうことを皆さんにお伝えをしておきたい。そのように考えて、お話をしたわけであります。大変聞きづらいお話で申しわけございませんが、しかしこの会も、いよいよ最後になりまして、始めましたときには、まだ世の中がだいぶ平和であったように思いますが、最近何か大変激しい時代になってきているように思いますね。自殺する人がこの数年間続けて年に三万人を超えるとか、凶悪犯罪が二万件を超える、また教育の場でも大変不安な問題が生じている。私がこの講話を始めてすでに五年近くになるのでありますが、その間にも世の中の転変はかなり激しい。一段と警戒を要する状態になってきているというふうに思います。もっとすべての人が、知的な世界で遊ぶというようなことに楽しんでくれたならば、今のような混乱した状態からあるいは脱却することができるのではないか。そういうふうに密かに思うわけであります。それで非常に困難な課題を皆様に提供をいたしまして、今回のお話を終わることにいたします。

第二十話

漢字の将来

文字講話もここに最終回を迎えることとなった。漢字の構造とその成立の背景、また文字としての機能の仕方について、いろいろな角度からの検討を試みてきたが、漢字の将来の問題は、当然その検討の結果から導き出されるものである。すなわち三千二百年にわたって生きつづけてきた漢字は、その歴史の延長の上に、自らのあり方を志向しているはずである。

漢字はアルファベットのように、単なる言葉の音表記ではない。それは言葉を載せた、言葉を形象化した、また一個の存在である。それで漢字はまた表現の方法であり、従ってまた美的な表現の方法でもあった。それは書の芸術として、それ自身の長い伝統をもつ。字体の変化につれて、それにふさわしい美の様式を創造してきた。絵画と異なる抽象性をもつ書の芸術は、そのすぐれた精神性のゆえに、絵画では達成しがたい美の世界を展開した。

筆と墨と紙とで現わされる書の芸術は、またそのまま水墨画として、絵画の世界の理論的根拠を提供した。書と画とはときに交錯し、ときに一体となる世界であった。

しかし一語に一字を必要とする漢字は、学習者にはかなりの負担であった。中国の識字率はかつては数パーセントにすぎず、知識は極めて一部の読書人にのみ独占された。そのため民主的な思想がもたらされると、魯迅のような人によって廃止論が説かれるようになった。その結果、極めて大胆な簡体化が行なわれるに至ったが、それは漢字の歴史の生命を絶ち切り、厖大な過去の遺産をおきざりにし、造字性を失った意味不明の、識別しがたい多くの字塊を生み出した。

わが国にははじめ文字がなく、仏教の伝来に伴って漢字がもたらされた。そして〔記〕〔紀〕〔万葉〕の苦渋にみちた試行的な作業の末に、漸く訓読法によって漢文を国語化し、二種のかなを創出することによって、自在に、しかもゆたかに国語を表記することに成功した。漢文の訓読法から戦記文学が生まれ、漢字漢語を自在に駆使することによって、文字に遊ぶような作品も生まれた。文学は特定の知識社会のみでなく、町人の世界にも普及し、江戸期における識字率は、殆んど近代国家と変わらぬほどであった。

明治の開化期に、西洋文明の高さに驚いたわが国では、国語改革の議が起こったが、皮肉なことに西洋文明の輸入に役立ったのは、漢字による造語力であった。大正期には国語の文体はいちおう安定した状態にあったが、敗戦後占領軍の指示で再び国語政策の問題が起こり、漢字は廃止することを前提に、その字数と用法とを制限され、千数百年の伝統をもつ古典の世界は、顧みられることがなかった。しかし本来文学を愛好するこの民族は、和歌・俳句・川柳などの文芸においても、世界に比類をみない多くの人々が、日常的に創作を試み、千三百年前の「万葉」、千年前の「源氏物語」は、国民文学として、その原作のまま、多くの人に鑑賞されている。また六百年前の能楽の愛好者は今も多く、自らその曲を謡い、また定時の演能を鑑賞している。そしてそれらの表現には、漢字が深く機能しているのである。

漢字はかつて東アジアの全域に共通して行なわれ、この世界では漢字は共通語的な役割をもつものであった。しかしそのうち、ベトナム語はフランスの植民地時代にローマナイズされ、朝鮮半島においても民族意識の高揚のため漢字を廃してハングル化し、中国もわが国もそれぞれ略字を製し、台湾・香港のみがひとり古塁を守るという有様である。こうしてかつての漢字文化圏は崩壊し、同時に漢字の文化を根幹とする文化共同体としての東洋も崩壊した。崩壊したのみでなく、今はかつての米ソの対立を代理する形で引き裂かれた状態にある。朝鮮半島が両者の接点となっているのは近世以来のことであるが、まことに悲しむべき現実といわねばならない。漢字文化圏の復権は、また同時に東洋の復権である。識字運動を介して、その東洋の理念を回復することが、私の宿願とするところであり、この文字講話もそのことを意図するものであった。識者の方々のご協力を、切に期待したい。

皆さん、おめでとうございます。今年は二十一世紀に入りまして、四年目でございます。今年あたりは、ぼちぼちアジアの閉塞状態も改善されるのではないかとひそかな期待をもっているわけです。この文字講話は、実は前世紀から始まりまして、五年二十回、本日がいわば満願の日でございます。はじめはどうなることかという気持ちもありましたけれども、神様とお約束したことでもあり、また皆さんから大変あたたかいご支援をいただきまして、本日を迎えることができまして、大変幸せに存じております。ありがとうございます。

今日は最終回でございますので、「漢字の将来」という題を出しておきました。今まで十九回にわたってお話をいたしましたことは、いわば漢字が成立する、漢字が生まれ出る時代の、そういう時代意識の中で漢字の構造をお話をする、漢字の成立の事情をお話してきました。それからのち、悠々三千二百年、漢字の歴史は大変長いのです。その長い歴史の中で、漢字は人の生活、人の精神生活とどのように関係してきたかということについては、殆んどお話をしてないわけです。それで、今日は最終日でございますから、その三千二百年を一気に駆け下りまして、中国においてはこうであった、わが国においてはこうであった、そういう事情を検討すれば、その結論として漢字の将来ということが出てくるはずです。今日はその三千二百年を一気に駆け下るという、大変気ぜわしないお話をしますが、一応そういう漢字の歴史についての総括的なことを申し上げ、将来の漢字文化はいかにあるべきか、また漢字文化の復興ということが、このアジアとどのように係わるかというようなことについて、多少の展望を試みたいと思っております。

〔資料1・a〕には甲骨文の最も古い時代の、ちょっと代表的なその字跡を見るに

〔資料1・a〕卜夕
(甲編三三三九、白川静〔甲骨文集〕一九六三年、二玄社、著録)

右　辛酉卜して韋貞《と》ふ。今夕(其れ雨ふら)ざるか。
左　辛未卜して亘貞ふ。往きて豕を逐ふに、獲んか。

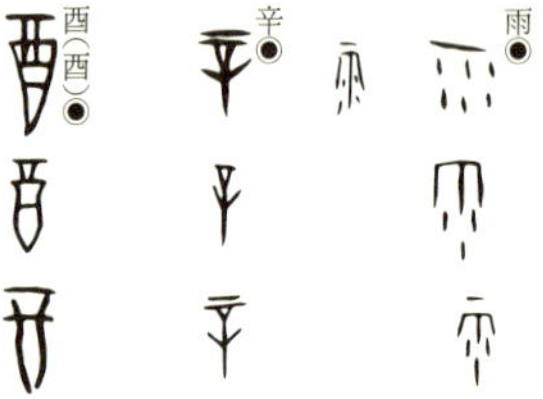

足るものをあげておきました。それから〖資料1・b〗の方は、これは殷の金文ですが、金文としては一番古い時期の、かなりまとまった文章を録したものでありますから、この二つを文字の歴史の起点として、ここからお話を出発したいと思います。

甲骨文は一般には線刻り、線でさっと彫ったもので、その時代の書法的な意識をちょっと探りにくいものですが、ここにあげましたものは、かなり肉太に彫ってございます。だから単なる線で文字を構成するというのではなくて、文字が成立した時代には、文字についてのいわば様式的な何らかの意識があったに違いないというふうに私は思います。この肉のついた文字によって、その時代の意識を考えますと、彼らがすでにいくらか書法的な意識をもって、書というものの、一つの美意識をもっていたということを、知ることができるかと思うのです。

右の甲骨文には釈もつけてあります。「雨」という字、見えていませんが、右の下の方です。辛酉の辛。これは大きな針ですが、持つ柄のところをいかにも頑丈にしてある。それから下の止めのところがきちっと書いてありまして、少し長細く、長方の形に字形を整えるのが当時の意識であった。それから辛酉の酉は、酒壺のような壺の形です。上の方は蓋をするところ、少しくびれをつけて、最後のところは尖底《せんてい》という底の尖った形ですね。これは非常に古い土器ですと、土の上にぐっと突き刺しまして、横から火を加えるとか、そういうことをやりますので、突き刺せるように底を尖った形にするのです。だからこういう字が作られますのは、その当時の一般の器物は、こ

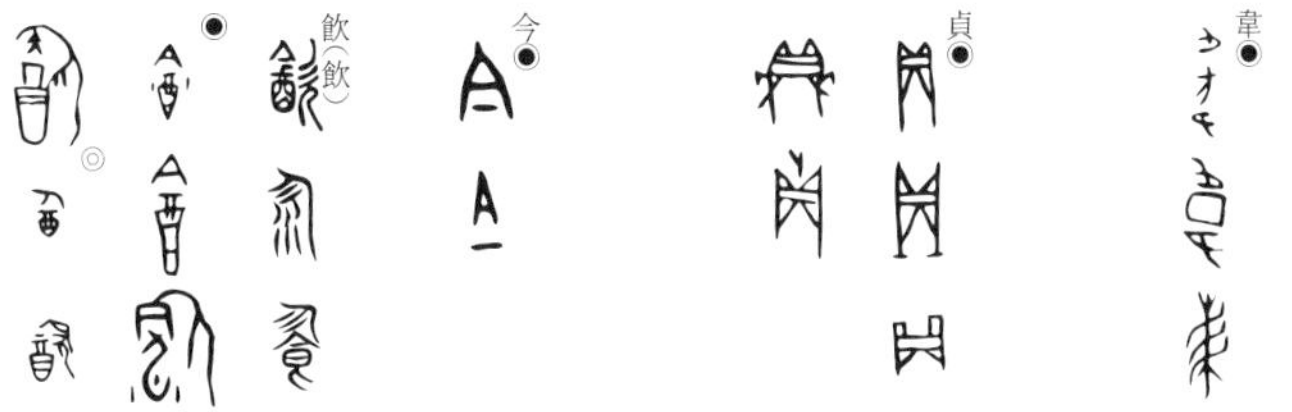

のような尖底形式のものが多かったのだということがわかりますね。「韋貞ふ」の韋は都邑を巡る形です。上下に足を、あちら向き、こちら向さに書く。城壁を巡っている形です。これが道でありますと衛、衛るという字になる。辵をつけますと違、たがうという字になる。周囲を囲みますと圍（囲）、かこむという字になる、というふうに、みなこの形で示されるわけです。この韋も縦長ですね。それから貞、「貞《と》う」という字は、実際は鼎の形です。この鼎は円鼎ですから、もっと丸いのです。円鼎の場合は、むしろ横長なんですが、文字に形象化するとき、いくらか縦長の形にしている。だから縦長で、しかも普通の場合には真っ直ぐに書いてしまうのです。ここでは意識的に少し丸みをもたせるという形をとっている。書をおやりの方は、皆さんご存知でありましょうが、中国の字は大体円体の字、左右が丸みをもつ、ふくらみをもつということを一つの基本形として、形が作られている。これを円体というふうに申しておりますが、そういう円体の形を、この時分からすでにとっているわけです。この円体の形が最終的に完成するのは顔真卿《がんしんけい》の書です。ご存知のように、かなり両脇に膨らみをもたせた、ああいう円体の字になるわけですけれども、その円体の字は、甲骨文がすでに志向するところの書法的な意識であったといえるのであります。

今夕の今は、壺などの蓋をする形ですから、非常に厳重です。これの下に先の壺を入れ、欠《けん》を加えますと、飲むという字になる。こういう栓をする形ですから、これは大変厳しい直線の形で書いてあります。月は勿論半月の形、不は花のうてな。うてな

不
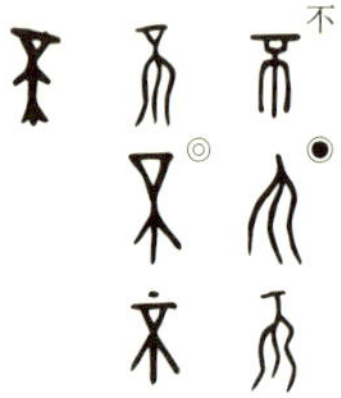

丁

の下に、こういう形が残りますが、蕚不という場合の不で、そのまま象形的に書いたものです。これも縦長で横に丸みをつける円体の様式で示されている。小さな甲骨文ですと、こういう書法的な意識は殆んど表にあらわれません。しかしこういう大きな字になりますと、そういう点がかなりはっきり見えますので、あまり数は多くありませんが、こういうものによって、その当時におけるいわば書法的な意識というものが、すでに確立していたということを知ることができます。

エジプトのヒエログリフあたりですと、大変古い、紀元前三千三百年というような時代のものでありますが、それが紀元前千年ぐらいになりまして、ツタンカーメンの時代になりましても、殆んど形はかわらない。女の人は横を向いて髪を垂れて座っておる、男の人は横を向いて髭《ひげ》をはやしているというね、ああいう輪郭画みたいな字しか使われておらんのです。そこには書法的な意識は何もない。だからやがてデモティックになって、崩れてアルファベットに変わっていってしまうわけですね。そこからは一つの様式的な美を追求する動きが、出る余地がなかった。しかし中国の漢字は、この甲骨の時代において、すでにある一種の美的な意識をもっている。それを様式的に完成するための条件をもっているということが、いえるわけです。

『資料1・b』は、これは金文の方の字ですから、ナイフでしゅっと刻《きざ》むのではなくて、粘土なんかで鋳型を作りまして、銘文はへらでつけるわけです。だからこれは筆の使い方というような意識が、この中にある。訓みをつけておきましたので、ご覧いただきます。

この丁巳の丁は、釘という字のもとの字です。釘の頭は丸いですね。のちにこの下に打ち込むところをつけて丁、もともとはこの頭の上だけ書いていています。ここでは

〖資料1・b〗小臣艅犧尊（三代一一・三四・一、白川静「金文集1」一九六四年、二玄社）

丁巳《ひのとみ》、王、夒の且を省《せい》す。王、小臣艅《ゆ》に夒の貝を賜ふ。隹れ王來りて夷方を征するとし、隹れ王の十祀又五、肜《ゆう》（祭名）する日なり。

省は巡察。夒は地名。且は祖の初文。社の類であろう。小臣は卜辭にもみえ、貴族出身の家柄を示す語で、のち官名となった。賜貝のときに、この銘のように某地の貝ということがある。王が東夷征伐の途次に夒地を巡察し、扈從した小臣艅に賜與したことを記している。「隹王來征夷方」は紀年の代りに用いており、これを大事紀年形式といい、殷末周初に行なわれた。銘はまたつづけて「隹王十祀又五」という。十五年の意。肜日は祭名。先王と王妣の祭祀は月次祭《つきなみ》として一定の次序を以て行なわれ、殷末にはこれを一巡するのにほぼ一年を要した。祭祀は五種あり、これを五祀周祭という。十祀又五とはその周祭が十五次行なわれたこと、従って王の十五年の意となる。董作賓氏の「殷曆譜」下編二・祀譜三にこの器を帝辛十五祀正月丁巳とする。帝辛期には十祀秋から十一祀夏にわたる夷方征伐が行なわれ、器銘はその後の東征の際のものである。四行二七字。器は山東壽張出土。いわゆる梁山七器の一。七器中には召公關係の器が多い。尊は犀形の犧尊。このように寫實的な犧尊は、むしろ異例に屬する。いまA. Brundage氏藏。

王◎

省◎

徳（德）◎

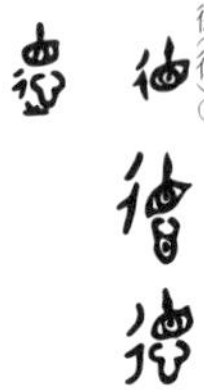

賜◎

○、丸だけ書いていますね。次は王、王が鉞《まさかり》の象形の字であることがよくわかりますね。［説文］では、天地人三才を貫くものが王であるという、上の二画は接近している形のままで、天地人三才という解釈をしております。しかし金文の字形を見ますと、これが鉞の刃部の形であることは明らかですね。こういうものを、テーブルの上に王位のシンボルとして、どんと据えるわけです。実際に使う鉞ではなく、儀器として使うための鉞の頭というものが別に作られて、それは実用ではありません。美しい装飾なんかが加えてある。それが王ですね。

　次の省という字。上の方に、目にこのような飾りをつけている。目はものを見て、相手に対して威服をする、相手を威服するというようなときに使いますので、一定の地域を見て廻ることを省といいます。これに彳《てき》がつき、相手を見ることによって征服する内的な力があるというので、心がつきます。これが徳（德）という字です。相手を威服するような、そういう内的な力、それが徳であるということになります。

　こういうふうな字の成り立ちを考えますときに、金文は甲骨文よりもはるかに具体的に、よくわかるのです。ただ見ただけではなかなかわからないものもあって、二行目の王の下にですね、、こんな字が書いてある。これはそのまま訳すると、易という字になる。そして賜うという意味に訓む。「王、小臣餘《せうしんゆ》に夔《き》の貝を賜《たま》ふ」と書いてあるのですね。これがなぜ賜うなのか、長い間わからなかったのです。ところがずっと後になりまして、杯の全体が書いてある、上欄の金文資料の二番目、こういう形の字が出てきた。お酒を入れる杯ですね。相手にお酒を汴いであげる。だからこれは、杯を賜う、酒杯をいただくというのは、大変古くさい表現ですが、それの起源は実に殷の金文に出てくるのですね。この時代から、杯を賜うということが特別の恩賞を意味していたのです。

このように一字一字お話をしていきますと大変時間がかかりますし、そのことは今までに大体お話をしてきたわけですから、こういう古い時代の甲骨文あるいは金文に見える書法的な意識が、その後どうなったかということを簡単に申し上げます。

甲骨文は大体、一番最初の文字は、ここに出てきますように非常に雄健な、立派な文字でありました。ところが中ごろになりますと、釘を並べたような、極めて形式的なお座なりの字になります。それはすでにこの占いというものが、神聖王朝の神聖王が神と交通する厳粛な儀式であるという、そういう意識がすでに失われてきたからではないかと思います。

殷の最後の時代になりますと、また、実に立派な甲骨文が出てまいります。そのころに金文も出てまいります。ここにあげましたこの金文は、歴史の上では「夏桀殷紂《かけついんちゅう》」といって、暴君として伝えられている殷の紂王ですね。あの殷の紂王の、「十祀又五の肜《ゆう》する日」ですから十五年ですね。紂王十五年の肜《ゆう》という祖祭をする、一年中ずっとお祭りを続けまして、何月何日にどういう祭りをするということが決められておりますので、これだけで何月何日であるということがわかるのです。董作賓《とうさくひん》先生がその日の計算をしておられます。夏桀殷紂といわれる、暴君とされる紂王の十五年のときの作器で、その後数年にして殷は滅びるのです。しかしこの文字からみますと、殷の紂王の時代は余程気力の盛んな、おそらく国力も旺盛であったのではないかというふうに私は想像します。この前後の甲骨文、金文によって殷の紂王の当時の行動がよくわかるのですが、これは沿海民族が反乱を起こします。数年にわたって非常に強力な反乱を起こした。これを自ら征伐するために、紂王は諸軍の精鋭を率いて、沿海に赴いているのです。このとき殷の不平分子を糾合した周の武王が、その背後を襲うて都を陥れてしまう。それで殷は滅びた。殷は決してその内部が乱れて滅んだのではなくて、むしろかなり旺盛な活動力を示しているという時代に、背後から攻撃をうけて滅んだ。だからこの時代の文字はなかなか雄健な文字が多い。つまり時代的な気力が、文字の様式の上にも反映しているというふうに私は思います。

周の時代になりますと、初めころは、この殷末の時代の様式を受けております。ただこれよりもいくらか転折のところに力を加えた書法になっていますから、雄健というよりむしろ健爽、一種のさわやかさをもった、そういう書体になります。

金文の字体も大体三期に分かれます。最初はそういう健爽、非常に雄偉健爽の書体である。中ごろになりますと、非常に引き締まった、緊湊《きんそう》という、そういう書体となる。いくらか肥脊を加え、内方にきちっと固まるというような書体です。昭王・穆王、特に穆王期の金文は殆んどその緊湊体ですから、字形をみて時代をすぐに察することができます。西周の後期になりますと、いわゆる篆体《てんたい》の字が出てくるのです。篆書という、直線ではなくて、少し屈曲をつけて、線の美しさを作り出す。そういう篆体・篆書の字になってまいります。西周の時代は、大体そのように三通り、書の様式が変わりますが、しかしなお古い時代の文字の構造法は、殆んど残しているのです。

春秋戦国時代になりますと、これはもう各地に分かれて争う戦乱の時代でありましたから、書はそれぞれの地域で様式的に分化する。たとえば中山国《ちゆうざんこく》の書は、非常に装飾体の強い、綺麗《きれい》な字になっております。それから呉・越、特に越の剣の銘などは、殆んど鳥の形の飾りをつけるいわゆる鳥書《ちようしよ》のような装飾体の字になっている。これは書法の上から申しますと、一種の堕落した形式であるように思います。

やがて秦が統一する。秦は後進の国でありましたから、周の終りころの、つまり篆体の字がまだ残っているのですね。篆体の最も古い形は籀文《ちゆうぶん》といっておりますが、この籀文の形式のものが秦の古い時代の文字であります。石鼓文にはこの籀文の字様がたくさん出てまいります。戦国期になりますと、かなり略体の字が一般的に行なわれるようになる。これは六国古文といいます。籀文が一番古くて、篆が大体周の正統な様式を伝えているもの、古文は六国の幾らか略体に近い形式のものです。『説文』の中には、この篆・籀・古の字形が、それぞれあげてございますが、大体これが戦国期までの状態です。そして統一後の秦は大帝国でありまして、すでに律令制をもってあります。秦の律、秦の令というような資料がたくさん出ております。しかしそれは、いわゆる竹簡・木簡で、そういうものに書かれている。今まで骨に刻んだり、青銅器に鋳込んだりしています場合は、書法的な制約がかなりあるわけですね。ところが竹簡・木簡ということになりますと、筆で直接書けるのです。筆は殷の時代からあります。甲骨文に筆で書いた跡が残っておる。幾つかそういう例がございまして、筆で下書きをしていたということがわかるのです。筆で下書きをして、その上を彫るのです。後で彫りますときに縦だけ先に彫って、後で横だけを続けて彫るというやり方をしたらしく、縦だけ彫って横を刻り忘れたようなものがあるのです。それでそういう彫り方をしていたことがわかる。しかしその縦だけで大体読めるんですね。漢字というものは、それぐらい理解力、解釈力を人にもたせる字体であることがわかります。秦の時代になりますと、行政機構が発達して、木簡・竹簡、これは伝票ですね、これを筆で走り書きをしたり、一番末のところを、これは後で付け添えられては困るというので、末筆を思い切り伸ばすのですね。木簡にそういう鳳尾《ほうび》のような例がたくさんございます。そのように筆を自在に、縦横に使うようになって、はじめて書法が生まれるのです。秦の時代には大きな石刻などが、石碑として立てられるようになった。

漢の時代になりますと、祖先のお祭りをするというので墓場などに碑《ひ》を建てることが随分行なわれるようになりました。いわゆる碑文ですね、これがたくさん出てまいります。これはいわゆる楷書体であります。漢から六朝になりますと、今度は仏典が随分たくさん入ってまいります。お経を数多く作らねばなりませんので、写経をする。

三国時代の写経などもありますが、非常にすぐれた筆意のものです。隷書《れいしょ》風のものが入っておりましてね、後の楷書とはかなり違います。

下って六朝期になりますと、いろんな書体の文字が生まれてくる。殊に手紙の中では草書体が出てきます。王羲之の筆跡は殆んど手紙です。彼らは手紙の中で、自分の書法を相手に伝えるというようなことをしていたので、行書体、草書体というようなものが次第に行なわれるようになる。人間関係の中で書が成立するという、書の非常に重要な一面が、この時代に生まれてくるのです。これは書を通じて、書の精神性が高められているということなのであります。そこで六朝期には、そういう書法が非常に盛んになる。

唐になりますと、張旭《ちようきよく》というような草書の名人も出てまいりますし、いろんな書体が盛んに行なわれるようになる。私の考えでは多分、顔真卿《がんしんけい》がその古い時期の、伝統の形成期における、書法の最後の完成者であったのではないかと思います。それで【資料2】に顔真卿の書をあげておきました。争坐《そうざ》位帖《いじよう》と書いてありますが、彼が役人として同じく勤める某と、席の左右を争うことを論じた文章であるといわれていま す。そのはじめの部分をここに出しておきました。この文字は、ご覧になってすぐわかるように、いわゆる円体の字です。全体が丸みをもっている。これは一番はじめに申しました甲骨文にもみられる一番萌芽的な形態が、この顔真卿の書において典型的に様式化されておるということであります。顔真卿はこんな硬い字ばかりでなしに、

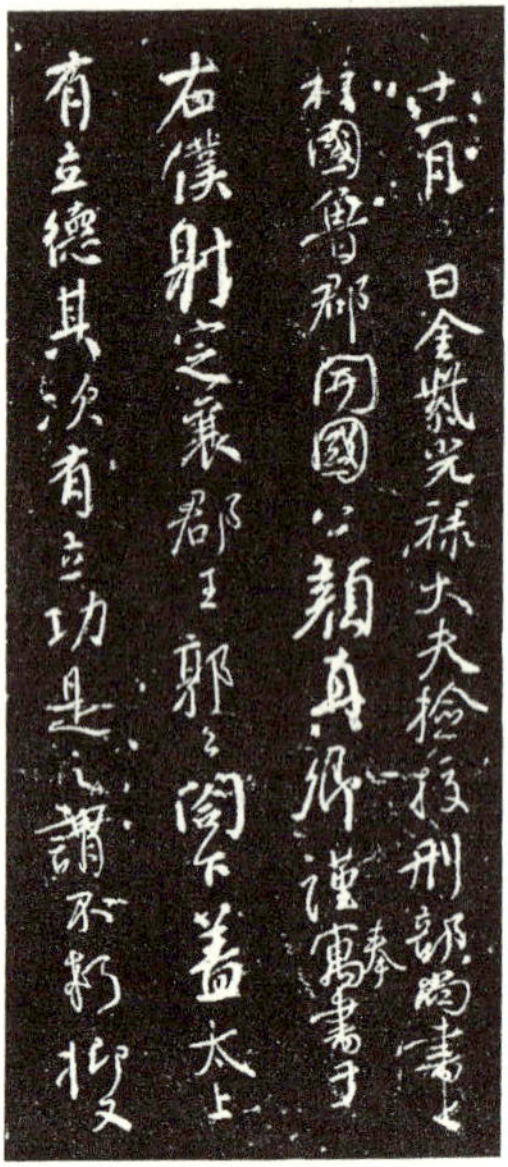

〔資料2〕顔真卿争坐位帖冒頭四行（『書道全集』10、中国9唐Ⅲ・五代、一九五六年、平凡社刊、書道博物館蔵）

釈文（内藤乾吉）
十一月　日、金紫光祿大夫・撿挍刑部尚書・上
柱國・魯郡開國公・顏眞卿、謹奉書于
右僕射・定襄郡王・郭公閤下、蓋太上
有立德、其次有立功、是之謂不朽、抑又

草体の字も非常に上手でありました。しかし最も典型的には楷書です。楷書が顔真卿の代表的なものである、ということになっていて、やがて木版本が生まれてくるようになる。その木版本の版の下書きは、殆んどこの顔真卿の様式をとった文字であります。だから宋版の字には、この顔真卿の様式がそのまま写されている。私の著作集の題字にも宋版の字を拾うています。宋版の「文選《もんぜん》」から字を拾ってあるのです。顔真卿の字様であるという、その意味で一番癖がない字ですから、その字をとりました。その後、この顔真卿の字の様式が次第にやせ細って四角くなって、いわゆる明朝体の文字になる。そして今の活字体になって、およそ書法とは縁の遠い字になってしまいましたが、本来は印刷の字は顔真卿の字様から出発しているのです。

中国においてはこういうふうに、文字は書法として、一つの芸術的な様式として大変重要な領域を占めている。そしてただ書法の範囲のみではなく、絵の方も同じく墨を使う表現の方法として、書法からのいろいろな様式的な示唆というものを受けて、成立してくる。だから中国の画にはあんまり色を使うたものはありません。宮廷画などは装飾的なものですが、文人の書く絵といえば、大方は墨で略筆を用い、これは竹である、石であるという。ぼた餅のような丸いものを幾つか並べて、これは柿である。また馬とも驢馬《ろば》とも格好のつかないような痩せ馬を書いて、これは馬であるという。しかもそういうものが、非常に貴重な、優れた書画として珍重されるのです。つまり書と絵は、殆んど一体の芸術として扱われる。だから文人にして書に遊ぶ者は、また同時に画にも遊ぶ。書画一体というような形で、文人の美的な様式、趣味的な空間というようなものが作られているわけです。世界の芸術の中で、おそらくそのような芸術は他になかろうと思いますね。私はピカソの画はようわかりませんけれども、しかし金農が描いたあの驢馬とも何ともつかん馬の画には、大変親しみを覚えて、優れた芸術であるというふうに思います。色は何も使うておりません。しかしそういうものの中に、むしろ非常に優れた精神性というものがあるのではないかと思う。書法というものも、画法というものも、むしろ二者渾融した一つの芸術として、考えられているのではないかと思います。

清の初め、揚州八怪の一人といわれた鄭燮《ていしょう》も、竹などを描くことの好きな文人でありました。異民族の支配下に入ったそのころ、厳しい知的な生活をした人は、大抵現実の社会から遁《のが》れて狷介《けんかい》の生活をした。彼らは猪《いのしし》のしっぽのような辮髪をすることを好まず、僧侶になるか、圏外の人間になるかするわけですね。そして、そういう人たちは書や絵の世界に遊んだ。それも顔真卿までに成立したいわゆる法書、習字の手本となるような書の世界ではなく、およそそういうものから如何にして脱却して自己を表現するかというような、自在な書を書いている。八大山人《はちだいさんじん》とか、金農・鄭燮とか、そういう文人たちは、皆いわゆる狷介の徒で自らの書画を書き、そこに最も高い精神性を託した。そのような芸術は、世界中に例がないのです。漢字というと、大変古くさいもののように一般には思われるのですが、その漢字の伝統の中から、おそらくは世界に比類のない自由な精神をもつ中国の書・画、そういう芸術が生まれた。それで、たとえば鄭板橋（鄭燮）の詩には、「山谷（黄庭堅）の字を寫すは竹を畫くが如く　東坡（蘇軾）の竹を畫くは字を寫すが如し」と書画の一体を論じ、「蕭疎《せうそ》各〻凌雲の意有り」（「題画竹」一則）という。書と絵とは、画題という関係もありますけれども、併せて鑑賞の対象として、一体の世界であるという一種の美意識、そういうものが生まれた。これが文字の一つの発展の仕方です。文字の極めて精神的な、発展の仕方であります。

それからもう一つ、中国の文字の働き方があった。美術一般においては、書画という大変すぐれた精神的な世界を完成したけれども、では文学の世界においてはどうか。中国の文字は、申すまでもなく単音節語であります。一語一音節、それで一つの言葉にもうなってしまうのですね。だからどうしても字を並べますと、同じ字数が並んでしまう。形式的にたとえば「詩経」では四字の句で並ぶ。七音節になりましても、一音節休む形にして、やはり八拍にしてそれで歌うようになる。文章の表現も、歌謡のような形式にまとまりやすい。散文的というよりは、むしろ韻文的な傾向をとりやすいのですね。だから、非常に古い時代には「詩経」、それから「楚辞」、これは詩の形式であります。漢代の辞賦、これは殆んど一定の辞句で全篇を構成する。また、たとえば司馬《しば》相如《しょうじょ》の作品なんかでいいますとね、水の流れを形容するところには、水扁の漢字を、四十も五十も並べるんです。これは言葉として読むよりも、一種の視覚的な表現、目で見ただけで水の流れをあらわそうというような意図があるんではないかという気がしますね。そういうふうに、非常に定型的な表現をとろうとする。そういう傾向がさらに強まりますとね、たとえば四六駢儷文《しろくべんれいぶん》というような、四字と六字との句をずっと並べていくというような、非常に修飾的な文章ができる。文字が書画として極めて自由な精神的な方面を志向したという一面があるとともに、文学としての文字は非常に定型性を志向する。決まった形、整った形を志向するというふうな傾向をとるのです。それの最も甚だしいものが四六駢儷文といわれるもので、四字句と六字句を交互にずっと続ける。何十句と続けるのです。「北山移文《ほくざんいぶん》」とか、「古戰場《こせんじょう》を弔《とむら》ふの文《ぶん》」とか、「滕王閣《とうおうかく》の序《じょ》」とか、「阿房宮《あぼうきゅう》の賦」とか、これらはみな四六駢儷という、形が整うておりますから、大変覚えやすいのであります。私は実は十四、五ぐらいのときに「古文真宝後集《こぶんしんぽうこうしゅう》」、その中にいくつか駢儷文が入っているのですが、そういうものを読みましてね、まだ幾らか覚えておる。今もあるいは思い出せるかもしれんと思いますので、ちょっと試験をしてみましょう。その一つ「滕王閣の序」です。これは私が十五ぐらいのときに覚えておりますので、八十年ほど前ですね。暗誦しながら板書してみましょう。

南昌の故郡　洪都の新府　星《ほし》は翼軫《よくしん》を分《わか》ち　地《ち》は衡廬《かうろ》に接《せつ》す　三江を襟《えり》として五湖を帯とし　蠻荊を控《ひ》いて甌越《おうゑつ》を引く　物華天寶　龍光《りゆうくわう》は牛斗《ぎうと》の墟《きよ》を射《い》　人は傑に地は靈にして　徐孺《じよじゆ》、陳蕃《ちんばん》の榻《たふ》を下す　雄州霧《きり》のごとくに列《つらな》り　俊彩《しゆんさい》、星《ほし》のごとくに馳《は》す　臺隍《だいくわう》は夷夏《いか》の交りに枕《のぞ》み　賓主《ひんしゆ》は東南《とうなん》の美《び》を盡《つ》くせり　都督閻公《ととくえんこう》の雅望《がばう》　啓戟遙《けいげきはる》かに臨む　宇文新州《うぶんしんしう》の懿範《いはん》　襜帷《せんゐ》　暫《しばら》く駐《とど》まる　十旬の休暇《きうか》　勝友《しようい う》雲《くも》の如《ごと》く　千里《せんり》の逢迎《ほうげい》　高朋座《かうほうざ》に滿《み》つ　騰蛟起鳳《とうかうきほう》は孟《まう》學士の詞宗　紫電青霜は王將軍の武庫　家君宰《さい》と作《な》り　路は名區に出づ　童子何をか知らん　躬《みづか》ら勝餞《しようせん》に逢へり……

もうここに書けませんのでこれで止めますが、これまでで大体五分の一ぐらいです。全文はこれの五倍ほどある。大体今も思い出せるかと思うんであります。

こういうふうな文章を十四、五のときに覚えておいて、そして今もある程度これを復誦できるわけですね。つまり八十年間これを受用することができる。若いときに覚えておきますとね、こんなふうに年とってからでも結構役に立つのです。私の教え子にはよく暗誦を命じましたから、今でも「赤壁の賦」なんか暗誦できる子がおります。暗誦教育というものは下の下であるというふうに、今では全然教えておりませんけれども、私は教育の第一は暗誦にあると思う。たとえば「源氏物語」ならば第一の「桐壺」の巻は覚えてしまう。「いづれの御時《おほん》にか、女御更衣あまたさぶらひ給ひける中に……」というふうにして、ずっと覚えてしまう。若いときには覚えられるんですよ。それを覚えておりますと、後の巻々も読みやすい。わかるんです、大体、句の継ぎ方はこうだな、前にこういう例があった、ここではこうだなということが、幾らか比較材料が頭にありますので、考えることができる。考えるということは、比較するという意味なんです。比較すべきものが頭にないと、考えることはできんわけですね。

とにかく中国では、この四六駢儷文というような、こういう非常に修飾性の強い文体がはやりましてね、おそらく中国の学習をする少年たちは、家庭教育の中でこれらの暗誦をしてきたのだろうと思います。暗誦をしていますと、古い時代の故事熟語、そういうふうなものがみな頭の中に入る。今言いました王勃《おうぼつ》の作品の中の一句一句がね、すべて故事来歴があるのですよ。それが大体頭にある、そうすると他のものを読むとき、辞書を引かなくても大体わかる。いちいち辞書を引くのは余程新しい、あるいはむずかしいものを読む場合のことであって、私は「楚辞」の離騒を大体覚えておりましたので、「文選」を読みますときに、漢代の辞賦はあまり苦労せずに読めた。それは一番むずかしい部類のものとされるものなんですけれども、様式的な理解というものが頭にありますと、大体見当がつくのです。
ところが中国では明の時代になりまして八股文《はっこぶん》という、文章の作り方を全部一定の形式で作るというような、大変面倒な規則を作って、これを科挙の試験に用いたのです。こういう面倒な足かせ手かせをやりますと、文才のある人はもう手も足も出なくなる。それで役人になれなくなる。その上、清朝になると異民族の支配を受けるようになりますから、彼らは自然、こういう修飾的な、技巧的な文章から離れて、先に言いましたような書画の世界に遁れて、そこに非常にすぐれた精神性の高い芸術を作り出していくことになります。反面教師という語があって、四六駢儷とか八股文であるとか、こういうものが精神の負担になって、自由を求める人たちが書画の世界に遊んだ、ということになる。

中国の文字の三千年の歴史を、今手短にお話したわけでありますが、中国の文字の歴史は、顔真卿に至っていわゆる書法というものができた。ところが宋以後になりますと、宋は一種のルネッサンス的な時代でありますから、蘇東坡《そとうば》とか、黄庭堅《こうていけん》とか、非常にすぐれた才人たちが、そういうものを打破しようとして、いわば八方破れのような書を書いた。それから後、中国の書というものが、抵抗の精神を示す一つの精神的な表現の手段として、活用されるようになった。

それでは、日本の文字は一体どうであったか。わが国における文字は中国の場合と非常に違うのですね。はじめにまず漢字が入ってまいりました。しかしこれは日本語には合わない様式のものですから、「万葉」から百年か百五十年の後には、もう仮名書きの「古今集」が生まれておるのですね。それから間もなしに、「古今集」の古い、「高野切」のような、あの仮名書きの書が残っております。あの仮名書きの書は、そういうふうな古歌集の断片として残っているものが最も優れたもののように私は思います。おそらく仮名が生まれてからまだ間もないような時期に、すばらしい仮名の書が生まれた。これはあるいは中国の草書の聯綿体《れんめんたい》が、そのまま平仮名の上に移されたということがあるかもしれない。草書から仮名へ移るということは、あるいは容易であったかもしれない。とにかく仮名の文章が書けるようになった。「土佐日記」がその初めであるといわれております。「男もすなる日記といふものを、女もしてみむとてするなり」というような、女に身をやつした形で、あの日記は書かれておりますが、平仮名で書かれたものですね。わが国ではそのように、漢字を平仮名に直すというやり方をした。また漢文訓読のときの送り仮名の仕方から、片仮名が生まれました。

室町時代には、片仮名で講義なんかを記録をする、「抄物《しょうもの》」、「史記抄《しきしょう》」とか「毛詩《もうし》抄《しょう》」とか、抄という字を使いますから「抄物」といいますが、これは片仮名を使っているのです。その上、漢字自体を音で使うこともする、訓で使うこともする。そのように二様に使う。そうしますとわが国における表記法というものは、漢字の字音と、それから訓と、片仮名と平仮名とというふうに、四通りの表記法をもつのです。それでどんなむずかしいものが出てきても、わが国では殆んどそれを表記することができる。

中国では漢字ばかりですから、幼稚園の子供にでもブランコを教えるのに、「鞦韆《しゅうせん》」と書く。この字を幼稚園の子に教えることは容易でありません。今は簡体字で同音の秋千と表記します。ところが日本では「ブランコ」と片仮名で教えることもできるし、「ぶらんこ」と平仮名で教えることもできる。段階に応じての教育が可能なのです。

わが国の場合には、国語に適応する方法を求めたということもありますが、片仮名も平仮名も使う。そこで、どのような階層に対しても教育ができるという、そういう便宜があるわけです。これはおそらく他の国のどこにも例はなかろうと思いますね。教育の方法としましても、ごく初期の人に教えるときには、平仮名の読み物を作って教える。少し知識ができたというような人には、幾らかむずかしい文章で教える。いきなり読んでも読めないかもしれない字にはルビをつける。このルビをつけるという仕方ですね、これがまた、世界に類例がなかろうかと思うのです。いちいち発音符号をつけるのと一緒ですけれども、わが国の場合にはまたルビのつけ方がいろいろありますので、平仮名でつけたり、片仮名でつけたり幾通りものやり方ができるのです。

【資料3】〔長者教〕（日本思想大系〔近世町人思想〕中村幸彦校注、岩波書店、一九七五年刊所収）

むかし、かまだや・なばや・いづみやとて、三人の長者《ちやうじや》あり。そのさとに、かしこきわらんべの、おはしまし候が、かまだや長者《ちやうじや》のところへゆき、「かほどめでたき、御たからをば、おや・をふぢのゆづり給へるか。ながれをくんで、みなかみをたづね、はをかいで、ねをたゞすといへども、をよばずながら、みちびきたまへかし」と、申《もうし》ければ、ちやうじや、こたへていはく、「かしこくもとひ給ふものかな。ほんらいむ一もつ、てんぜんのみろくもなし、しぜんのしやかもなし。又かくれうの御ほとけはあれども、さいしよむきやうのほとけはなし。たとへば、師《し》はいり、でしはいとのごとし。すゑのつゆ、もとのしづくとなれば、くらきより、くらきみちに、いりたまひさぶらふ事、めくらどち〳〵のやうに候とても、こゝろにつゐておはしまし候へ。われよりも、わかくして、おもひたち給ふ御事、すなはち、御身こそ大ちやうじやにて、ましますとて、おくのでいへしやうじ、こしかたゆくすゑの、物がたりし給ひける。

〔資料3〕にあげました「長者教《ちょうじゃきょう》」は、これはお金持ちになるためにはどうしたらよろしいかということを、一種の町人教育として教えるもので、今で言うならばね、金儲《かねもう》けの方法というような本でありましょう。こういうふうなものが、当時幾通りも出ている。また版を重ねている。おそらく町人の間で、非常に多く読まれていたのだろうと思います。

「むかし、かまだや・なばや・いづみやとて……」、これはみな、この当時のお金持ちですね。いづみやは今の住友でしょう。住友は昔、いづみやといいましたから。今も泉屋博古館のようにその名を用います。当時の大金持ちを手本にして、お金持ちになるにはどうしたらよいかということが書いてある。私も読んでみましたがね、

「節約せよ、節約せよ」とばかり書いてあります。

〔資料4〕［教訓雑長持］序（日本思想大系［近世町人思想］中村幸彦校注、岩波書店、一九七五年刊所収）

昔《むかし》の人の調布《てづくり》を読《よめ》る、玉河の辺《ほとり》に住《すん》で、汲鮎《くみあゆ》の若盛《わかざかり》より、今渋鮎《さびあゆ》の老《おい》の秋迄、耕耘《たがやしくさぎる》勤《つとめ》の閑《ひま》には、平仮名《ひらがな》の草紙を友《とも》とし、飢来《うへきたれ》ば麦飯《ばくはん》を喫《きつ》し、困《こう》じ来《きたれ》ば鼻に櫓《やぐら》の午睡《ひるね》の正中《たゞなか》、旦那《だんな》寺の雛僧《こぞう》が動起《ゆすりおこ》して、「江都土産《ゑどみやげ》の新板物あり、眠《ねふり》をさませ」と和尚《おしやう》の口上、半《なかば》は夢で聞《きき》ながら、目を摺摩《すりすり》取《とつ》て見れば、教訓下手談義《きやうくんへただんぎ》と題《だい》せり。教訓《おしへ》の二字《じ》あれば、人に益《ゑき》なき物にはあらじと、枕を推《おし》やり熟閲《つら〳〵みれ》ば、先開巻《まづかいくわん》第一義が、吾住庵《わがすむいほ》の隣在所《となりざいしよ》に、臍翁《さいおう》と云老人《いふおやじ》を設《もふけ》て、前篇《ぜんぺん》に子息《むすこ》を教《おし》へ、後篇に手代を諭《さと》し、或《あるひはゑ》江の島の神託《しんたく》に、淫曲《いんきよく》を戒《いまし》め、退卜《たいぼく》が講訳《かうしやく》に浮説《ふせつ》の惑《まどひ》を弁《べん》じ、安売《やすうり》の引札に潜上《せんしやう》を諫《いさめ》、農夫《のうふ》商賈《しやうか》の子弟《わかいもの》に、怠惰《たいだ》を励《はげま》し、驕《おごり》を諷《ふう》ぜし教諭《きやうゆ》の真実《しんじつ》、寓言《うそ》の中より誠《まこと》をあらはし、鼓舞《こぶ》自在《ぢざい(なる)》成筆の働き、此叟等《おやぢら》が及ぶ所に非《あらず》といへ共、いでや西施《せいし》が顰《ひん》にならひて、彼坊《かのぼう》が説残《ときのこ》せしを、里の童《わらべ》や江戸の所縁《ゆかり》の少年等《わかいものら》がおしへにせばやと、其詞の卑俚《いやしき》も恥《はぢ》ず、他人《ひと》の誹笑《そしり》もかへり見ず、心にうかび、口へ出る儘《まゝ》、後前《あとさき》しらずの差別《しやべつ》なしに、手に任《まか》せて取込《とりこみ》ぬれば、雑長持《ぞうながもち》とは名付《なづけ》つれど、何程似為《にせ》ても、静観房《じやうくわんぼう》が作意《さくい》に似《に》ざれば、鵜《う》の真似《まね》する烏《からす》が、壬申《みづのへさる》の秋の寝覚《ねざめ》に、耄《おいぼれ》たりなと、見ゆるし給へ。

武州多摩郡青柳の老圃

〔資料4〕の［教訓雑長持《きようくんぞうながもち》］は、もうちょっと程度の高い国民教育の書物です。それの序文です。序文に「昔《むかし》の人の調布《てづくり》を読《よめ》る、玉河の辺《ほとり》に住《すん》で、汲鮎《くみあゆ》の若盛《わかざかり》より、今渋鮎《さびあゆ》の老《おい》の秋迄」、これは自分の年齢のことです、「耕耘《たがやしくさぎる》」は普通ならコウウンと読んでしまうのでしょうが、それに「たがやしくさぎる」とルビをふる。こんな調子で全文にルビを打っています。これならば、言葉としては大体わかるような範囲のものですから、読んで理解することができる。このルビをつけるという方法、これがまた、国語のすばらしい智恵の一つであろうと、私は思います。これを大変嫌がって、山本有三という人であったかと思いますが、ルビを廃止せよと主張しましたけれど、ルビというのは大変便利なものですよ。たとえば幸田露伴が「水滸伝」の全文を国語訓みして、全部ルビをつけている。ルビがあるから、随分俗語化したようなものでも、意味をとりながら読むことができる。大体江戸期の読本《よみほん》のようにルビをつけるのは、わが国の一般書の原則であったのです。

　だから今のわが国の小学校の教育でもね、まだ教えていない字を使わないで済ませるために、無理な教材を作っているのですが、私はそういう場合には、ルビをつければいいと思う。本当に教える学年のときにルビをはずせばいい。そうすれば教材の範囲をもっと自由に、広くとることができる。言葉としては知っているけれど、文字としては知らないというような言葉は、たくさんあるのです。小学校にあがるまでにでも、語彙としては随分彼らは知っているんですよ。ただ文字を知らないだけのことです。だからその文字にはルビをつけて、一応読めるようにすれば、学習は極めて容易です。江戸期以来、初期の教育は殆んどルビつきであった。私もルビつきで国訳漢文大成を読んだ。小学校を出たばかりでは、［楚辞］を読め、［唐詩選］を読めといわれても、なかなか読めるものではありません。ルビがつけてありますから、それで読める。それを幾たびか重ねているうちにわかってくる。次第にわかってくる。そのためにはルビで習熟させることが、必要ではないかと思う。この書の時代は江戸前期でありますけれども、その時代のものは殆んどこうしてルビつきで、そのルビもなかなか洒落《しやれ》たルビが入っている。たとえば、「旦那寺の雛僧」、スウソウですね。それに「こぞう」とつける。「動起して」を「ゆすりおこして」、ゆするというような言葉は漢字としては、思いつかないものですから「動く」という字で間にあわせている。随所にこのような気を利かしたルビのつけ方をする。受ける方からいえば、極めて楽しく容易に教育を受けることができたわけであります。

中国語と日本語とを比べまして、第一に違うところは、中国語では外国の人の名前、国の名前、地名あるいはいろいろな事柄の名前を、そのまま写し取ることが非常にむずかしいのですね。〔資料5〕に国名・地名の日本語表記と中国語表記の対照表の一部をあげておきました。いろいろ苦労して字を当てております。地名のほかにも、たとえば「歌徳（gede）」、歌の徳と書いて、これは人の名前です。何と読むか、謎かけのようですが、これは「ゲーテ」と読む。わが国では明治期の文献を見ますと、ゲーテのほかに「ギョエーテ・ギェーテ・ギューテ・ゴエテ」など、十五、六通りあります。原音の通りにいおうとすると、そうなるんだそうです。それで、「ギョエテとは

〔資料5〕世界各国家・地区・首都・首府名称対照表（大連外国語学院編〔新日漢辞典〕附録より。一九七九年、遼寧人民出版社刊）

简　称	全　称	首　都（首府）	洲　别
アイスランド 冰　岛	アイスランド共和国 冰岛共和国	レイキャビク 雷克雅未克	欧
アイルランド 爱尔兰	アイルランド共和国 爱尔兰共和国	ダブリン 都柏林	欧
アフガニスタン 阿富汗	アフガニスタン民主共和国 阿富汗民主共和国	カブール 喀布尔	亚
アメリカ 美国	アメリカ合衆国 美利坚合众国	ワシントン 华盛顿	北美
アメリカ領バージン諸島 美属维尔京群岛	アメリカ領バージン諸島 美属维尔京群岛	シャーロットアマリ 夏洛特阿马利亚	拉美
アラブ首長国連邦 阿拉伯联合酋长国	アラブ首長国連邦 阿拉伯联合酋长国	アブダビ 阿布扎比	亚
アルジェリア 阿尔及利亚	アルジェリア民主人民共和国 阿尔及利亚民主人民共和国	アルジェ 阿尔及尔	非
アルゼンチン 阿根廷	アルゼンチン共和国 阿根廷共和国	ブエノスアイレス 布宜诺斯艾利斯	拉美
アルバニア 阿尔巴尼亚	アルバニア社会主義人民共和国 阿尔巴尼亚社会主义人民共和国	チラナ 地拉那	欧
アンゴラ 安哥拉	アンゴラ 安哥拉	ルアンダ 罗安达	非
アンチル諸島(オランダ領) 安的列斯群岛(荷属部分)	アンチル諸島(オランダ領) 安的列斯群岛(荷属部分)	ウィレムスタード 威廉斯塔德	拉美
アンティーグア島(イギリス領) 安提瓜岛(英)	アンティーグア島(イギリス領) 安提瓜岛(英)	セントジョーンズ 圣约翰	拉美

俺《おれ》のことかとゲーテ言ひ」という川柳があるんですね。康徳（kangde）はカント。謹厳な大哲学者カントらしいけどね、しかし人によっては、たとえば盧梭《ルソー》（lusuo）・舒《シュ》柏特《ーベルト》（shubote）・芬奇《レオナルド・ダ・ヴィンチ》（fenqi）などちょっと見当がつきませんね。また中国人は音を訳すのに、非常に苦労するんです。場合によっては、非常にうまい訳をやったなあというような場合もありますよ。

これも謎かけでいきましょうか。「幽黙（youmo）」、これは「ユーモア」と読む。なるほどという字ですね。「引得（yinde）」は「インデックス」。こんなふうにうまくあてはまる場合はよろしいけれども、何かとんでもないような文字が入ることが沢山ありまして、なかなか字を当てて使うのはむずかしい。西洋の地名、人名をふんだんに使うような場合には、これはもう読むのに難儀するだろうと思いますね。

しかしわが国の場合には、非常に几帳面に写すことができます。その例として〔資料6〕に「西洋紀聞《せいようきぶん》」下の冒頭部分をあげておきました。新井白石が、おそらく四十七、八歳のころから記し始めたものかと思います。何年もかかって聞き取りをして、それを書いた。原文のままであるらしいので、そのつもりでご覧いただくとよろしいかと思います。

〔資料6〕新井白石「西洋紀聞」下（日本思想大系「西洋紀聞」松村明ほか校注、岩波書店、一九七五年）

大西人に問ふに、其姓名・郷国・父母等の事を以てす。其人答て、「我名は、ヨワン＝バッテイスタ＝シローテ、ローマンのパライルモ人也〈すべて其語を聞くに、声音うつし得べからず。其名を称ずるごときも、ヨワンといひ、ヲアンといひ、ギョアンといふがごとし。其近く似たるをしるす也。余皆これに倣ふ。そのヨワンといふは、ラテンの語也。ポルトガルの語は、ジョアンといひ、ヲヽランドの語には、ヨヤンといふといふ。パライルモは、ローマンに隷する地名也といふ〉。父は、ヨワンニ＝シローテ、死して既に十一年、母は、エレヨノフラ、猶今ながらへて世にあらんには、是年六十五歳也〈父の名と、其名と、相似て、たゞニといひ、バッテイスタといふのみ同じからず。此事を問ふに、昔エイズスの大弟子十二人の中に、ヨワンニスといふありき。凡そキリステヤン、をの〳〵其法をうけつぎし祖師の名を、みづからの名に加《くはへ》称ず。ニといひ、バッテスタといふ、皆名也。シローテといふは、姓也といふ〉。兄弟四人。長は女也、幼にして死す。次は兄也、ピリプスといふ。次は我、是年四十一歳。次に弟あり。十一歳にして死して、既に廿年。我幼よりして、天主の法をうけ、学に従ふこと廿二年、師とせしもの十六人〈彼方の学、其科多し。師十六人といふ事は、其学科につきて、をの〳〵師ありしといふ〉、ローマンにありて、サチェルドスに至り、六年前に、一国の薦挙《せんきよ》によりて、メッショナヽリウス《く》になされたりき〈サチェルドスは、彼方教化の主よりして、第四等の号、メッショナヽリウス《く》は、彼方弘法《グハフ》の事のために、使たるものを、称ずる所なりといふ〉。初、本師の命をうけて、此土に来るべき事を奉《うけたまは》りしよりして、此土の風俗を訪ひ、言語《げんぎよ》を学ぶこと三年、またトーマス＝テトルノンといひしもの、これも師命をうけて、ペッケンにゆくべし。三年の前、二人、をの〳〵カレイ一隻づゝに乗りつれ、ヤネワを歴て、カナアリヤに至り、こゝにてまたフランスヤの海船一隻づゝに乗りて、つゐにロクソンに至れり。これよりして、トーマス＝テトルノンは、ペッケンにおもむき、我は此土におもむく。海上忽に風逆し、浪あらくして、船覆らむとせし事、三たびに及びしのち、はじめて此土に至る事を得し」といふ〈トーマス＝テトルノンは、同門の人の名也。ペッケンは、すなはち大清の北京也。ヲ、ランド人は、ペッキンといふ也。カレイは、小舟をいふ。ヤネワ・カナアリヤ、共に西洋海島の名也〉。

こういう調子で、非常に細かく外国の音を写していますね。これは漢字では絶対にできないことなのです。漢字はいわば硬直した表記法である。しかし、わが国の文字は非常に柔軟性に富んだ、大抵むずかしい音でも表現してみせる。「ヴ」というのはウに濁点をうつ。こういう字は、昔はなかった。音訳のためにこういう字を作るわけです。いろいろと苦労して、原音に近いというような音で表記する。そういう方法をとりうるという点においても、国語の表記法というものは、極めて柔軟性に富んでいる。『西洋紀聞』は、大変おもしろい書物で、昭和初期の岩波文庫にあったのですが、今はなかなか求めがたいかもしれません。日本思想大系に入っておりまして、これはそこからとりました。詳しい註もついていますから、今読んでも有益な書物です。

このようにして、日本人は片仮名・平仮名、それから字の読みを日本語に合わせて、こうであろうかというふうな訓を勝手につける。滝沢馬琴の『八犬伝』なんかには、そういうことが実に多い。向こうの俗語を盛んに入れてますからね。それで『閑話休題』などには、「さて」とか、「しばらく」とか、そういう式の訓を入れるんです。こうした戯訓について、私の『漢字百話』（白川静『白川静著作集』第一巻所収本、一九九九年、平凡社刊）に書いたことがあります。そこから少し引いてみましょう。

戯訓を用いることも洒落本から流行したもので、「敢　問娘子尊名《おいらんのなはなんといいやす》」「辱　賜　捐《おんふみくだされかたじ》書《けなくそろ》」の類がある。「有理《げにも》」「似《え》而《せ》非」などは国語をあてたものであるが、このような俗語訓は、読本《よみほん》の作者も好んで用いた。馬琴の［南総里見八犬伝］には、什《そ》麽《も》・剛才《わずか》・四零八落《ばらばら》、白物《しれもの》などの中国語が氾濫している。馬琴は、これは中国小説を読む人への手引きのつもりであるというが、衒学に近い。

「戯訓を用いることも洒落《しゃれ》本から流行した」と書いていますが、実はもっと古くからあるのです。［万葉］のなかに、

垂乳《たらち》根《ね》之《の》　母我《ははが》養蚕《かふこ》乃《の》　眉隠《まよこもり》　馬聲《い》蜂音《ぶ》石花《せ》蜘蛛《くも》荒鹿《あるか》　異母《いも》二《に》不《あは》相而《ずして》

たらちねの母が養ふ蠶の眉隱りいぶせくもあるか妹に會はずして　巻十二・二九九一

この「いぶせくもあるかいもにあはずして」というところの表記は、「馬聲」が「い」。馬はイイイーンとなくらしい。また蜂はブーと飛ぶ。だからこれで「いぶ」。それから「石花」（せ）は、岩などに生える苔です。蜘蛛は「くも」。荒鹿は「あるか」。「いも」は、普通は「妹」と書く。［万葉］の中で、この一箇所だけこういう書き方をしていますから、私はこれは腹違いの妹ではないかと思う。腹違いの妹に、恋心をもって、打ち明けがたくしている。そこで、「馬聲《い》蜂音《ぶ》石花《せ》蜘蛛《くも》荒鹿《あるか》　異母《いも》二《に》不《あは》相而《ずして》（いぶせくもあるかいもにあはずして）」という、そういうふうな字を使ったのでしょう。

「万葉」の中に「てし」という、「行きてし」、「見てし」というふうな、あの「てし」という言葉がよく出てきます。これに「大王」、「羲之」、「手師」というような字があててある。羲は王羲之の羲。手が上手だ、手が利くで手師をあてて、助詞の「てし」に使っている。これは一種の戯れ書きですね。こういう戯れ書きは、「万葉」の中にかなりあるのです。これはどうも日本の文学の中にね、こういう戯れ気味の気分というようなものがあって、それは「竹取」や「源氏」にもみえるし、「枕草子」にもみえる。狂言なんかには特に多くあらわれてまいります。日本人にはそういう、少し遊ぶという癖がある。私も若干はあるんですがね、どうも遊ぶ癖がある。

　江戸戯作の字遊びは、寺門静軒の「江戸繁昌記」、また下って成島柳北の「柳橋新誌」に著しい。「繁昌記」の「候レ君候レ君在ニ蚊帳外一《ヨマヘマチマチカヤノソト》」のように、いかめしい漢語にことさらに俗訓をつけることは、江戸狂詩文と同じく一種の反抗精神の表現とみられ、静軒は武門追放となった。「柳橋新誌」も新政府罵倒の書で、開化の一書生が妓楼で英語をひけらかす話などもある。妓女が名前を英語で教えろというので、阿竹《おたけ》は蛮蒲《ばんぶ》、阿梅は吥咻《ぶるむ》、阿鳥は弗得《びるど》とすら答えるが、美佐《みさ》吉《きち》・阿茶羅《あちゃら》に至って慚汗して去る。旧幕臣としていま「天地間の無用人」と称する柳北は、妓楼で狼藉する武弁者を罵って、女中に「眞に是れ被髮夷人《ざんぎりとうじん》、攘《べ》ふべ《ケ》し攘《べ》ふべ《ケ》し」といわせている。その戯文のうちに、屈折した抗世の精神がかくされているのである。

それで、その遊ぶ癖についての文章を、あげておきました。江戸の戯作者の中で、寺門静軒《てらかどせいけん》の「江戸《えど》繁昌記《はんじょうき》」は、大変面白い書物です。あまり手に入らないのですが、平凡社の東洋文庫に上・中・下、三巻が入っております。これも私の「漢字百話」からの引用です。大体静軒はあんまり武士の勤めは自分の性にあわないものですから、少し手慰みというような形で、お相撲さんの話を書いたり、あるいは花街という遊所の話を書いたりしているのですが、なかなか才筆でね、鋭い批評を加えた書物ですから、江戸幕府はこれを「幕政に対する批判を加えた書物である」というので、静軒は武士の身分を取り上げられてしまいます。私が読んでみて、そんなに悪態をついたようなものではない。しかしなかなか痛烈であるという感じは受けます。皆さんもお読みになったら、多分そのようにお感じになるだろうと思います。それから明治の初めごろに、幕臣で、いわば幕府の外務大臣というような要職であった成島《なるしま》柳北《りゅうほく》が、維新後に野に下って、「柳橋《りゅうきょう》新誌《しんし》」というのを書いております。これも岩波文庫に入っていたのですが、今なかなか手に入らないかもしれません。「繁昌記」の「君ヲ候チ君ヲ候チテ　蚊帳ノ外ニ在リ」、漢文読みで、尤もらしいのですね。ところが横に片仮名で、「ヲマヘマチマチカヤノソト」などと訓がつけてある。「お前まちまちかやの外」、随分人を虚仮《こけ》にしたような訓ですね。「柳橋新誌」にも英語なんかを習っている開化書生が女郎屋に遊びに行ったんでしょうね、そして名前の英訳を聞かれる。阿竹《おたけ》と聞かれて、それは蛮蒲《ばんぷ》である、阿梅は吥啉《ぶるむ》である、阿鳥は弗得《びるど》である、と答える。

ところが後になって「美佐吉」はどう、「阿茶羅《あちやら》」はどう訳しますかなどと聞かれて、「慚汗して去る」と書いてある。こういう調子の文です。戯文の他に、狂詩、狂文の類もあります。

わが国の人はどうもそういう戯言《たわごと》に似たようなことが好きであったとみえまして、外国にそういうジャンルの文学があるのかどうか知りませんが、たとえば川柳など、ああいうふうな形式で随分自在な、思う存分の表現ができる。国語の領域の範囲において行なわれるような表現の仕方、こういう多様な表現手段をもっている民族は、他にはなかろうと私は思う。特に新しい中国語になりますと、本来の単音節語から随分崩れた、もう今では単音節語とはいうことのできない形になっていると思いますね。それで中国人が漢字を使い続けようとするならば、相当の努力がいるのではないかと思うのです。

そういうことを感じますのは、次の『資料7』の後半、これは日本語を漢訳したときどうなるかという例としてあげたものです。

『資料7』白川静〔漢字百話〕（〔白川静著作集〕第一巻所収本、一九九九年、平凡社刊）

明の李言恭・郝杰《かくけつ》の〔日本考〕に、〔古今集〕の、

月邪阿頼奴《つきやあらぬ》　春耶木革失那《はるやむかしの》　發而乃頼奴《はるならぬ》　我身許多子外《わがみひとつは》　木多那身尼失天《もとのみにして》

を「月非昔月　春非昔春　我身不比故舊　故舊不是我身」とするが、「や……ぬ」の詠歎を写すことはできない。歌の表記に春・身など、和訓の字を用いていることも注意さ

れる。またかつて早稲田大学に学び、日本文学の紹介者として知られる謝六逸《しゃりくいつ》訳の、

月呀　儞不是昔日的月　但儞與從前無異
春呀　儞不是昔日的春　但儞與從前無異
只有我一人雖是昔日我　但已不是昔日的景況了

というのは、散文に近い。
華訳の困難さは、短詩形になるほど一層はなはだしくなる。芭蕉の「古池や　蛙飛びこむ　水の音」も、

古池呀、――青蛙跳入水裏的聲音　周作人
蒼寂古池呀、小蛙兒驀然跳入、池水的聲音　成仿吾
青蛙　躍進古池　水的音　鄭振鐸
幽寂的古池呀　青蛙驀然躍入　水的音　謝六逸

など、それぞれ名家の訳するところであるが、驀然・躍進・跳入ではこの句のもつ風姿を伝えることはできない。この小さな生命の描き出す波紋は、このような表現の方向とは逆なものである。

「月やあらぬ　春や昔の春ならぬ　わが身ばかりはもとの身にして」という、これは『古今集』の大変有名な歌です。これを明の時代の人が訳して、

月は昔の月に非ず、春は昔の春に非ず、わが身は故舊に比せず、故舊は是れわが身ならず

とした。これはまあ幾らか古歌に近い訳ができております。しかし現代語でこれを訳

するとどうなるか。ここに謝六逸《しゃりくいつ》という人の訳をあげておきました。この方は中国の文学史を書いた人で、日本の文学にも詳しい方ですが、この訳ではもう日本の言葉と全然対応しないですね。また、対応関係からみて、いらないような字がたくさん入っている。「昔日的月」のように「の」のところに「的」が入る。接続のところに「但」が入る。こうなるともう散文になってしまう。

最もむずかしいのは俳句です。芭蕉の「古池や　蛙飛びこむ　水の音」。この「蛙飛びこむ」を、「青蛙《せいあ》　跳《は》ねて　水裏《すいり》に入る聲音《せいおん》」などと訳しては、あの静かな中のかすかな響き、あのいかにも静寂であるという幽境が、これではやかまし音になってしまう。つまり、訳ができないのです。この訳をした人たちはみなわが国への留学生で、文学を修めた才能のある人たちです。ここに中国の文字が抱えておる大変大きな問題がある。日本の漢字の問題よりも中国の方がより困難な部分があるというふうに思われるのです。

わが国の文字の歴史は、どちらかというと文字を遊ぶ、文字を国語の中で自在に、いわば陶冶して国語化してしまって、そうして国語では表現できないようなところを、漢字を使って表現する。つまり足らざるを補って、表現力の上に加えるというやり方をするわけです。だから日本における文字は、本来の役割以上の働きをしている。それは一つには日本人が、表現の上に一種の遊びの心をもっておった、事実を表現するだけでなく、その余韻を楽しむ、「あはれ」「をかしさ」というようなものを余分に表現しようとする、そういう表現以上のものを求める手段として、漢字を非常に上手に使っているのです。そういう使い方は、一種の遊びだと思う。今でも漢字でクイズなど、よく新聞に出ていますね。あんまり上手な遊び方ではありませんが、表現の上でいかにプラスするかということが遊びなのです。そしてそのような遊びを、日本の文字の歴史は、きわめて如実に示している。わが国の文学は、そういう文字の働きによって、表現の上に十分な効果を表わすことに成功していると思うんです。

〔資料8〕白川静「漢字百話」（「白川静著作集」第一巻所収本）

六九　漢字の数　「玉篇」に収める一万六千九百十七字には、顧野王がその出典や訓詁を示し、みずからの考説をも加えたものであるが、その後の字書には、出典も明らかでないような文字がみだりに増加し、字数は休止するところなく加えられてゆく。宋の「広韻」には二万六千百九十四字、明の「字彙《じい》」には三万三千百七十九字、清の「康熙《こうき》字典」に至っては四万二千百七十四字という、全く意味のない字数の増加を示している。諸橋氏の「大漢和辞典」は文字番号によると四万八千九百二字と最多字数を誇っているが、その三分の二はほとんど用例もない不要の文字であり、また残りの半数も使用例のきわめて乏しいものである。必要な文字の実数は、大体八千程度とみてよい。そのことは、主要な古典の使用字数からも、大体の見当をつけることができるのである。

　わが国の教養書としても、かつて親しまれたことのある「論語」「孟子」についていえば、「論語」の総字数一万五千九百十七に対して用字数は千三百五十五字、「孟子」三万五千三百七十四字に対して千八百八十九、この「論語」「孟子」に「大学」「中庸」をも合わせた［四書］に共通の用字数は二千三百十七である。また経書としては、［詩経］の総字数約三万九千に対して用字数は二千八百三十九、［書経］約二万五千八百に対して二千九百二十四、五千言といわれる［老子］の用字数は八百二字にすぎない。

文学では、李白の詩九百九十四首、用字数は三千五百六十、杜甫の詩は約千五百首にして用字数四千三百五十、字数約七万七千、多く奇字を用いて長篇の詩を作った韓愈は、詩約四百首にして用字数は四千三百五十、すなわち杜甫に匹敵している。また作詩三千に近く、語数十八万六千に及ぶ白楽天の用字数は、ほぼ四千六百である。一人の作者にして用字数五千に及ぶものはなく、漢魏六朝の最も表現主義的な詩文の行なわれた作品を網羅する［文選］においても、その用字数は七千にとどまる。明治以後のわが国の漢字使用の状態からみて、常用の字はこの二分の一程度、教養として識るべき字数は約三千五百程度であろう。

中国では文字改革は国民教育の上からも多年の懸案であり、ことに戦後には簡体字の施行を進めているが、中国科学院では字数を三千二百、常用一級字二千七十六、二級字を合わせて三千四字、その他とする案を検討中であるという。その方針として、文字の表音性を徹底させようとしているが、あの尨大な文化遺産は、やがて一般人の近づきがたいものとなるであろう。

漢字の肥大症は、無用の字数を誇る字書の権威主義によって、あまりにも誇張されている。読書を愛するものにとって、いくらかの知的開拓や緊張を伴わぬ読書は、読書というに価しない。いまの内閣告示表には、李白・杜甫のような詩人の名もなく、わが国の芭蕉・蕪村・鷗外・漱石はもとより、耿之介・葦平などもない。告示表は固有名詞を全く除外したためであるが、告示者はこのようにはじめから拘束力をもたない表に、どのような権威を与えようとしているのであろうか。

この『資料8』も、『漢字百話』からとりました。漢字の数は、数えれば五万何千あるのです。けれども実際に使っていますのは、六千ぐらいです。『文選』という書物は、最も修飾性の多い文学作品を集めていて、文字の数が多いのですが、それでも七千字に達していないはずです。だから大体六千字ぐらいが、実際に使われる文字の上限であるというふうに考えてよろしい。その六千の文字を、もし体系的に整理をして、私の文字学で整理しましたならば、これは理解することも覚えることも、それほど困難ではありません。大体七、八千ぐらいまでは、その体系の領域に入るはずです。だからこれを理解することは、必ずしも困難ではありません。

『資料9』銭玄同『中国今後の文字問題』(一九一八年『新青年』四巻四号、西順蔵編『原典中国近代思想史』第四冊所収、一九七七年、岩波書店刊)

中国の文字は表音でないうえに、これまで適当な発音記号がありませんでした。三十六字母、二百六韻は、頭がくらくらするほどですが、それもせいぜい古今の文字の変遷を考証するためだけのものにすぎず、発音統一には何のかかわりもありません。いまわれわれ数人が、八年十年のうちに字音統一の大事業を成し遂げようとしても、おそらくそれは不可能でしょう。また中国の文語は死語が多いうえに現実離れという欠点があり、いっぽう口語のほうは用字が少なすぎ、文法もきわめて不備で、文語と口語をとりあわせて一つの国語を作ることも、決して容易ではありません。以上で、言文および発音を整理すること自体がすでにはなはだ困難であり、言文、発音が統一されないかぎり、表音に改めることは絶対にできないことがわかります。そのうえ漢字文はその根本に、救いようのない病患をもっています。それは単音ということです。単音の文字は、同音のものがきわめて多いのですが、表音に改めてしまうと、どう区別できましょう――この単音という病患は日本にまで伝染し、日本もその禍いを大いに受けています。ご覧のとおり、日本ではこの四十年来文字改良を提案する人が非常に多く、とくにローマ字表音説がもっとも有力ですが、いまになってもまだ実行できないでいるのは、ほかでもなく、音読の漢字を一掃しなければローマ字化を完全に実行することができないからです――私が表音に改めることは至難であるというのは、このことがあるからです。

かりに上に挙げた諸困難がことごとく解決されたとすれば、漢字は完全に表音に改められるでしょう。しかしそれではいったい新学理、新事物はどうしますか。それらはみなわが国固有のものではないのですから、そのための新語を作るのでしょうか、それとも欧文の原語のとおりそのまま表記するのでしょうか。前者でいくとすれば、表音に改めた以上、字にはもう古い意味がないのですから、新語の作りようがありません。まさか Republic を Kung-huo〔共和〕と訳し Ethics を Lun-li-hsüh〔倫理学〕と訳すわけにはいきますまい。後者でいくとすれば、欧文の原語を採用するのですから、科学、哲学上の専門用語はもちろんのこと、日常の物品たとえば Match, Lamp, Ink, Pen の類も当然原語を用いるべきで、Yang-huo〔洋火〕、Yang-teng〔洋灯〕、Yang-meh-shue〔洋墨水〕、Yang-pihteu〔洋筆頭〕といってはならず、Dictator, Boycott の類もまた原文で書くべきであることは疑問の余地がありません。とすれば、一つの文章のなかに欧語が七、八割も用いられ、「表音の漢字」はいくつかの介詞、接続詞、助詞、感嘆詞およびごく一般的な名詞、代名詞、動詞、形容詞だけになりましょう。大変な努力をはらって「表音の漢字」を作りあげても、その効用がこれだけしかないとすれば、何のためにやるのかわかりません。漢字を表音に改めるのは、形式上の変化にすぎず、実質上は朝三暮四、形だけ変えた「旧来の漢字文」といえましょう。

そこで私ははっきりと申し上げたいのです。中国の文字は、字形から言えば、表音ではなく象形文字のなれの果てで、覚えるにも書くにも不便である。字義からいえば、意味があいまいで文法もはなはだ精密でない。今日の学問上の応用からいえば、新学理、新事物の用語は一つとしてもっていない。過去の歴史からいえば、千分の九百九十九が孔門の学説と道教の妖言を記述する記号である。こうした文字は、断じて二十世紀の新時代に適応することはできません。

さらに私は大胆に宣言したい。中国を滅ぼすまいと願い、中国民族を二十世紀文明の民族たらしめんと願うならば、孔学を廃絶し道教を絶滅することが根本解決であり、そして孔門の学説と道教の妖言を記載した漢字文を廃止することこそが、根本解決中の根本解決である、と。

〔資料9〕に中国の人の、漢字の将来についての論文として、発表されたものをあげておきました。一九一八年でありますから、今から八十五年ほど前になりますかね。

銭玄同《せんげんどう》という人の論文です。この人は日本へも留学した人で、新しい学問を修めて中国に帰りまして、顧頡剛《こけつごう》と二人で古代史の洗い直しをしなければならんというので、彼自らは「古を疑う」という名前をつけて、疑古玄同という署名で非常にたくさんの論文を書いています。古代史の研究者として、大変優れた学者です。その方が日本の実情も見た上で、こういう議論をしているのです。その論旨は、外国語は翻訳しても何の意味もない、だからそのまま原語で文の中に入れる。訳をするなど全く無駄なことだ。たとえばマッチだとかランプ、インク、ペンなどは一々訳をする必要はなく、このまま使った方がよろしいという、そういう議論をしている。これは今のわが国でいいますと、カナ文字語、片カナ語をそのまま使うてよろしいという議論に、いくらか近い。日本の場合はちょっと音訳するのですが、この人は原語をそのまま使えという議論であります。従って漢文は横書きにせよという説です。ただこの人の書いた論文は大方縦書きであって、横書きの論文は私は見た記憶がありません。これは中国語の将来というものを、いくらか悲観的に見ておりまして、この当時の人の自国の文化に対する考えがみえますね。後ろから八行目あたりに、「今日の学問上の応用からいえば、新学理、新事物の用語は一つとしてもっていない」、「過去の歴史からいえば、千分の九百九十九が孔門の学説と道教の妖言を記述する記号」であって、何の役にも立たない。それで、「孔学を廃絶し道教を絶滅することが根本解決である」ということになる。この人にとって、文字の問題は同時に思想の問題であり、文化の問題であったわけです。つまり中国の古い文化、古い教育というものをそのまま続けていては、中国は近代化することはできない。だから外国語は外国語のままで使えという議論であります。

〔資料10〕魯迅「漢字とラテン化」（松枝茂夫訳『魯迅選集』第十巻『花辺文学』所収、一九五六年、岩波書店刊）

漢字とラテン化　仲度

大衆語文（白話文が次第に大衆の実際の言葉から離れて、大衆にわかりにくくなって来たので、大衆の言葉で文章を書けという主張が陳子展らによって唱えられた）に反対する人は、主張者に向って得意げに命令して、「品物を出して見せろ！」という。すると一方には馬鹿正直な人もほんとにいて、相手が誠意か、それともからかっているのか少しも頓着せずに、さっそく必死になって標本を作る。

読書人が大衆語を提唱するのは、白話《はくわ》を提唱するよりも困難である。なぜなら白話を提唱した時には、よかれ悪しかれ、ともかく白話を使っていた。ところが今日大衆語を提唱している文章は大抵は大衆語でない。だが、反対者に命令を発する権利はないのだ。片輪でも、健康運動を主張する限りにおいては、絶対に間違っていない。しかしもし纏足《てんそく》を提唱するとなれば、たとい天足（纏足をしない天然の足）の壮健な女性であったとしても、それは有意的或いは無意的に人を害《そこな》うことになる。アメリカの果実王は、一種の果物を改良するのにさえ、十年からの苦心を払った。いわんや問題がそれよりもっともっと大きい大衆語に於いておやである。もしも彼の矛《ほこ》をもって彼の盾《たて》を攻めるとすれば、反対者は当然文語か白話《はくわ》に賛成した筈で、文語には何千年かの歴史があり、白話には最近二十年の歴史があるのだから、彼も彼の「品物」を出して我々に見せて貰いたいものである。

だが、我々は我々で試験してみるのもよかろう。『動向』（『中華日報』副刊）には、すでにもっぱら土語だけで書いた文章が三篇出ているが、胡縄《フーション》先生（左翼の理論家）はそれを見て、やはり土語でない言葉で書いた文句の方がはっきりするといった。しかし実は、工夫《くふう》さえすれば、どんな土語で書いても、わかるのだ。私個人の経験によると、私どもの郷里の土語は、蘇州《そしゅう》とは非常に違うのだが、『海上花列伝《かいじょうかれつでん》』（清末の長篇小説、会話は全部蘇州語で書いてある）は、私に「足、戸を出でず」して蘇州語をわからせた。最初はわからなかったが、辛抱して読み進み、記事を参照し、対話を比較しているうち、後にはみんなわかるようになった。むろん、非常に困難だ。その困難の元は、漢字に在るのだと思う。一つ一つの四角い漢字は、みなそれぞれの意義を持っている。今それを使って土語をそのまま写す場合、あるものは本義を用いるが、あるものは音《おん》を借りるに過ぎない。そこで我々が読んで行くとき、そのどれとどれが意義を用い、どれとどれが音を借りたものかを分析せねばならぬ。慣れたら何でもないが、最初は非常に厄介だ。

たとえば胡縄《フーション》先生の挙げた例だが、「回到窩裏向罷」（大衆語で「家に帰ろう」という意味）は、犬か何かの「窩」（あな）に帰るという意味にとられるかも知れないから、むしろ「回到家裏去」（同じ意味の標準語）といった方がはっきりするといっておられる。この句の病根は漢字の「窩」の字にあるのだが、実際上、そう書くのはよくないと思われる。私どもの田舎の人々も「家裏」をUwao-liとよみ、読書人が写し取ると、極めて容易に「窩裏」と書くだろう。だが思うに、このUwaoは、実は「屋下」の二音を合綴し、それをまた少し訛《なま》ったのであって、決して「窩」の字で勝手に代用させてはならぬのだ。もし単に別義をもたぬ音で記したならば、何の誤解も起らないはずである。

大衆語文の音《おん》の数は文語や白話《はくわ》のそれより多いから、もしも漢字で書くとすれば、頭を使うばかりでなく、大変暇がかかり、紙や墨も不経済である。この四角い字の弊害を伴った遺産のお蔭で、我々の最大多数の人々は、すでに幾千年も文盲として殉難し、中国もこんなザマとなって、ほかの国ではすでに人工雨さえ作っているという時代に、我々はまだ雨乞いのため蛇を拝んだり、神迎えをしたりしている。もし我々がまだ生きて行くつもりならば、私は、漢字に我々の犠牲となって貰う外はないと思う。

今はもう「書き方をラテン化する」一筋の道があるきりだ。これは大衆語文と分つことのできぬものだ。それもやはり読書人から真先に試験し、まず字母、綴法を紹介し、それから文章を書くことだ。手始めには、日本文のように、名詞の類の漢字だけ少し残して、助詞、感歎詞、後には形容詞、動詞まで全部ラテン綴りで書くようにする。そうすれば、見た眼にいいばかりでなく、瞭解もはるかに容易になるだろう。横書きに改めるのは、当然なことである。

これは今すぐ実験しても、決して難しいことではないと思う。

たしかに、漢字は古代から伝わって来た宝である。しかし我々の祖先は、漢字よりもっと古い。だから我々はもっと古代から伝わって来た宝なのだ。漢字のために我々を犠牲にするか、それとも我々のために漢字を犠牲にするか？　これは心を喪《うしな》った気違いでない限り、誰でもすぐ答えることができるだろう。

（〔一九三四年〕八月二十三日）

〔資料10〕に出ておりますのは、仲度という名前になっていますが、これはペンネームで、魯迅のことです。魯迅の全集の中に、こういう漢字廃止論が二篇出ています。新聞に発表したものですから、ペンネームを使っています。これもやはり銭玄同と殆んど同じような議論で、その理由も殆んど一緒なのですが、さらに「今はもう「書き方をラテン化する」一筋の道があるきりだ」と、漢字をすててラテン綴りに直してしまえという議論であります。これは魯迅の議論として本音かなというような気もするのです。しかし彼の作品から見ると、あるいはこういう考え方を心の底にもっていたかもしれないという気もいたします。

彼らは漢字そのものに、もうすでに絶望的であった。漢字というものがよくわからないということ、教育の機関も備わっていませんから、中国における国民教育は非常におくれていました。識字率も国民の何パーセントというような時代が続いていましたので、魯迅は漢字を用いて国民を教化することは困難であるという、一種の絶望感をもっていたことも考えられないことはないと思います。彼もやはり漢字を廃止せよという議論であり、また孔子や老子はつまらんというようなことも言っている。最後の議論は、漢字を廃止するか、漢民族を廃止するかということになれば、漢民族の方が古いので、漢字を廃止すべきだというのです。

この論理、皆さんはどのようにお考えになるか知りませんけれど、まあ何とも非論理的な論理で、彼はこの論理で漢字の廃止を主張しているのです。おそらく漢字を教育することはすでに困難であると、彼は思ったのではないかと思います。しかし私の文字学を以てすれば、甚だ我田引水でありますけれども、漢字を理解することは可能になった。私がもう百年ほど前に生まれてこういう議論をしておりましたならば、銭玄同を煩わし、あるいは魯迅を煩わすこともなかったかもしれません。しかし幸いにして用意も整いましたから、これから漢字の理解をすすめるという運動を進めてまいりまして、失われた漢字への信頼を回復する、失地を回復するというような努力をしてゆきたいと思います。

このように、漢字が非常に複雑であるために、魯迅などのこういう主張もございまして、漢字を何とか近代化しなければならんというので、いわゆる簡体文字の研究が行なわれるようになり、そうして簡体字というものが、実際に現在行なわれているのです。しかし簡体文字によって、はたして漢字の教育は容易になったのであろうか。また漢字の機能はより多く発揮できるようになったのだろうかといいますと、決してそうではないのです。

私はちょっと時間をかけて、十画以内の簡体字の数を調べてみました。そうすると三千三百六十何字ある。調べそこないもあるかと思いますが、大体の様子はわかると思う。十画以内の文字で三千三百以上あるのです。ところが文字というものは、画数が離れるほど識別力が高まるのです。十五画も二十画もあるような字は、一部分欠けていても、場合によっては半分になっていても、中が空洞になっていても読めるのです。ところが十画以内の文字ですとね、ここが出ておるのか出ていないのか、ここに撥ねがあるのかないのか、これを審らかにしなければ同異を区別しがたい。つまり見てすぐにわかる、直覚的に識別できる力が全くないのです。一つ一つ念入りに検討して、しかる後にはじめてこれは何であると定めることができるのですね。こんなことして文章を読んでいたのでは、文章は読めたものではありません。適度の字数で、画数に合わせて、文字が分散されている方が、はるかに見やすい。たとえば金扁の字が金と書いてあれば、少々欠けていてもすぐわかるのです。ところが金扁の略字（钅）では金扁なのか食扁（饣）なのか、似たのがいくつもある。そうするとその区別を確かめるために、時間をかけて吟味しなければならない。だからあの略体字は失敗であると私は思う。情報社会的なスピードに対応できない。かえって旧字体の方が、こういう情報社会のスピードに対応できる。画数が多くても、識別的な能力は高くなるのです。

わが国においても、漢字制限のために古典教育が失われてしまって、いわば歴史的な文化の密度が非常に薄くなっていると思う。深く古典に根ざした教養というものは、それなりの厚みをもち、潤いをもつものなのです。だから古典教育はどうしても回復しなければならん。私が先に暗誦しましたように、古典を暗誦しておりますと、ものを考えますときに、多角的に自分で問題を設定することができる。自分の内に何もなければ、問題設定が全然出てこないのです。比較ができないのです。従って選択して新しいものを作るという力は生まれてこないのです。古典的な教養は、なるべく若いときに十分に身につけておく。私が先に暗誦した文を覚えますときに、八十年後を予想して覚えたわけではありません。これはお寺の小僧さんが、お経を覚えるようにして覚えたのです。そのとき何もわからずに覚えて、わかるようになると、一生その楽しみを得ることができる。若いうちにはそういう能力がある。そういう能力のあるうちに十分な古典教育というものをしなければならないと、私は思うのです。

それで、一体漢文を回復するということは可能であるのかどうか。これはまだ実験的な段階でしょうが、たとえば朝鮮の方では漢字を廃止してハングルという音符を使っている。その最大の欠陥は、続け書きができないこと、聯綿体が書けないということです。仕事をする上で、早く書くという方法は絶対に必要なのです。国語は縦書きに書くとき、聯綿体で書けますすね。

それからベトナムでは、フランスが占領していましたから、その当時ローマナイズしてしまい、全部今ローマ字です。しかし言葉の半分以上は、もと漢語です。漢字の単語です。それがどれくらいあるか知りませんけれども、最近私は日本と朝鮮と中国とベトナムとの、漢字音の単語の字書を頂きました。そこには約三千二百ほどの語彙があげられている。もとの漢語に今の音がつけられています。ベトナムでは、広東語と一緒でまだ入声音《にっしょう》が残っているのです。日、月というときの入声音が、そのままだ残っている。広東にもまだあります。しかし江南、江北になりますと、現在入声音は一つもありません。ベトナムでは古い音が残っていますから、今の読み方は違いますけれども、言葉自体を示す漢字は同じなのです。

これはベトナムだけではなく、北京と上海とでも、もう音が違います。これをすべてローマナイズしたら、おそらくわけがわからなくなると思う。上海と蘇州という近いところでも、蘇州語はもう全く違いますから、ローマナイズしたら、多分言葉はもう通じないだろうと思う。だから、漢字というものは、いうならば漢字圏の中での共通語なのです。読み方はみな違うけれども、字面を見ればわかるという、つまりエスペラントというようなものです。

それで私の目的は、かつてアジアが平和であった時代、今から百六十年ほど前にアヘン戦争が起こって、それ以降中国が西洋列強の分割の対象になり、アジアが侵略をうけるという時代になった。そして大戦前までは、みんな同じ漢字を使っていた。朝鮮も中国も台湾も日本も、みな同じ漢字を使うていた。だから明代には、日本の漁師たちが海を渡って向こうの沿岸に行き、筆談で仕事しているのです。当時の日本に対する文献には、そういう漁師からの聞き取りが非常に多い。対訳の辞書にも、標準語ではなく、方言がそのまま日本語として扱われている。彼らは漢字が書けます、漢字は共通語ですから、意思の疎通ができるのです。そういう時代であった。それが漢字文化圏であった。

ところがアヘン戦争で清国の内部の腐敗が明らかになりますと、それから約五、六十年の間は、アジアを目指して自分たちの植民地を開拓するために、欧米あげてアジアに殺到した。そして朝鮮も東北もやがてロシアにとられそうになった。ロシアは東北に入ってきていたし、大連に港を開いている。朝鮮に対する圧力も非常に強いという状態であった。朝鮮が危うければ日本も危ういのです。それで日本はやむを得ず、遙かに遠い東北に兵を出してロシアを駆逐した。これはアジアの民族にとっては、アジアを救う聖戦である、これで欧米の侵略を防ぐことができるであろう。日本はその盾になってくれるであろう。アジアの人々はそのような希望を抱いた。少なくとも孫文はそう書いているのです。しかしそれから後、まもなく日本は欧米と同じような侵略国家になって、荒れ狂うやり方をした。そうして肝心のわが国自体が、有史以来の惨敗を喫して、今は首都の周辺に外国専用の空港があり、軍隊が駐屯している。都の入口に軍艦も停泊しているという、情けない状態であります。これを同盟国などというのは言葉の誤用であって、これは歴史的な用語では、「城下の盟《ちかい》」という。本当は保護領ということであります。いくらか自治的であるから保護国というのであって、一人前の顔をするのは少し思いあがりであるというふうに私は思うております。

この百五十年来、アジアは本来のアジアでなくなった。同時に漢字を失ったのです。

日本も漢字の制限をうけて、漢字の存在が危ういという状態になっています。私の志は、かつて百五十年前に、アジアのエスペラントの役割を果たしていた漢字を、再び国際語として、このアジアの世界に通用させたい。それには漢字が理解できるものでなくてはならぬ、理解できれば学習ができる。そうすればローマナイズした言葉やハングルにしてしまった字を、もう一度回復しようという動きが、あるいは出てくるかもしれない。そして漢字文化圏としての東洋というものが回復されたならば、そこで欧州連合のような、アジアの連合体というものが形成されるであろう。他から侮りを受けることがない、一つの地域文化というものが復活するであろう。アジアはかつて内部で戦ったことはない地域です。アジアの民族が相憎み相争うというような戦争を、したことはない。対外戦争というのは殆んどなかったのです。この百五十年前までなかったのであります。ところがヨーロッパは、三十年戦争はおろか、百年戦争も辞さないというような、大方戦争をしておった。ヨーロッパの文明は私は強弱を争う戦争の所産であると、考えています。そしてアメリカの文明もまた、支配の所産であると考えています。あれは本当の文化ではありません。文明であるかもしれんけれども、文化ではない。そういう意味で、文化の伝統を長く保ち続けてきたのは、この東アジアの世界です。その東アジアの世界が崩壊したのは、列強の侵略によるところがあるけれども、自ら漢字を放棄するという、アジアの民族の自覚の不足にもよると私は思う。中国では簡体字、わが国では漢字制限、朝鮮ではハングル化して、もう古典のいろんな資料は全部読めないのです。『三国史記』をはじめ、かなりの古典を朝鮮はもっておるのですが、それが全然読めない。記憶をなくした人間になる。

大体朝鮮の姓の数は、約五百ほどあるのです。その中に金とか李とか朴とかいうのが約四十五パーセントを占めている。すると姓が殆んど一緒ですから、名前も大体然るべき名前は使っているでしょう。ハングルでは、どういう意味合いをもつ言葉であるのか、全くわからない。私が教室で授業をもちましたときに、片仮名タイプの名簿をもたされたことがあります。これはいつまでたっても、その相手の人が把握できない。親近感が生まれない。その人の人間像が出てこない。だから私は別に漢字に直した名簿を作って、それを使うことをした。おそらく私と同じような体験を、朝鮮の人はみなしているのではないかと思います。やはりもとの漢字を使われる方がいい。それによって古典の世界を回復し、背後に歴史のある民族であるという自覚をもつ方がよい。中国においても誤用しやすい略体をやめて、正規の漢字を学習して、漢字文化の伝統を回復されるのがよい。今のままではその漢字すらもわけのわからぬものになって、本当にローマナイズしなくてはならなくなるかもしれんと思います。東アジアでは、文字とともにその民族の文化が形成され、進んできた。先にお話ししましたように、中国における文学、芸術というものは、三千二百年前に生まれた漢字のもつ機能と、その様式的な美意識というものに導かれながら、その後の文化を展開してきている。わが国ではそれを片仮名にほぐし、国語の中に加えて、完全に日本語の中に溶け込んだ形で、使われているのです。そういう漢字をむやみに制限してはならぬ。第一、制限漢字内で自分の姓名が書けない人が、少なくないのではないかと思う。日本の姓は全部で十二万あるのです。地名も大体十二万あるのです。大体地名と関係のある姓名が多いので、常用漢字に入らないものが半分以上あるのではないかと思う。それに読みかたも制限外のものが多い。しかしそれには知らん顔しているのです。今では名前をつける人には、制限外の字は断っているのですね。これは甚だしい自己矛盾です。原則のない、またバランスを失った政策です。すべて一度御破算にして本来の姿に帰すのがよい。そして同時に、この東アジアの世界を百五十年以前の、文化的に統一的な、争うことを知らなかった世界に帰すのがよい。他からの闖入《ちんにゅう》者は、どうぞ引き揚げていただきたい。そうすればアジアは、おそらく本来の平和を回復することができるでしょう。

私の文字講話は、古代の文字のお話をするというつもりで始めたのですけれども、私の本来の目的は、東洋とはそもそもいかなるものであったかということから、私の研究は出発したのです。それで日本と中国の最も古い文献である『万葉』と『詩経』との比較文学的研究をしたい。そこから東洋的理念の原質がいかなるものであるかということを明らかにしたい。そのために甲骨文の研究、金文の研究、文献の研究、そういうことを、この歳になるまで続けてきたのであります。それで本日は最後でありますから、私がなぜ東洋学に志すに至ったか、それからまた、私のその東洋学を通じて、どのようなことを意図しているのか。私が願っている状態は、百五十年前に失われた東アジアの状態ですが、しかしそれはまた百五十年後ぐらいに実現するであろうかと思います。私にはこれをたしかめる機会はございませんが、どうぞ皆さんが語り伝えられて、そのような東洋の回復される時を待望したい。私はそのような気持でこの講座を始めましたので、そのような願望をもってこの講座を終わるわけであります。

これでお話を終わります。

懇親会における挨拶

ただいま、お二人の先生から私の文字講話について、いろいろお褒めの言葉をいただきまして、大変感銘をいたしております。

こういうことは、考えてできることではなくて、大体は、孟子の言葉にですね、「天の時、地の利、人の和」という、この三つのことが、国を堅く守る場合の条件であると記されています。「天の時は地の利に如《し》かず、地の利は人の和に如かず」、まだ後に説明の言葉があるんですけれども、この三つの条件が揃うた場合に事は成就するのである、という言葉がございます。

私がこの企画を始めましたのは、八十八歳のときでございました。私が予《かね》て宿願とするところの「字書三部作」はすでに完成をしておりまして、私としては幾分時間的にも余裕があるということでございました。「天の時」を得ておったわけでございます。それからまた、こういう国際会館という素晴らしい場所を、長期にわたって提供をしていただいた。これはいわゆる、「地の利」である。それからまた、遠くを憚らず遠方からもたくさん有志の方がおいでいただきまして、そういう温かい人たちのご支援によって、このことが成就できたのであるというふうに私は考えております。「天の時、地の利、人の和」を得たのであって、その三つを私が頂戴をいたして、幸いにして今日あることを得たということでございます。

つまりこれはすべて神様のおかげであります。天の時のおかげであります。地の利のおかげであり、人の和のおかげであるということでございます。もともと神様のお許しを得て始めたことでございますから、今後また神様のお許しが出ましたならば、こういうふうな会を開かせていただくかもしれませんが、そのときにはまたよろしくお願いをいたします。大体、秋ぐらいからというふうに考えております。

今さし迫ってやりたいことがいろいろございますので、まずその用事を終えましてからまた、天の時、地の利、人の和を得て、皆様とお会いすることができればというふうに考えております。大変ありがとうございました。

（二〇〇四年一月十　日　於国立京都国際会館）

あとがき

この文字講話は、文字文化研究所が継続して年数回企画し開催している講演会の一環として、私の希望によって、五年二十回にわたって、一貫した主題の下に、新しい文字学を、直接参会者の方々によびかけるためのものであった。当時私はすでに八十八歳に達しており、企画の完行を危ぶむ人もあったが、私としては、この文字文化研究所の責任者として、是非とも完遂したい企画であった。爾来年四回、五箇年にわたる講話を終えて、多少の感慨を禁じえない。

敗戦後の五十年にわたって、わが国の文教政策は、占領軍の指示するままに、極めて貧弱な当用漢字表の規制を受けて、古典や漢文形式の資料の全体が、国民教育の場から姿を消した。古典はもとより民族文化の象徴であり、新しい文化はその土壌の上にのみ生まれる。自らの土壌を失った文化が、新しい発展に向かうことはもとより不可能である。国語の乱れ、国語力の低下は、戦後五十年に及ぶこの文教政策の上から、当然に予想される結果である。

しかしその混乱は、ひとりわが国のみでなく、台湾・香港を除いて、かつての漢字文化圏の全体に及んでいる。漢字を含む国語政策の問題は、ひとりわが国のみでなく、かつての漢字文化圏全体の問題であると私は思う。

漢字習得の困難は、その字形の理解が困難であるという一点に帰する。しかしたとえば英語圏においても、その単語の一つ一つの語原的解釈が明らかにされ、その学習が容易であるというわけではない。漢字は単なる音だけでなく、その字形が意味のある構造体であるから、その構造の意味が理解されれば、絵解きのようにその原義を理解することができる。漢字の構造の意味を理解することは、今では決して困難ではない。構造の意味が理解されれば、これほど学習の容易な字はない。長い間学習者を苦しめてきた漢字の学習法は、すでに確立されたといってよい。

私の二十回にわたる文字講話は、漢字の解説として決して十分なものではありえないが、少なくともその階梯として役立ちうるものであろうと思う。有志の方々によって、私の文字学の方法が、より多くの人に理解され、文字としての漢字のもつ機能が再認識されることを希望する。漢字の理解を通じて、かつての漢字文化圏が回復されるならば、そのとき東洋の精神的連帯が回復され、かつての東洋的な理念の世界も、正当に理解されるであろう。また漢字を使用したかつての文化圏でも、漢字を回復することによって、自らの国語のうちに含む半数を超える漢字の使用を回復し、多くの語彙を、正当に本来の表記に復すことができよう。それはかつての東洋の文化圏を回復し、新しい東アジアの文化圏を組織することに連なるはずである。
この問題について、東アジアの将来に関心をもたれる識者の方々に、より一層の理解と協力とを期待したい。

平成十七年一月

白川　静

解説——白川先生との六十年

加地伸行

白川静先生が平成十一年三月から〈文字講話〉と題する連続講演を開始されたことを、当時私は知らなかった。

そのころ、個人的事情で俗事に追われていたこともあって、残念なことをした。

しかし、しばらくしてそのことを知り、平成十二年のいつごろであったか、定かではないが、ともかく国立京都国際会館の会場に出席し、以後、ほとんど拝聴した。

会場において大驚したのは、聴講者の数である。あの広いホールがいつもほぼ満席であった。ふつうなら、そのようなことはありえない。学者先生の連続講演とあっては、一般人は出席したりしない。なぜか。答ははっきりしている。一般に、内容がつまらないからである。その上、話もうまくない。だれが来るであろうか。

しかし、白川先生の御講演は違う。今風に言えば、めっちゃおもろい。とはいえ、お笑い芸人のように笑いをとるわけではない。白川先生のお人柄そのものがしぜんと現われるおもしろさなのである。

それは、一言で言えば、〈究極の真実〉のおもしろさである。

ここで注意が肝要。では、その〈真実〉とは何か、ということである。「真実」ということばは、なにかしら自然科学的な雰囲気を漂わせるが、そこがあぶない。すなわち客観的保証を与えるのが「真実」ということばのイメージなので、人々は、この世を成り立たせているのは、〈客観的に安定した真実〉と思っている。そしてそれを引き出し説明するのが科学ということになっている。それを総じて言えば、学問ということになる。

これがあぶない。なぜなら、〈真実〉と称するものの実体は、あくまでも仮説であるからである。或る仮説に基づく説明が、人々を納得させることができれば、真実についての説明となる。そしてその説明の成功後、真実が姿を現わすわけであり、その〈真実〉が世に広がってゆく。その究極が定説となる。

しかし、後にそれとまったく異なる仮説が新しく登場し、それに依る説明が人々を納得せしめることができると、〈新真実〉となり、それまでの〈真実〉は弱体化する、あるいは消えてゆく。

そのくりかえしが〈真実〉の歴史であり、大きくは、学問・研究の歴史である。

というわけであるから、ものごと（対象）に対して、どういう解釈（仮説）を与えて人々が納得するような説明ができるのか、というのが、学問・研究の本質なのである。

その構造は、自然科学において最も分りやすい。いや、自然科学においてだけではない。実は人文系科学においても同様なのである。その典型こそ白川文字学である。

漢字に対して、白川静独自の解釈（仮説）を徹底的に与えるその極点が生み出す〈究極の真実〉のおもしろさを私に銘記して下さったものこそ、〈文字講話〉であった。

だからこそ、人々はさまざまな形、さまざまなレベル、さまざまな関心に由《よ》って、〈文字講話〉に惹《ひ》かれ集まってきていたのであろう。私のような研究者も、なにも知らない高校生も、多様で多数の人々が集まって、同一の講演を拝聴できるというのは、前代未聞と言っても過言でない。

私は、白川先生の受業生ではない。しかし、昭和三十四年ごろ、大学生であった私は、白川先生の論文「訓詁に於ける思惟の形式について」を拝読、小島祐馬・京大教授の〈漢字における弁証法的思惟〉なる洋風かぶれ説を論破された〈真実〉に感動した。もちろん、お目にかかったことはなかった。しかし、青年期の感動は、白川先生の学問に対する畏敬となっていったことは言うまでもない。これが白川先生の学問との最初の出会いであった。

けれども、学統が異なっており、それ以後、独り遠くから仰ぎ見る形で月日を経た。そして或るとき、総合誌『中央公論』に随筆を書く機会があった。当時、私は世間のいわゆるアカデミズムに大きな疑問を抱いており、いわゆる〈文化人サロン〉とはまったく無縁な生活をしていたので、言いたいことを遠慮なく言うという立場であった。そこで、次のような内容をその随筆に記した。

すなわち、貝塚茂樹（東洋史）や桑原武夫（フランス文学）が文化勲章を受章しているのなら、宮崎市定（東洋史）や白川静がそれぞれ四、五回受章してもいいのではないか、と。

その筋では大騒ぎとなったようであるが、知ったことでない。騒ぐほうがおかしい。

しかし、私はまだ白川先生との面識を得る機会がなかった。その内、台湾の人からの紹介で私を頼って来日した台湾の学生が立命館大学大学院生となることができた。そしてなんとその学生の指導教授がたまたま白川先生となったのである。

これは、立命館大学大学院の割り振りであった。とはいえ、私としては、紹介した留学生の指導教授に御挨拶に上がるのが礼儀であるので、その留学生とともに、京都・桂の白川先生の御自宅にお伺いした。そのような事情でお近づきになることができた。

以来、白川先生の自称門下生として仰ぎ見ることとなった。先生も私にお声をおかけ下さった。その一つが、先生の『孔子伝』中公文庫版のための解説担当であった。

実は、私にも孔子伝の構想があった。従来の諸孔子伝は聖人孔子ばかりであり、孔子の実態からほど遠いと思っていた。その実像を描こうとしたのは、ただ一つ、吉川幸次郎先生（中国文学）の人間孔子像のみであった。

そのため、私はリアリズムタッチの孔子像を描きたいという願望を持っていた。後年、その立場で世に問うた。はじめ集英社版、現在は角川ソフィア文庫版。その際、白川先生の『孔子伝』を精読した。先生の孔子ならびにその周辺が描き出す神話的・シャーマニズム的雰囲気はまことにありがたかった。そこで、そうした勉強を経た上で、孔子をリアリズムタッチで描くときの武器とすることができた。

そのような事情があったので、先生の『孔子伝』解説は、一気に書くことができた。その際、故高橋和巳（元立命館大学専任講師で、或る時期、白川先生と同僚）が白川先生について触れている一節を引用した。高橋和巳も白川先生を尊敬していたのである。

その一節とは、およそこうである。『孔子伝』を『中央公論』に連載時、大学紛争が全国に起っていた。そのとき、教授会と学生自治会との交渉を、学生側は労働運動まがいに団交と称して、大学側と学生側とが対立していた諸問題について激しく議論する会合がよく開かれていた。白川先生も教授会の一員であり、その会合に出席。いつもそうだったが、教授・学生ともに議論に疲れて散会するが、その後、深夜ながら白川先生の研究室に灯がともされていたという。それは研究の継続を意味する。高橋和巳のこの一節は、白川先生の人となりをよく示すと思い、私は引用した。

その後、私のこの引用を孫引きして、いかにも自分が高橋和巳の作品をよく読み、この個所を発見したかと言わんばかりの駄文を連ね、自分こそ白川を知るとする文章をよく見かける。いまもそうである。

月日は過ぎ去る。いつしか私は老い、まもなく浮き世と縁切れと思っていたとき、白川先生を記念する新設の立命館大学白川静記念東洋文字文化研究所に来ないかという話が出てきた。

かつて私が関西学院大学に出講していた折の受講生だった故木村一信文学部長（当時）の推薦であった。しかし当時、私は同志社大学に在任中。そのため、一年後に所長として赴任した。白川先生は名誉所長。その年の秋十月、先生は他界された。ほんの短い六か月間であったが、先生と席を同じくすることができたのは、無上の光栄であった。

顧みれば、二十歳を越えたばかりの学生が白川先生の論文に衝撃を受け、以来、遠くから畏怖と尊敬との念を持って仰ぎ見てきた。その巨人は、実際にお目にかかったとき、実に謙虚なお人柄であった。のみならず、学統の異なる私に対しても、なんの偏見もお持ちでなかった。のみならず、『孔子伝』という歴史的名著の解説をお命じ下さるとは、研究者としてこの上ない栄誉であった。

いま、こうして平凡社ライブラリー版として世に出る『文字講話』全四巻は、再読するに、あの講演会当時の会場の熱気、そしてなによりも白川先生の気迫のこもった覇気、時としては聴衆を楽しませて下さる稚気、遠い日を想い起しておられる和気、自信を持って説明される精気、春光のような慈気……さまざまな雰囲気が伝わってくる。

そうした人間味の溢れた、しかし学術的価値ある書物は、当今、他に見出すことは困難である。学・人両者のほどよく調和のとれたこの『文字講話』は、傑作としての地位を揺るぎなく保ってゆくことであろう。

白川先生逝きて十年、再登場した傑作は、これから息長く読み継がれてゆくことであろう。

それも、白川先生を存じあげる人々においてのみではなく、若い人にもその魅力が語り継がれてゆくことと確信する。

平成二十八年十一月旬五

（かじ のぶゆき／中国哲学）

万葉・古代歌謡索引

あかねさす紫野行き(1・20)　…………52
否といへど語れ語れと(3・237)　……184
逆に穢き奴　仲末呂伊(宣命)　……184
小竹の葉はみ山もさやに(2・133)
……………………………………………211
垂乳根之母我養蚕乃(12・2991)　……265
たらちねの母が呼ぶ名を(12・3102)
……………………………………………53
月やあらぬ春や昔の(古今集)　……269
紫草のにほへる妹を(1・21)　…………52
紫は灰さすものぞ(12・3101)　…………53
吾等旅は旅と思ほど(20・4343)　……135

碧 ……43
方 ……161
芳 ……28
音 ……96, 158
放 ……228
剖 ……96
旁 ……171, 221

ま

名 ……87
命 ……89
盟 ……76
問 ……90

や

油 ……155, 227
兪 ……228
愉 ……229
輸 ……229
癒 ……229
右 ……93
由 ……154, 227
卣 ……154, 227
酉 ……238
晵 ……108
紬 ……155
䌛 ……92, 226
滕 ……226
謡 ……93
臏 ……226

ら

乱 ……173
𤔔 ……171
覧 ……23
吏 ……163, 170
量 ……225
力 ……161
緑 ……43
侖 ……153, 229
倫 ……230
淪 ……230
綸 ……230
輪 ……229
令 ……89
戾 ……172
鹵 ……163

わ

和 ……91

衰 ……209
青 ……40
省 ……19, 242
誓 ……76
霽 ……163
赤 ……41
昔 ……150
舌 ……87
瞻 ……24
櫼 ……141
且 ……168
素 ……40
矣 ……226
壮 ……131
相 ……20
曹 ……172
喪 ……100
族 ……166
存 ……119, 120, 173, 227

た

胎 ……92
橐 ……225
丹 ……41, 43
単 ……99
嫡 ……94, 159
宙 ……155, 227
抽 ……155
肇 ……93
聴 ……26
丁 ……241
呈 ……93
帝 ……158, 170
貞 ……239
逞 ……93
嚔 ……97
啇 ……94, 158
笛 ……155, 228
哲 ……88
天 ……170
甜 ……26
堵 ……110
夲 ……161
東 ……224
沓 ……172
唐 ……95
盗 ……89
童 ……225
徳 ……242
独 ……172

な

匂 ……12, 28

は

波 ……150
白 ……42
凡 ……221
般 ……221
盤 ……220
丕 ……158, 170
否 ……96, 158, 172
彼 ……150
非 ……28
阝(阝) ……22
不 ……28, 158, 166, 172, 230
巫 ……93
弗 ……28
聞 ……24
平 ……172

裁 ……122, 227
塞 ……98
載 ……122, 227
際 ……22
𠂇(在) ……113
在 ……113, 227
皐 ……174
曹 ……172
察 ……22
彡 ……149
産 ……208
酸 ……27
之 ……149, 157
氏 ……22
史 ……78
矢 ……76
旨 ……26
至 ……172
始 ……92
咨 ……25, 87, 89
姿 ……25
茈 ……43, 131
紫 ……43
視 ……21
啻 ……94
賜 ……242
諮 ……25, 87
示 ……21
字 ……87
次 ……25, 87
玆 ……39
軸 ……155, 228
悉 ……171
湿 ……34
隰 ……35
者 ……110
卸 ……95
赦 ……41
釈 ……171
若 ……166
弱 ……31
朱 ……44
周 ……95
臭 ……29
習 ……108
就 ……168
摺 ……108
柔 ……30
重 ……225
獣 ……99
出 ……157
書 ……110, 147
小 ……171, 175
少 ……171, 175
召 ……90
招 ……90
牀 ……131
将 ……131
笑 ……159
唱 ……91
象 ……148
嘗 ……26
上 ……170
毀 ……98
襄 ……98
申 ……174
辛 ……27, 161, 173, 238
進 ……24, 91
甚 ……171, 175
尋 ……93

疑 ……173
吉 ……95
客 ……96
九 ……173
嗅 ……29
敔 ……88
御 ……96
強 ……30
喬 ……108
敫 ……228
徼 ……228
矯 ……108
邀 ……228
皦 ……228
局 ……99
今 ……150, 239
苦 ……27
君 ……88
薫 ……28
启 ……93
巠 ……222
京 ……168
契 ……77
繫 ……225
激 ……228
檄 ……228
𠂢 ……97
月 ……239
欠 ……25, 87
吅 ……98
見 ……18
𢇁 ……34
顯 ……34
元 ……163, 170
玄 ……39
言 ……96, 171
唁 ……96
厳 ……99
古 ……94, 171, 175
固 ……94
雇 ……24, 91
午 ……95
吾 ……88
口 ……87
亢 ……222
甲 ……173
季 ……173
罔 ……29
庚 ……95
紅 ……43
香 ……28
高 ……107
康 ……95
黄 ……40
糠 ……95
剛 ……29
囂 ……98
告 ……86, 161
哭 ……100
黒 ……42
婚 ……26
禪 ……209

さ

左 ……93
曰(口) ……78, 112, 122
才 ……112, 226
𢦏 ……227
妻 ……159
哉 ……227

漢字字音索引

あ

哀 ……97, 209
已 ……92
台 ……92, 154
衣 ……207
囲 ……239
怡 ……92
為 ……148
韋 ……239
唯 ……91
詒 ……92
違 ……239
彝 ……165, 166
一 ……170
弌 ……163
尹 ……89
飲 ……239
韵 ……12
韻 ……12
雨 ……238
禹 ……173
衛 ……159, 239
曰 ……108, 166, 172
次 ……89
猒 ……171
王 ……131, 144, 169, 242
乙 ……173
温 ……33

か

可 ……229
咼 ……97
哥 ……229
禍 ……97
歌 ……229
臥 ……23
皆 ……90
話 ……98
褱 ……209
亥 ……174
各 ……90, 96, 166
画 ……147
岳 ……130
咢 ……99
昏 ……97
曷 ……172
凵 ……98
干 ……94
甘 ……27
咸 ……93
看 ……19
乾 ……33, 173
寒 ……32
観 ……23
監 ……23
雚 ……24
鑑 ……23
翫 ……108
宜 ……170, 192

諮 ……………………………………25, 87
謡 ……………………………………93
輸 ……………………………………229
厳 ……………………………………99
檄 ……………………………………228
矯 ……………………………………108
霊 ……………………………………163
糠 ……………………………………95
聴 ……………………………………26
襄 ……………………………………98
臏 ……………………………………226
邀 ……………………………………228
隰 ……………………………………35
彝 ……………………………………165, 166
癒 ……………………………………229
噭 ……………………………………228
瞻 ……………………………………24
観 ……………………………………23
藋 ……………………………………24
顕 ……………………………………34
繋 ……………………………………225
韻 ……………………………………12
囂 ……………………………………98
櫼 ……………………………………141
鑑 ……………………………………23

ㅂ(口) ……………………………………78, 112, 122
ヤ(在) ……………………………………113
阝(阝) ……………………………………22

進 ……24, 91
逞 ……93
粎 ……171
鹵 ……163
黄 ……40
黒 ……42
喬 ……108
啻 ……94
喪 ……100
堵 ……110
寒 ……32
尋 ……93
就 ……168
御 ……96
愉 ……229
温 ……33
湿 ……34
禽 ……171
猒 ……171
童 ……225
裁 ……122, 227
詒 ……92
象 ……148
軸 ……155, 228
量 ……225
雇 ……24, 91
飲 ……239
嗅 ……29
唬 ……97
塞 ……98
媵 ……226
敫 ……228
盟 ……76
禍 ……97
話 ……98
載 ……122, 227
臯 ……174
違 ……239
韵 ……12
嘗 ……26
嫡 ……94, 159
察 ……22
徳 ……242
搯 ……108
縣 ……34
歌 ……229
疑 ……173
監 ……23
碧 ……43
緑 ……43
綸 ……230
聞 ……24
肇 ……93
褌 ……209
誓 ……76
酸 ……27
際 ……22
盤 ……220
甈 ……108
賜 ……242
輪 ……229
徼 ……228
橐 ……225
激 ……228
毀 ……98
獣 ……99
薫 ……28
衛 ……159, 239
褱 ……209
覧 ……23

咼 ……97
咢 ……99
咸 ……93
哉 ……227
咨 ……25, 87, 89
単 ……99
契 ……77
姿 ……25
客 ……96
帝 ……158, 170
曷 ……172
曺 ……172
柔 ……30
為 ……148
独 ……172
甚 ……171, 175
皆 ……90
看 ……19
省 ……19, 242
相 ……20
禹 ……173
紅 ……43
胎 ……92
臭 ……29
茈 ……43, 131
貞 ……239
垂 ……225
韋 ……239
香 ……28
倫 ……230
剛 ……29
剮 ……96
哥 ……229
唁 ……96
哭 ……100
哲 ……88
唐 ……95
将 ……131
弱 ……31
旁 ……171, 221
兹 ……39
笑 ……159
素 ……40
䍃 ……92, 226
書 ……110, 147
般 ……221
衰 ……209
高 ……107
乾 ……33, 173
唯 ……91
唱 ……91
啇 ……94, 158
問 ……90
婚 ……26
康 ……95
強 ……30
悉 ……171
敔 ……88
族 ……166
曹 ……172
淪 ……230
甜 ……26
産 ……208
盗 ……89
笛 ……155, 228
紫 ……43
紬 ……155
習 ……108
視 ……21
敍 ……41

壮 ……131
字 ……87
存 ……119, 120, 173, 227
戋 ……227
旨 ……26
朱 ……44
次 ……25, 87
氒 ……97
至 ……172
舌 ……87
衣 ……207
乱 ……173
卣 ……154, 227
昏 ……97
君 ……88
启 ……93
吾 ……88
告 ……86, 161
呈 ……93
否 ……96, 158, 172
囲 ……239
孛 ……173
局 ……99
巠 ……222
巫 ……93
戻 ……172
㳄 ……89
芳 ……28
見 ……18
言 ……96, 171
赤 ……41
辛 ……27, 161, 173, 238
酉 ……238
京 ……168
侖 ……153, 229
音 ……96, 158
周 ……95
命 ……89
和 ……91
固 ……94
妻 ……159
始 ……92
宜 ……170, 192
宙 ……155, 227
岳 ……130
岡 ……29
庚 ……95
彼 ……150
怡 ……92
招 ……90
抽 ……155
放 ……228
昔 ……150
曶 ……108
東 ……224
杳 ……172
波 ……150
油 ……155, 227
牀 ……131
画 ……147
者 ……110
臥 ……23
苦 ……27
若 ……166
雨 ……238
青 ……40
非 ……28
兪 ……228
卸 ……95
哀 ……97, 209

漢字総画索引

一 ……170
乙 ……173
丁 ……241
九 ……173
凵 ……98
力 ……161
上 ……170
之 ……149, 157
凡 ……221
口 ……87
小 ……171, 175
干 ……94
彡 ……149
才 ……112, 226
不 ……28, 158, 166, 172, 239
丹 ……41, 43
亢 ……222
今 ……150, 239
元 ……163, 170
匀 ……12, 28
午 ……95
天 ……170
少 ……171, 175
尹 ……89
弌 ……163
方 ……161
曰 ……108, 166, 172
月 ……239
欠 ……25, 87
氏 ……22
王 ……131, 144, 169, 242
且 ……168
丕 ……158, 170
令 ……89
出 ……157
台 ……92, 154
可 ……229
古 ……94, 171, 175
史 ……78
召 ……90
右 ……93
本 ……161
左 ……93
邑 ……92
平 ……172
弗 ……28
玄 ……39
甘 ……27
甲 ……173
申 ……174
由 ……154, 227
白 ……42
矢 ……76
示 ……21
亥 ……174
矣 ……226
各 ……90, 96, 166
吉 ……95
吅 ……98
名 ……87
吏 ……163, 170
在 ……113, 227

文字学 ……………………………129
文字の起源 …………………………148
文字の構成法 ………………………18
文字の構造法 ………………………129
文字の問題 …………………………276
文字を遊ぶ …………………………270
牧谿の絵 ……………………………59
本居宣長 ……………………………196
[問学集] ……………………………219

や

矢通し ………………………………32
山本有三 ……………………………259
雄偉健爽体 …………………………244
幽黙 …………………………………262
陽虎 …………………………………90
養蚕 …………………………………30
揚雄 …………………………………135
横書き …………………………276, 279
四字句 ………………………………251
読本 …………………………………259
依りまし ……………………………208

ら

[礼記]檀弓 …………………………85
逨鼎 …………………………………128
羅振玉 ………………………………166
利休茶 ………………………………53
利久鼠 ………………………………53
六書 …………………………………139
[六書故] ……………………………159
六書の法 ……………………………132
[六書略] ……………………………156
李玄恭 ………………………………268
六国古文 ……………………………245
律令制 ………………………………185
吏読 …………………………………184
吏読と一致する推古遺文の字音
　仮名表 ……………………190, 193
劉熙 ……………………………133, 206
[柳橋新誌] …………………………267
両禾軍門 ……………………………91
林義光 ………………………………103
盧梭(ルソー) ………………………262
ルビ …………………………………256
聯綿体 ………………………………255
旂弓旂矢 ……………………………32
ロゴスとパトス ……………………68
魯迅 …………………………………277
ロック, J. …………………………16
ローマ ………………………………50

わ

わび・さび …………………………59
をかし ………………………………59

[日本書紀]の仮名 ……192
日本の漢字音 ……197
[日本の耳] ……68
認識 ……15
農と男 ……217
野日、荒荒として白し ……55
祝詞 ……26

は

佩玉 ……40
婆娑羅 ……48
機織殿 ……31
八大山人 ……250
[八犬伝] ……264
八股文 ……254
発生論的展開 ……115
八拍 ……251
バビロニアの言葉 ……176
盤桓 ……221
反切 ……183
繁文縟礼 ……32
ヒエログリフ ……240
否定の言葉 ……211
火で祓う ……41
一夜酒 ……28
皮・肉・骨 ……61
非日常性 ……56
碑文 ……246
火矢 ……40
ヒューム，D. ……16
巫咸 ……79
部首配列 ……145
筆 ……246
不・非・弗 ……28
ブランコ ……256
古池や蛙飛びこむ ……269
プルプラ ……52
文学的な民族 ……69
文化の伝統 ……286
瓶花 ……60
ヘーゲル，G.W.F. ……16
ベーコン，F. ……16
ベネディクト，R. ……60
方言 ……134
[方言] ……135
方言区域 ……136
旁転 ……216
旁転・旁対転・通転例 ……219
鳳尾 ……246
[北山移文] ……251

ま

[枕草子] ……48
松田寿男 ……31, 45
真床覆衾 ……208
眉飾り ……19
[万葉集] ……21
みどりご ……12
みる ……18
廻る ……19
相る ……21
見れど飽かぬかも ……21
明朝体 ……248
名と均 ……191
[夢渓筆談] ……156
紫 ……50
鳴弦 ……32
孟子 ……13
申し文 ……86
[孟子]梁恵王 ……167

玉依姫 ……208
戯言 ……268
段玉裁 ……101, 163
単語家族 ……217
誓う ……74
竹簡・木簡 ……246
[中国今後の文字問題] ……273
中国の古代音 ……196
中国の詩 ……65
中国の字音であらわした「いろは歌」 ……198
中山国の書 ……245
籀書 ……164
仲度 ……280
籀文 ……245
張旭 ……247
鳥形霊 ……114
[長者教] ……256
張若虚 ……65
鳥書 ……245
朝鮮音 ……192
直音 ……183
陳詩庭 ……102
ツタンカーメン ……240
続け書き ……283
東方持国天王 ……198
定型性 ……251
鄭燮 ……249
鄭樵 ……156
鄭の子産 ……82
[手鑑模様節用]の色譜 ……53
テグス ……30
てし ……266
デモティック ……240
[天工開物] ……44
天子聖哲 ……197
天人合一の思想 ……145
天台漢音 ……201
天地玄黄 ……37
天地人三才 ……112, 227
転注 ……150
篆文 ……245
盗 ……90
[滕王閣の序] ……251
彤弓彤矢 ……32
[同源字典] ……218
董作賓 ……243
陶宗儀 ……199
東洋的理念の原質 ……288
[土佐日記] ……255
伴 ……132
鳥占い ……24, 91
鳥占いの字 ……24

な

中島竦 ……108
嘗める ……26
成島柳北 ……267
匂う ……12
西山和恒 ……51
入声音 ……198
丹生 ……31
にほふ ……50
丹ほふ ……12
[日本寄語の研究] ……204
[日本考] ……268
[日本考略]寄語略 ……202
日本語で考える ……118
日本語の漢訳 ……268
日本語の系統 ……231

シルク・ロード ……………………31
白 ……………………55
白い動物 ……………………56
四六騈儷文 ……………………251
白と黒 ……………………58
白と死 ……………………56
沈括 ……………………156
親蚕の礼 ……………………31
神社 ……………………149
神話文字 ……………………130
推古期の遺文 ……………………192
［水滸伝］ ……………………259
嵩岳 ……………………130
図象文字 ……………………131
世阿弥の芸術論 ……………………61
成均図 ……………………214
声系 ……………………182
聖地 ……………………35
声近ければ義近し ……………………212
［西洋紀聞］ ……………………262
世界各国家・地区・首都・首府
名称対照表 ……………………260
［積古斎鐘鼎彝器款識］ ……………………165
析子孫形 ……………………131
石鼓文 ……………………245
絶対論 ……………………16
［説文］ ……………………86, 101, 138, 140
［説文解字義証］ ……………………223
［説文解字叙］ ……………………144, 146
［説文解字注］ ……………………163
［説文］口部断簡 ……………………141
［説文字原］ ……………………161
［説文新義］ ……………………119
［説文通訓定声］ ……………………223
説文通訓定声目抄録 ……………………223
［説文］にない字 ……………………155
［説文］の三流派 ……………………223
［説文］の体系 ……………………164
［説文］木部断簡 ……………………140
銭玄同 ……………………273
［千字文］ ……………………39
先秦の思想 ……………………16
尖底 ……………………238
践土の盟 ……………………84
川柳 ……………………268
争坐位帖 ……………………247
荘子 ……………………13
［荘子］天運篇 ……………………14
草書体 ……………………247
曹洞系唐音 ……………………198
宋版の字 ……………………248
［楚辞］離騒 ……………………80, 191
［詛楚文］ ……………………79
蘇東坡 ……………………254
其のにほひ桃より白し ……………………55
染色の名前 ……………………53
孫文 ……………………285

た

大衆語文の音の数 ……………………279
対転例 ……………………218
戴侗 ……………………159
能と佩 ……………………191
代名詞 ……………………149
芬奇（ダ・ヴィンチ） ……………………262
高田忠周 ……………………168
滝沢馬琴 ……………………264
竹添井井 ……………………80
竪穴坑 ……………………41
楯伏しの舞 ……………………95

蚕示 ……30
緇衣 ……36
子音別分類表 ……194
［爾雅］ ……137
視覚的な表現 ……251
色彩感 ……48
［色彩のアルケオロジー］ ……57
［詩経］ ……20
司寇 ……81
兕觥 ……38
自己詛盟 ……96
指事 ……148
［詩］周南巻耳 ……37
［詩］周南召南 ……136
［詩］小雅何草不黄 ……38
司慎司盟 ……83
閑かさや岩にしみ入る ……68
十干の序列 ……176
湿原 ……34
［詩］の韻 ……191
柴刺し ……113
司馬相如 ……251
写経 ……246
［釈名］ ……133, 137, 206
［赤光］ ……202
謝六逸 ……270
謝霊運 ……68
しゃれこうべ ……42
朱 ……31
［集古録］ ……79
周祖謨 ……219
［周代古音考］ ……192
周南 ……136
十二支 ……176
周伯琦 ……161
呪歌 ……21
主格を示す「イ」 ……184
叔梁紇 ……85
朱駿声 ……223
朱の色 ……45
呪符 ……147
舒柏特（シューベルト） ……262
［周礼］考工記 ……35
［周礼］司盟 ……80
［周礼］地官保氏 ……139
［春江花月夜］ ……65
春江の潮水、海に連つて平かなり 65
［荀子］正名篇 ……16
［荀子］天論篇 ……15
［春秋左氏伝］ ……78
春秋時代の盟約 ……83
城下の盟 ……285
象形 ……133, 148
鍾氏 ……36
小臣艅犧尊 ……241
図象 ……131
［詩］鄘風君子偕老 ……190
章炳麟 ……214
抄物 ……255
蒸留法 ……44
書画一体 ……249
初期教育 ……259
［書契淵源］ ……108
叙景詩 ……68
徐灝 ……103
［書史会要］ ……199
書社 ……110
徐承慶 ……102
書の精神性 ……247
書法的意識 ……243

経験論 ……16
形声 ……149
形声文字 ……13
桂馥 ……223
系聯の法 ……145
ゲーテ ……260
歌徳(ゲーテ) ……260
阮元 ……165
玄黄 ……37
言語の発生論 ……213
言語発生の研究 ……230
[源氏物語] ……48
見・聞・心 ……61
古韻二十九部 ……215
後王思想 ……164, 165
甲乙二類の音の区別 ……189
甲乙二類の仮名 ……187
[甲骨金文学論叢] ……112
甲骨文の書法的意識 ……238
孔子 ……85
孔子の祖 ……85
考証学 ……160
幸田露伴 ……212, 259
硬直した表記法 ……264
黄庭堅 ……254
[侯馬盟書] ……80
高野切 ……255
五感 ……11
五行思想 ……36
告字説 ……101
告字説[説文証疑] ……102
告字説[段注] ……101
告字説[段注匡謬] ……102
告字説[段注箋] ……103
告字説[文源] ……103
告の卜文 ……104
語系の体系化 ……230
顧頡剛 ……276
[古事記]の仮名 ……185
[古事記]の仮名表 ……186
[古事記]の表記 ……192
[古戦場を弔ふの文] ……251
[古籀篇] ……168
[国故論衡] ……214
古典教育 ……177
古典的教養 ……283
古典の回復 ……178
[古文真宝後集] ……252
小諸なる古城のほとり ……211
衣替え ……208

さ

甾王事 ……78
𢦏がつく字 ……122
祭祀歌謡 ……197
祭祀共同体 ……22
載書 ……73
載書関係字形 ……106
[載書関係字説] ……112
載書関係字表 ……107
載書の文例 ……78
載書は河に在り ……77
相模 ……195
サ行の音 ……211
[左氏会箋] ……80
[左伝]の載書 ……85
さやか・さやけし・清 ……58
さわる ……29
山谷(黄庭堅)の字を写すは竹を
画くが如く ……250

音符・声符 ……………………182

か

会意 ……………………149
［懐風藻］ ……………………193
かぐ ……………………28
画繢の事 ……………………35
郝杰同 ……………………268
岳神 ……………………130
萼不 ……………………240
襲 ……………………49
仮借 ……………………149
霞霏霺(霞たなびく) ……………………188
かぜ ……………………210
片仮名 ……………………255
片仮名タイプの名簿 ……………………287
華土 ……………………45
仮名の書 ……………………255
彼の……を瞻れば ……………………20
鏑矢 ……………………40
神ながら神さびせすと ……………………133
［落葉松］ ……………………63
からまつの林を過ぎて ……………………63
狩谷棭斎の転注説 ……………………150
軽み ……………………59
灌漑用水 ……………………34
感覚 ……………………11
感覚論 ……………………13
漢字音の示し方 ……………………183
［漢字三音考］ ……………………196
漢字制限 ……………………282
［漢字とラテン化］ ……………………277
漢字の数 ……………………271
漢字廃止論 ……………………280
漢字は共通語 ……………………284
漢字文化圏 ……………………177
［漢書］芸文志 ……………………140
顔真卿 ……………………239, 247
簡体字 ……………………272
簡体文字の研究 ……………………281
感動詞 ……………………211, 212
閑話休題 ……………………264
起一終亥 ……………………139
儀器 ……………………242
「奇」「宜」は「ガ」と訓む ……………………190
きく ……………………24
［菊と刀］ ……………………60
戯訓 ……………………264
疑古玄同 ……………………276
義戦 ……………………124
北原白秋 ……………………63
起東終洽 ……………………139
客神 ……………………96
牛耳を執る ……………………75
郷歌 ……………………184
［教訓雑長持］ ……………………258
狂言 ……………………266
郷札 ……………………184
ギョエテとは俺のことかと ……………………260
緊湊体 ……………………244
金農 ……………………249
金箔 ……………………31
金文資料 ……………………165
金文の韻 ……………………197
金罍 ……………………38
空と窮 ……………………216
［百済本紀］ ……………………193
屈肢葬 ……………………99, 100
黒色と死 ……………………56
君氏 ……………………89

事項索引

あ

あかね ……52
赤のそほ船 ……44
あじ ……26
アジアの連合体 ……286
紫陽花 ……43
東歌・防人の歌 ……135
遊ぶ癖 ……266
遊部 ……188
愛宕 ……195
あはれ ……59
[阿房宮の賦] ……251
あやつこ ……208
新井白石 ……262
あり ……114
有坂秀世 ……201
ある ……114
散る ……115
荒れる ……115
青丹よし ……44
暗誦教育 ……253
生花 ……60
石山の石より白し ……55
いづみや ……257
稲作 ……34
「い」の音 ……230
衣は依なり ……207
異文 ……22
イベリア半島の洞窟画 ……114
異母 ……265
色目 ……45
色目表 ……48
衣を着ること ……208
陰翳 ……49
[殷虚書契考釈] ……166
韻読 ……197
引得 ……262
殷の紂王 ……243
ヴ ……264
歌垣 ……53
うつくし ……50
湿ふ ……35
エア・リダクション ……44
[易] ……33
亦声 ……149
LとK ……23
円体の字 ……239, 247
円通大師 ……199
押韻 ……196
王羲之 ……247
黄金アマルガム ……31
欧陽脩 ……79
土力 ……218
大矢透 ……192
送り仮名 ……184
お土居 ……110
大王は神にしませば ……133
想う ……20
音義説 ……134, 207
[音幻] ……212
音の旁転・通転 ……210

索引

事項索引……………………………… 321
漢字総画索引………………………… 313
漢字字音索引………………………… 308
万葉・古代歌謡索引……………… 303

[著者]
白川静（しらかわ・しずか）
1910年、福井県福井市に洋服商の次男として生まれる。
小学校卒業後、大阪の法律事務所に住み込みで働きながら夜学へ通う。35年、立命館中学教諭となる。43年、立命館大学法文学部漢文学科卒業、同大学予科の教授となり、54年、同大学文学部教授。55年、[甲骨金文学論叢]初集を謄写版印刷で発表、以後10集に及ぶ。56年より、阪神間の中国古典愛好者らが集い、後に「樸社」と名づけられる研究会で講義を始め、講義録は[金文通釈]（56輯までを84年に刊了。続編は[殷文札記]として書き下ろされ2006年刊行）、[説文新義]（全15巻、別巻1）として結実。60年、[稿本詩経研究]（3冊）を同じく謄写版で発表。70年、初の一般書[漢字]を刊行。以後、[詩経][金文の世界][孔子伝]などを次々と書き下ろす。81年、立命館大学名誉教授。84年[字統]を刊行、毎日出版文化賞特別賞受賞。87年[字訓]、96年[字通]を刊行。91年菊池寛賞、96年度朝日賞受賞。98年文化功労者として顕彰され、99年勲二等瑞宝章を受く。その後、[白川静著作集]（全12巻、2000年完結）、[白川静著作集別巻]第Ⅰ期（[説文新義]全8巻、03年完結）、同第Ⅱ期（[金文通釈]全9巻、[殷文札記]全1巻、06年7月完結）を刊行。2001年井上靖文化賞受賞、04年11月、文化勲章受章。2006年10月没。

平凡社ライブラリー 851

文字講話《もじこうわ》Ⅳ

発行日…………2017年1月10日　初版第1刷

著者……………白川静
発行者…………西田裕一
発行所…………株式会社平凡社
〒101-0051　東京都千代田区神田神保町3-29
電話　(03)3230-6579[編集]
(03)3230-6573[営業]
振替　00180-0-29639

印刷・製本……中央精版印刷株式会社
協力……………凸版印刷株式会社
ＤＴＰ…………平凡社制作
装幀……………中垣信夫

ISBN978-4-582-76851-0
NDC分類番号811　B6変型判(16.0cm)　総ページ328

平凡社ホームページ　http://www.heibonsha.co.jp/

平凡社ライブラリー　既刊より

白川　静……………………文字逍遥
白川　静……………………文字遊心
白川　静……………………漢字の世界――中国文化の原点　1・2
白川　静……………………字書を作る
白川　静……………………回思九十年
白川　静＋梅原　猛……………呪の思想――神と人との間
白川　静……………………文字答問
半藤一利……………………昭和史　1926-1945
半藤一利……………………昭和史　戦後篇　1945-1989
半藤一利……………………日露戦争史　全3巻
小泉文夫……………………日本の音――世界のなかの日本音楽
A・ハクスリー………………知覚の扉
エドワード・W・サイード……知識人とは何か
竹内照夫……………………四書五経入門――中国思想の形成と展開
ロマン・ヤコブソン…………ヤコブソン・セレクション
イザベラ・バード……………中国奥地紀行　1・2